공군
장교 / 부사관

한국사

공군핵심가치
포함

병사들의 선두에서 지휘해야 하는 막중한 책임을 지닌 장교와 부사관들은 한국 최고의 군인 간부로 거듭나기 위해 전문적인 군사지식과 컴퓨터, 어학 등 각종 분야의 해박한 지식을 쌓으며, 새로운 도전 열기로 가득차 있다.

뛰어난 리더십과 책임감, 뜨거운 조국애를 지닌 군인 간부들은 전역 후에도 군에서 맺은 폭 넓은 인간관계를 바탕으로 사회 각 분야에서 리더십을 발휘하며 주역으로 활약하고 있다.

이에 본서는 군인 간부를 꿈꾸는 수험생들을 위한 지침서로, 공군 간부선발 시 필기시험에 포함되는 한국사 과목에 대한 완벽 대비를 위해 발행되었다.

1. 단기간에 학습의 효율을 높이기 위하여 공군에서 제시하고 있는 한국사에 대한 내용을 완벽 반영하여 꼭 필요한 핵심이론만을 요약 · 정리하였다.
2. 시험에 빈출되는 내용을 분석하여 시험 전에 꼭 풀어봐야 할 필수유형문제를 엄선하여 수록함으로써 보다 효과적인 시험 대비가 가능하도록 구성하였다.
3. 본서 한 권으로 수월한 학습이 가능하도록 매 문제 꼼꼼한 해설을 수록하였다.

우리나라 군대를 이끌어 나갈 군인 간부를 꿈꾸는 수험생 여러분을 도서출판 서원각은 항상 응원합니다.

CONTENTS

CONTENTS

학사사관후보생 시험안내

1. 지원자격

사상이 건전하고 품행이 단정하며 체력이 강건한 대한민국 국민

① **연령** : 임관일자 기준 만 20세 ~ 27세의 대한민국 남자, 여자

　㉠ **5급 공개경쟁 채용시험 합격자 및 박사학위과정 수료자** : 만 29세까지

　㉡ **공인회계사 실무수습 후 공인회계사 등록을 한 자** : 만 29세까지

　㉢ **병역법 제74조의2, 제대군인지원에 관한 법률 제16조 적용자** : 상한연령 연장

복무기간	지원 상한연령	비고
1년 미만	만 28세 까지	1년 연장
1년 이상~2년 미만	만 29세 까지	2년 연장
2년 이상	만 30세 까지	3년 연장

② **학력**

　㉠ 국내·외 대학 학사학위 취득(예정)자 또는 이와 동등 이상의 학력 소지자

　　※ 졸업예정자는 입영일까지 졸업 및 학위취득 서류제출 시 최종 합격

　㉡ 교육부 인정학위(독학사, 방송통신대, 사이버대, 학점은행제 등) 지원가능

　　※ 입영일까지 학위 취득 불가시 최종 불합격 처리

2. 필기시험

① **대상** : 일반전형 지원자(중복지원자 포함)

② **평가 과목 및 내용**

구분	KIDA 간부선발도구									3교시		총계
	1교시						2교시					
	문제안내	언어논리	자료해석	공간능력	지각속도	소계	문제안내	상황판단평가	직무성격평가	영어	한국사	
문항(개)	–	25	20	18	30	93	–	15	180	공인영어성적	25	313
소요시간(분)	22	20	25	10	3	80	8	20	30		30	168
배점		30	30	10	10	80		20	면접자료	50	50	200

㉠ **영어** : 공인영어(TOEIC/TOEFL/TEPS) 성적으로 대체(미제출시 0점 처리)

※ 필기시험일 기준 2년 이내 성적으로, 검정시험기관의 정기 시험만 인정

㉡ **한국사** : 한국사능력검정시험 성적으로 대체 가능하며, 시험 응시는 본인이 선택하되 공인성적과 필기시험 중 유리한 점수 적용

• 필기시험일 기준 3년 이내 성적으로, 검정시험기관의 정기 시험만 인정

• 필기시험은 고등학교 학습범위 중심(근현대사 포함)으로 출제(공군핵심가치 평가 2문항 포함)

③ **합격 최저기준 반영**

㉠ 총점 60% 이상, 과목별(KIDA 간부선발도구, 영어, 한국사) 40% 이상

㉡ 총점 및 과목별 최저점수 미만 시 불합격 처리

3. 복무기간

① 3년(복무 중 본인희망 시 심사를 거쳐 연장/장기 복무 가능)

② **연장복무** : 임관 2 ~ 9년차 선발

③ **장기복무** : 임관 3 ~ 9년차 선발

4. 유의사항

① 신분증[주민등록증, 운전면허증, 여권, 주민등록증 또는 운전면허증 발급확인서, 국가기술자격증, 전역증(전역 1년 이내)] 미지참 시 시험응시 불가

※ 학생증, 무도단증 미인정(신분증 미지참에 따른 불이익은 지원자 책임)

② 시험 중 휴대폰 등 전자·통신기기 소지 또는 사용 시 부정행위 간주

③ 시험문제를 수험표 등에 옮겨 적어 외부로 유출 시 부정행위로 간주

※ 시험문제 유출목적 판단 시 추후 공군 간부시험 응시 불가 조치

④ 필기시험 부정행위자는 해당 시험 '0점' 부여 및 불합격 처리

조종분야 가산복무 지원금 지급대상자 시험안내

1. 지원자격

사상이 건전하고 소행이 단정하며 체력이 강건한 대한민국 국민→19년도 학군단 협약학과 내 여성 조종분야 가산복무 지원금 지급 대상자 선발(학교별 2명 이내)

① **학력**

　㉠ **학군 조종장학생**
- 한서대 항공운항학과, 항공융합학부(항공조종전공) / 항공대 항공운항학과, 자유전공학부 / 교통대 항공운항학과 재학생 중 1～2학년으로 현역이 아닌 사람
  ※ 기타학과 재학생은 학사 조종장학생으로 지원 가능
- 해당 학과 1～2학년 중 대학수능성적 국·영·수 평균 3등급(합계 9등급) 이내인 사람
  ※ 수능성적 없을 시 고교 3학년 1학기까지 내신 평균 3등급 이내인 사람
- 해외고교 출신으로 수능 및 내신성적이 없을 시 아래 서류 제출
  ※ 해당국 공인영어성적(TOEIC 855점 이상 또는 이에 준하는 수준)
- 대학교 全학기 성적(70/100) 이내인 사람

　㉡ **학사 조종장학생**
- 국내 4년제 정규대학 재학생(최종학기 재학생 제외)으로서 현역이 아닌 사람
  ※ 5년 이상 졸업예정자 지원 학년(수학기간 연장 학과 및 부전공, 복수전공, 전과 등)

구분	19년 졸업	20년 졸업	21년 졸업	22년 졸업
지원 학년	4학년	3학년	2학년	1학년

  ※ 단, 5년/6년 졸업증명서 제출자에 한하며, 학사경고 등으로 유급되어 졸업이 지연된 사람 및 방송통신대학교, 사이버대학, 학점은 행제 재학생 지원불가
- 한국외국어대학교 제2외국어학과(영어학 제외) 재학생 중 1학년으로 현역이 아닌 사람

② **연령** : 임관일 기준 만 20세～27세의 대한민국 국민

　㉠ 한서대 항공운항학과, 항공융합학부(항공조종전공) / 항공대 항공운항학과, 자유전공학부 / 교통대 항공운항학과 1～2학년 재학생(3학년에 학군단 편입)

　㉡ 병역법 제74조의 2, 제대군인지원에 관한 법률 제16조 적용자는 상한연령 연장

복무기간	지원 상한연령	비고
1년 미만	만 28세까지	
1년 이상~2년 미만	만 29세까지	임관일자 기준
2년 이상	만 30세까지	

2. 모집전형

① 1차 전형(필기시험) : 고득점 순 선발

구분	1교시						2교시			3교시		총계
	인지능력평가						문제 안내	상황판단 평가	직무성격 평가	영어	한국사	
	문제 안내	언어 논리	자료 해석	공간 능력	지각 속도	소계						
문항(개)	–	25	20	18	30	93	–	15	180	공인영	25	313
소요시간(분)	7	20	25	10	3	65	3	20	30	어성적	30	148
배점		30	30	10	10	80		20	면접자료	50	50	200

- ㉠ **영어** : 공인영어(TOEIC/TOEFL/TEPS) 성적으로 대체(미제출시 0점 처리)
- ㉡ **한국사** : 한국사능력검정시험 인증서로 대체 가능하며, 시험 응시는 본인이 선택하되 공인성적과 필기시험 중 유리한 점수 적용
- ㉢ 항공안전법 제34조에 의한 사업용 또는 자가용 조종사 자격증 소지자는 가점 부여(30점)
- ㉣ 다자녀(4자녀 이상) 가정 가점 부여(6점)

② 2차 전형

- ㉠ **정밀신체검사**(항공우주의료원 주관) : 공중근무자 신검기준
  - 신장 : 162cm 이상 ~ 196cm 이하
  - 좌고 : 86cm 이상 ~ 102cm 이하
  - 체중 : 신장별 체중표 참조
  - 안과, 내과, 외과, 혈액검사, X-레이 등
  - 인성검사 포함
- ㉡ **체력검정**(공군사관학교 주관)
  - 1,500m 달리기 : 7분 44초 이내(여자 1,200m 달리기 : 8분 15초 이내)
  - 팔굽혀 펴기 : 15회 이상 / 30초(여자 5회 이상 / 30초)
  - 윗몸 일으키기 : 17회 이상 / 30초(여자 14회 이상 / 30초)
- ㉢ **조종적성검사**(항공우주연구소 주관) : 컴퓨터기반 검사 및 모의비행 평가
- ㉣ **면접**(공군사관학교 주관)
  - 평가요소 : 1분과(가치관 등). 2분과(지원동기 등), 3분과(주제토론), 4분과(개인 / 공동의식 등)
  - Blind 면접 방식, 필요 시 심층면접 시행
- ㉤ **신원조사** : 신원조사용 제출서류는 필요 시 추가될 수 있음

③ **최종 선발심사** : 1차, 2차 전형결과 및 대학교 성적 등 고려 우수자원 선발

3. 조종분야 가산복무 지원금 지급대상자 출신 장교의 의무복무 기간

① **조종장교(비행교육 수료자)로 복무 시** : 고정익 13년(회전익 10년)

② **일반장교로 복무 시** : 3년 + 장학금 수혜기간

※ 개인별 신체 및 적성 부적응, 평가 불합격에 따른 비행교육 재분류 시 의무복무 3년+장학금 수혜기간 해당 기간을 가산복무 해야 하며 기간 중 희망에 의한 전역은 불가함

예비장교후보생 시험안내

1. 지원자격

사상이 건전하고 소행이 단정하며 체력이 강건한 대한민국 남자

① **학력**

    ㉠ 국내 4년제 정규대학 1, 2, 3학년 재학생(휴학생 지원불가)

    ㉡ 수학기간 연장 학과 및 부전공, 복수전공, 전과 등의 사유에 따른 5년 졸업 예정자는 2 ~ 4학년 재학생, 6년 졸업예정자는 3 ~ 5학년 재학생

        ※ 5년제/6년제 증빙서류 첨부, 학사경고로 유급되어 졸업이 지연된 자는 지원 불가

    ㉢ 각 학년 2학기 재학생 지원 가능

    ㉣ 정상학기 졸업자가 아닌 경우(5, 6년 졸업예정자 및 2학기 재학생 지원자) 지원서 출력 후 '전공학과' 칸 하단에 졸업예정시기(연/월까지 표기) 추가 기재

        ※ 해당자 미기재시 선발취소 가능

② **연령** : 임관일 기준 만 20세 ~ 27세 대한민국 남자

    ㉠ 4년제 대학교 기준

    ㉡ 병역법 제74조의2, 제대군인지원에 관한 법률 제16조 적용자는 상한연령 연장

③ 타군 장학생 및 예비장교후보생으로 선발되지 않는 사람

④ 군인사법 제10조 제2항 장교임용 결격사유에 해당되지 않는 사람

    ※ 예비장교후보생 선발사유로 대학 재학 중 입영 연기가 불가하며, 연령 초과(만 24세 이후)에 따른 입영 연기는 본인이 병무청에 신청해야 함(입영 연기 불가자는 선발이 취소될 수 있음)

2. 모집전형

① **지원서 접수** : 인터넷 접수

② **1차 전형**(필기시험) : 본인 전공학과 기준 인문/이공 선택

구분	1교시						2교시			3교시		총계
	인지능력평가						문제안내	상황판단평가	직무성격평가	영어	한국사	
	문제안내	언어논리	자료해석	공간능력	지각속도	소계						
문항(개)	–	25	20	18	30	93	–	15	180	공인영어성적	25	313
소요시간(분)	7	20	25	10	3	65	3	20	30		30	148
배점		30	30	10	10	80		20	면접자료	50	50	200

   ㉠ **영어** : 공인영어(TOEIC/TOEFL/TEPS) 성적으로 대체(미제출시 0점 처리)

      ※ 필기시험일 기준 2년 이내 성적으로, 검정시험기관의 정기 시험만 인정

   ㉡ **한국사** : 한국사능력검정시험 인증서로 대체 가능하며, 시험 응시는 본인이 선택하되 공인성적과 필기시험 중 유리한 점수 적용

    • 필기시험일 기준 3년 이내 성적으로, 검정시험기관의 정기 시험만 인정

    • 필기시험은 고등학교 학습범위 중심(근현대사 포함)으로 출제(공군핵심가치 평가 2문항 포함)

③ **1차 전형 합격자 발표** : 인터넷 발표

④ **2차 전형**

   ㉠ **신체검사 / 면접**

    • 신체검사 기준

    －신장 / 체중 : 159 이상 ~ 204cm 미만 / BMI 17 이상 ~ 33 미만

      ※ 공군 신체검사 규정 합격등위 기준 적용

    －시력 : 교정시력 우안 0.7 이상, 좌안 0.5 이상(왼손잡이는 반대)

      ※ 시력 교정수술 가능하나, 3개월 이후 입대 가능

    －색각 이상자가 아닌 자

      ※ 5급공채자, 공인회계사, 어학우수자, 공사/항과고 교관, 사법시험 및 변호사시험합격자, 외국변호사는 색각 이상자 선발 가능

    －기타 항목은 과목별 신체등급 1 ~ 3급(과목별)인 자

      ※ 단, 정신과는 2급 이상을 합격으로 함

    • 면접평가

    －평가요소 : 핵심가치, 국가관, 리더십, 품성 등

    －평가관 : 장교 3명

      ※ 면접결과 부적합자는 '부' 판정, '적합' 판정자는 필기평가 점수(200점)와 면접평가 점수(25점) 합산하여 선발평가에 반영

   ㉡ **신원조사** : 신원조사용 제출서류는 필요시 추가될 수 있음

⑤ **대학교 성적 접수**

   ㉠ 선발연도 1학기(재학학기) 성적증명서(백분율) 제출

   ㉡ 80/100 자격기준 비달 여부 확인

   ㉢ 이후 매학기 성적 확인(교육사 27예비단)

⑥ **최종합격자 발표** : 인터넷 발표

3. 의무복무기간

임관 후 3년

※ 임관 시 전공계열 내 개인 희망, 자격(경력), 전공, 성적 고려 특기분류

부사관후보생 시험안내

1. 지원자격

① 사상이 건전하고 품행이 단정하며 체력이 강건한 대한민국 남 · 여

② 임관일 기준 만 18 ～ 27세인 사람으로서 군인사법 임용결격사유에 저촉되지 않는 사람 중 다음에 해당하는 사람

   ㉠ 고등학교 졸업 또는 이와 동등 이상의 학력을 소지한 사람

   ㉡ 중학교 졸업자 중 직종(특기)별 국가기술자격법에 의한 자격을 보유한 사람

   ㉢ 기본군사훈련 1일 전 기준 현역병으로서 일병 이상, 5개월 이상 복무 중인 사람

2. 필기시험

① 시험과목 · 배점 및 시간

구분	KIDA 간부선발도구								3교시			총계
	1교시					2교시						
	언어논리	자료해석	공간능력	지각속도	소계	상황판단	직무성격	소계	영어	한국사	소계	
문항수	25	20	18	30	93	15	180	195	25	25	50	338
배점	30	30	10	10	80	20	면접자료	20	50	50	100	200

② 한국사능력검정시험 성적 보유 시 한국사 과목 면제

   ㉠ 지원서에 한국사능력검정시험 성적 입력 시 각 등급에 해당하는 점수 부여

구분	중급 4급	중급 3급	고급 2급	고급 1급
점수	42점	45점	47점	50점

   ㉡ 구비서류 우편 제출 시 성적표와 함께 제출, 지원서 접수 마감일 기준 3년 이내 성정 유효(국사편찬위원회 주관 시험성적 인정)

   ㉢ 필기시험 한국사 과목과 중복하여 응시한 경우 한국사능력검정 성적과 비교하여 유리한 점수 반영

③ 합격 최저점수

   ㉠ 각 과목별(KIDA 간부선발도구, 영어, 한국사) 배점의 40% 이상

   ㉡ **과목별 배점/합격 최저점수** : KIDA 간부선발도구(100점/40점), 영어(50점/20점), 한국사(50점/20점)

   ㉢ 과목별 최저점수 미만 시 불합격 처리

④ 유의사항

　㉠ 시험 중 휴대폰 등 전자·통신기기 소지 또는 사용하거나 시험문제를 수험표 등에 옮겨 적어 외부로 유출 시 부정행위로 간주

　㉡ 필기시험 부정행위자는 해당 시험 '0점' 부여 및 불합격 처리

3. 2차 전형 및 입영 전형

① 2차 전형

　㉠ 신체검사

　　• 신체기준 : 남 159 이상 ~ 204 미만(BMI 17 이상 ~ 33 미만), 여 155 이상 ~ 185 미만(BMI 17 이상 ~ 33 미만)

　　• 시력 : 교정시력 우안 0.7 이상, 좌안 0.5 이상(왼손잡이는 반대), 색각 이상(색맹·색약)인 사람은 불합격(군악 제외)

　　• 여자 응시자는 산부인과 전문의 문진표 지참

　㉡ 면접

　　• 국가관, 리더십, 품성, 표현력, 핵심가치 등 평가

　　• 면접결과 부적합자는 '부' 판정

　　• '적합' 판정자 중 필기평가 점수(200점)와 면접평가 점수(25점)를 합산하여 선발평가에 반영

② 입영 전형

　㉠ 정밀신체검사

　　• 공군 신체검사 규정 합격등위 기준 적용

　　• X-레이, 혈액, 소변검사(여성은 부인과 검사 포함), 정신과 검사

　㉡ 체력검정 : 남 1,500m 달리기 7분 44초 이내, 여 1,200m 달리기 8분 15초 이내

　㉢ 준비사항 : 신분증, 2차 합격통지서, 최종학력증명서

4. 의무복무기간

임관일로부터 4년

01 역사의 학습 목적

① 역사의 의미

(1) 역사의 뜻

'과거에 있었던 사실'과 '조사되어 기록된 과거'라는 두 가지 뜻을 지닌다.

① **사실로서의 역사** … 객관적 의미의 역사, 즉 시간적으로 현재에 이르기까지 일어났던 모든 과거의 사건을 의미한다.

② **기록으로서의 역사** … 주관적 의미의 역사, 즉 역사가가 과거의 사실을 토대로 조사하고 연구하여 주관적으로 재구성한 것으로 역사가의 가치관과 같은 주관적 요소가 개입된다.

(2) 역사학습의 의미

역사가들이 선정하여 연구한 기록으로서의 역사를 배우는 것이다.

> **Point 〉 랑케와 카의 역사의식**
> ㉠ 랑케(L. Ranke)의 역사의식 : "역사가는 자기 자신을 죽이고 과거가 본래 어떠했는가를 밝히는 것을 그의 지상과제로 삼아야 하고, 이 때 오직 역사적 사실로 하여금 이야기하게 해야 한다."라고 하여 사실로서의 역사를 강조하였다.
> ㉡ 카(E.H. Carr)의 역사의식 : "역사가와 역사상의 사실은 서로를 필요로 한다. 사실을 갖지 못한 역사가는 뿌리가 없는 존재로 열매를 맺지 못한다. 역사가가 없는 사실은 생명이 없는 무의미한 존재이다"라고 하여 기술로서의 역사를 강조하였다.

❷ 역사의 학습과 그 목적

(1) 역사학습

① 의미 … 역사 그 자체를 배운다는 의미와 역사를 통해 배운다는 의미가 동시에 담겨 있다.

② 의의
　㉠ 역사를 통하여 현재를 살아가는 데 필요한 능력과 교훈을 얻는다.
　㉡ 역사를 통해 인간생활에 대한 지식을 획득한다.

(2) 역사학습의 목적

① 과거와 현재의 대화 … 과거의 사실을 통해 현재를 바르게 이해함으로써 개인과 민족의 정체성을 확립하는 데 유용하게 된다.

② 삶의 지혜 습득 … 역사를 배움으로써 현재 당면한 문제를 올바르게 파악하고 대처할 수 있고, 미래에 대한 전망이 가능하다.

③ 역사적 사고력과 비판력 함양 … 역사적 사건의 보이지 않는 원인과 의도, 목적을 추론하는 사고력이 길러지고, 정당한 평가를 내리는 역사적 비판력을 기를 수 있게 된다.

한국사와 세계사

① 한보편성과 특수성

(1) 세계사적 보편성

국가와 민족을 초월한 전 세계 인류의 공통점으로, 인간은 동물이나 식물과 다른 인간 고유의 생활모습을 지니고 있고, 자유·평등박애·평화·행복 등 공통적인 이상을 추구한다.

(2) 민족의 특수성

자신이 살아가는 지역의 자연환경의 차이에 따라 고유한 언어, 풍속, 종교, 예술, 사회제도 등을 다양하게 창출하게 되는 것을 말하며, 특히 근대 이전에는 민족적·지역적 특수성이 현저하여 하나의 지역문화권에서 민족문화나 지방문화의 특수성을 추출하기도 하였다.

(3) 우리 민족사의 발전

① **터전** … 외부 세계와의 빈번한 접촉지대였던 한반도와 만주에 자리 잡아서 다양한 민족, 국가들과 문물교류를 통해 내재적인 발전을 이룩하였다.

② **우리 역사의 보편성** … 세계의 모든 민족처럼 자유와 평등, 민주와 평화 등 전 인류의 공통된 가치를 추구하였다.

③ **우리 민족의 특수성** … 우리 민족은 단일민족국가로서의 전통을 이어 오고 있는데, 이 과정에서 국가에 대한 충성, 부모에 대한 효도가 중시되고 두레, 계, 향도와 같은 공동체조직이 발달하는 등 우리 민족의 특수성이 나타났다.

(4) 한국사의 이해

우리 민족의 역사적 삶의 특수성을 이해하는 것은 한국사를 바르게 인식하는 데 기초가 되고 우리의 민족적 자존심을 유지하며 세계문화에 공헌하는 데에 필요하다.

Point 〉 **보편성과 특수성** … 모든 민족의 역사에는 보편성과 특수성이 함께 존재한다. 따라서 역사를 바르게 이해한다는 것은 세계사적 보편성과 지역적 특수성을 균형 있게 파악함을 의미한다.

❷ 민족문화의 이해

(1) 우리 문화의 특징

민족적 특수성을 지니고 보편적 가치를 추구한다.

(2) 민족문화의 형성

① **선사시대** … 아시아 북방문화와 연계되는 문화를 형성하였다.

② **고대사회** … 중국 문화와 깊은 연관을 맺으면서 독자적인 고대문화를 발전시켰다.

③ **고려시대** … 불교를 정신적 이념으로 채택하였다.

④ **조선시대** … 유교적 가치를 중시하였다.

⑤ **민족문화 형성의 특징** … 전통문화의 기반 위에 선진적 외래문화를 주체적으로 수용 · 발전시켰다.

Point 〉 **우리나라 유교와 불교의 특수성** … 한국 유교는 삼강오륜의 덕목 중에서 나라에 대한 충, 부모에 대한 효, 사회에 대한 의리를 강조하였다. 한국 불교는 현세구복적이고 호국적인 성향이 매우 강하였다.

(2) 민족문화의 발전

① 튼튼한 전통문화의 기반은 민족적 특수성을 유지하는 데 필요하다.

② 외래문화의 주체적 수용을 통해 세계사적 보편성을 추구해야 한다.

(4) 세계화시대의 역사의식

안으로는 민족주체성을 견지하고 밖으로는 개방적 민족주의에 기초해야 한다.

(5) 세계화시대의 시대적 요청

인류사회의 평화와 복리증진 등 인류공동의 가치를 추구하는 진취적 역사정신이 요청된다.

03 출제예상문제

1 다음 글을 근거로 할 때, 사료를 탐구하는 자세로 옳지 않은 것은?

> 역사라는 말은 사람에 따라 다양한 뜻으로 사용되고 있지만, 일반적으로 '과거에 있었던 사실'과 '조사되어 기록된 과거'라는 두 가지 뜻을 지니고 있다. 즉, 역사는 '사실로서의 역사'와 '기록으로서의 역사'라는 두 측면이 있다. 전자가 객관적 의미의 역사라면, 후자는 주관적 의미의 역사라 할 수 있다. 우리가 역사를 배운다고 할 때, 이것은 역사가들이 선정하여 연구한 '기록으로서의 역사'를 배우는 것이다.

① 사료는 '과거에 있었던 사실'이므로 그대로 '사실로서의 역사'라고 판단한다.
② 사료를 이해하기 위해 그 사료가 기록된 당시의 전반적인 시대 상황을 살펴본다.
③ 사료 또한 사람에 의해 '기록된 과거'이므로, 기록한 역사가의 가치관을 분석한다.
④ 동일한 사건 또는 같은 시대를 다루고 있는 여러 다른 사료와 비교·검토해 본다.

Tip 》 제시된 글은 역사가의 주관적 입장을 강조하는 '기록으로서의 역사'에 대한 관점이다. ①은 객관적 사실로서의 역사를 강조하는 랑케의 사관이다.

2 다음과 같은 역사 연구 방법론에 대한 설명으로 옳은 것은?

> 역사 연구의 임무는 생활 진전의 일반적인, 인간에 대한 보편적 법칙을 발견하는 데에도 있을 것이나, 또 민족의 구체적인 실상과 그 진전의 정세를 구체적으로 파악하여 역사로서 그것을 구성하는 데에도 있을 것이다. 따라서 그 연구의 도정에서도, 무슨 일반적인 법칙이나 공식만을 미리 가정하여 그것을 어떤 민족의 생활에 견강부회하는 방법을 취하여서는 안 된다.
>
> – 이상백, 「조선문화사 연구 논고」 –

① 일제의 정체성론을 비판하였다.

② 양명학의 사상적 영향을 받았다.

③ 한국 역사학의 방향을 실증사학으로 전환시켰다.

④ 유물사관을 도입하였다.

> **Tip ≫** 제시된 자료는 일제강점기 여러 역사 연구 방향 중 실증사학을 설명하고 있다. '민족의 구체
> 적인 실상과 그 진전의 정세', '일반적인 법칙이나 공식만 미리 가정……안 된다.'를 통해 실
> 증사학임을 알 수 있다.
> ③ 실증사학은 국수주의 성격을 극복하여 근대적 역사관의 수립에 공헌하였으며, 한국 역사
> 학의 방향을 실증사학으로 전환시켰다.
> ① 사회경제사학의 백남운은 식민사관의 정체성론을 비판하였다.
> ② 민족주의사학의 박은식은 실천적인 양명학을 발전시킬 것을 주장하였다.
> ④ 사회경제사학은 유물사관을 도입하여 한국사에 있어서 사회적 발전에 주목하고 그 발전
> 과정을 체계적으로 이해하였다.
> ※ 낭가사상은 상고시대 이래 태양을 숭배하고 상무정신이 강하며 자주적인 전통을 지닌 한
> 국민족의 토착 사상이다. 이러한 낭가의 조직은 고구려의 조의선인이나 신라의 화랑제도
> 로 발전되었다. 불교는 어느 곳에서나 그 곳의 전통적인 사상이나 풍속과 결합하면서 발
> 전하는 경향이 있어 한국에서는 낭가와 결합하는 현상을 나타냈다.

3 다음의 역사관과 유사한 주장은?

> 우리가 예술작품을 감상할 때 저명한 학자의 분류법을 생각하지 않고 아름답다고 느끼듯이
> 역사를 대하거나 탐구할 때에도 있는 사실을 그대로 받아들여야 한다.

① 역사란 기록으로서 역사를 의미한다.

② 역사는 과거에 있었던 사실이다.

③ 역사는 주관적으로 생각해야 한다.

④ 역사란 역사가가 주관적으로 재구성한 것이다.

> **Tip ≫** 제시문은 있는 사실 그 자체를 중시하는 '사실로서의 역사', 즉 객관적 역사관을 의미한다.
> 이는 랑케의 실증주의 사관을 기초로 하고 있으며, 역사가나 제3자에 의한 역사의 재해석과
> 정이나 주관적인 역사의식을 반대하는 입장이다.

Answer ≫   1.① 2.③ 3.②

4 다음 글의 밑줄 친 '내적 비판'에 해당하는 조사 활동으로 가장 적절한 것은?

> 역사가는 사료에 의하여 사실을 인식하고 판단한다. 따라서 사료 비판을 통해 사료의 진위와 가치를 비판적으로 이해하는 것이 중요하다. 사료 비판에는 외적 비판과 내적 비판이 있다. 외적 비판이란 사료 자체의 진위 여부를 가리는 것으로, 사료가 후대에 조작된 것인지, 필사 과정에서 글자가 잘못된 것은 없는지 등을 조사하는 것이 이에 해당한다. <u>내적 비판</u>이란 사료의 내용을 검토하여 그 사료의 성격을 밝히는 것이다. 즉, 사료의 외형적인 형태와 형식을 살피는 것을 외적 비판, 내용을 분석하는 것을 내적 비판이라고 할 수 있다.

① 팔만대장경판에 잘못 새겨진 글자가 있는지 여부를 조사한다.
② 직지심체요절의 종이가 고려 때 쓰이던 것인지 여부를 조사한다.
③ 신라 민정문서의 형식을 살펴 통일 신라 때 만들어진 것인지 여부를 조사한다.
④ 선조실록의 내용을 검토하여 사관의 정치적 견해가 개입되었는지 여부를 조사한다.

>**Tip 》》** 내적 비판이란 역사가의 주관적인 평가, 해석을 의미한다.
>　　　④ 내적 비판
>　　　①②③ 외적 비판

5 다음 주장을 고려할 때 가장 적절한 태도는?

> • 역사에 대한 서로 다른 관점을 사관(史觀)이라고 한다.
> • 역사가가 어떤 사관을 가지고 책을 저술 또는 편찬하는가에 따라서 역사서의 내용이 달라질 수 있다.

① 과거 사실을 밝히는 일을 지상 과제로 삼는다.
② 대중을 위한 역사를 만들고자 적당한 윤색을 가한다.
③ 역사 서술에는 반드시 현재의 요구를 반영해야 한다.
④ 역사서를 읽을 때 독자는 저자의 사관을 염두에 둔다.

>**Tip 》》** 사관이란 기록된 역사에 대한 생각이나 견해, 의식 등을 말한다. 역사가 과거사실을 볼 때 역사가 자신의 입장, 사실의 선택, 해석원리 등을 포함하므로 전체의 일관성이 필요하다. 그러므로 사관을 염두에 두지 않으면 주관성에 독자가 몰입될 수 있다.

6 역사적 사실은 '현재적 입장에서 재해석해야 한다'는 입장과 일치하는 역사학습의 과정이 아닌 것은?

① 임진왜란이 한국과 일본의 외교관계에 끼친 영향을 조사한다.

② 동학농민운동 중 농민들이 주장한 폐정개혁안과 갑오개혁의 홍범 14조를 비교, 분석한다.

③ 일제강점기에 일본이 토지조사사업을 통해 수탈한 토지의 면적을 알아본다.

④ 실학자들이 주장한 개혁안들이 정책에 반영되었다면 어떤 변화가 나타났을까 가정한다.

> **Tip** 》 ③ 객관적인 사실로서 역사가가 재해석한 것이라고 볼 수 없다.

7 다음과 같은 역사 인식을 지닌 역사가의 견해나 업적으로 적당한 것은?

> 역사란 인류사회의 아(我)와 비아(非我)의 투쟁이 시간부터 발전하며, 공간부터 확대하는 심적(心的)활동의 상태의 기록이니, 세계사라 하면 세계인류의 그리되어 온 상태의 기록이며, 조선사라면 조선민족의 그리되어 온 상태의 기록이니라.

① 혼(魂)이 살아있으면 백(魄)에 해당하는 국가나 국력은 다시 성장 발전할 수 있다고 보았다.

② 고대사 인식에서 민족정신을 상징하는 것으로 낭가사상(郞家思想)을 주장하였다.

③ 민족주의 사관을 비판하고 실증주의 사관을 주장하며, 진단학보 등을 발간하였다.

④ 식민사관에 의거한 한국 봉건제 결여론을 극복하여 한국사의 합법칙적 발전 과정을 체계화 하였다.

> **Tip** 》 제시문은 민족주의 사학자 신채호의 「조선상고사」의 내용으로서 우리의 민족정신의 '낭가'사상으로 보았다.
> ① 민족주의 사학의 박은식
> ③ 실증주의 사학의 이병도, 손진태
> ④ 사회 경제 사학의 백남운

Answer 》 4.④ 5.④ 6.③ 7.②

8 역사의 의미에 대한 이해가 다음과 같은 것은?

> 과거에 일어난 객관적 사실이 모두 역사에 해당된다.

① 역사가는 과거의 사실을 자신의 견해와 지식으로 재구성한다.
② 역사는 있는 그대로의 사실을 가리킨다.
③ 역사는 관찰자의 관점에 따라 달리 써질 수 있다.
④ 역사는 과거와 현재의 대화이다.

> **Tip >>** 제시된 글은 사실로서의 역사를 말한다. ①③④는 역사의 의미를 조사하되 기록된 과거로 인식한 것이다.

9 다음 내용을 토대로 한국사를 바르게 인식한 것에 해당하지 않는 것은?

> 한민족은 고대로부터 그 시대 나름의 국제관계를 가지고 개별적인 민족사를 전개해 왔다. 그러므로 한국사의 특수성을 이해하기 위해서는 세계사와 연관, 세계사적 보편성에 대한 관심과 이해가 필요하며 주변 국가와의 연관성도 고찰하여야 한다.

① 신라는 당과 연합하여 삼국통일을 이룩하였다.
② 고조선시대의 유적지에서 명도전이 발견되었다.
③ 광개토대왕은 북위의 왕이 의탁해 오자 제후로 삼았다.
④ 세종대왕은 한글을 창제하여 민족문화의 기반을 확고히 하였다.

> **Tip >>** ④ 세종대왕의 한글창제는 우리나라의 창조적인 문화유산이다.

10 다음 중 세계화시대에 갖추어야 할 바른 역사의식이 아닌 것은?

① 우리 역사보다 세계사에 더 깊은 관심을 갖는다.

② 외부에 대해 개방적 민족주의로 대처한다.

③ 세계사의 변화에 능동적으로 대응하는 자세를 갖는다.

④ 인류사회에 기여할 수 있는 진취적 역사의식을 갖는다.

> **Tip 》** 세계화시대의 역사인식은 안으로 민족주체성을 견지하고 밖으로는 외부세계의 변화에 적극적으로 대응하는 동시에 진취적인 역사정신을 갖는 것이다.

11 다음 글을 통해 우리 문화의 특성을 가장 바르게 추론한 것은?

> 한국의 불교는 현세구복적이고 호국적인 성향이 남달리 강하였다. 또한 한국의 유교는 삼강오륜의 덕목 중에서도 충·효·의가 강조되었는데 이는 우리 조상이 가족질서에 대한 헌신과 국가수호, 그리고 사회정의 실현에 특별한 관심을 가졌음을 보여 주는 것으로 중국의 유학이 인(仁)을 중심 개념으로 설정하고 사회적 관용을 존중하는 것과 대비된다고 볼 수 있다.

① 우리 문화는 세계사적 보편성과 무관하다.

② 한국인들은 자신들만의 고유문화를 발전시켰다.

③ 우리 문화에는 보편성과 특수성이 함께 나타난다.

④ 세계 문화의 흐름이 우리 민족문화에도 그대로 나타난다.

> **Tip 》** 유교와 불교는 동아시아 문화권이라 불릴 정도로 중국, 일본 등과의 공통적인 문화요소이다. 이러한 문화는 동아시아 삼국에 전파되어 있으며 각각 발달하면서 그 지역의 역사적 조건과 고유문화에 따라 독특한 모습을 띠게 되었다.
> ①② 모든 민족의 역사에는 보편성과 특수성이 함께 존재한다.
> ④ 문화는 생활양식의 총체로, 그 지역 사람들의 생활 속에서 주체적으로 수용된다.

Answer 》　　8.② 9.④ 10.① 11.③

II

선사시대의 문화와 국가의 형성

01 선사시대의 전개

① 구석기 시대

(1) 구석기시대의 유물과 유적

① **전기 구석기** … 한 개의 석기를 여러 용도 사용, 평남 상원 검은모루동굴, 경기도 연천 전곡리 유적

② **중기 구석기** … 격지들을 잔손질하여 사용, 함북 웅기 굴포리 등

③ **후기 구석기** … 같은 형태의 여러 개의 돌날격지 제작, 충남 공주 석장리 등

(2) 구석기시대의 생활

① **도구** … 뼈도구, 뗀석기(사냥도구 – 주먹도끼 · 찍개, 조리도구 – 긁개 · 밀개)

② **주거** … 동굴, 바위그늘, 강가의 막집(3 · 4명~10명 거주)

③ **사회** … 무리생활(평등한 공동체생활), 이동생활(사냥 · 채집의 경제활동)

④ **예술** … 고래와 물고기를 새긴 조각품 제작(석회암이나 동물의 뼈 · 뿔 이용) – 사냥감의 번성을 비는 주술적 의미

⑤ **중석기문화** … 잔석기(이음도구, 톱 · 활 · 창 · 작살 사용, 슴베찌르개가 대표적), 식물 채취, 고기잡이

우리나라의 신석기시대

(1) 신석기시대의 유물과 유적

① 간석기 … 도구의 다양화, 세련화

② 토기 … 음식물 조리 · 저장에 이용(농경, 식량의 저장과 정착생활을 의미)

③ 이른 민무늬토기 · 덧무늬토기 · 눌러찍기문토기 … 제주도 한경 고산리, 강원 고성 문암리, 강원 양양 오산리, 부산 동삼동 조개더미 등에서 발견

④ 빗살무늬토기 … 신석기시대의 대표적인 토기, 도토리나 달걀 모양의 뾰족한 밑, 또는 둥근 밑 모양을 하고 있으며 크기도 다양, 서울 암사동, 평양 남경, 김해 수가리 등(대부분 바닷가나 강가)

(2) 신석기시대의 생활

① 농경생활
    ㉠ 탄화된 좁쌀의 발견(황해도 봉산 지탑리, 평양 남경) → 잡곡류를 경작했음을 알 수 있음
    ㉡ 농기구의 사용 : 돌괭이, 돌삽, 돌보습, 돌낫 등
    ㉢ 집 근처의 조그만 텃밭을 이용하거나 강가의 퇴적지를 소규모로 경작하였던 것으로 보임

② 사냥 · 어로의 발달 … 활, 창, 그물, 작살, 돌 · 뼈낚시

③ 원시적 수공업 … 의복 · 그물제작(가락바퀴, 뼈바늘)

④ 주거 … 움집, 바닥은 원형이나 모서리가 둥근 네모꼴, 중앙에 화덕 설치, 남쪽 출입문, 저장구덩, 4~5명 거주

⑤ 사회 … 혈연을 바탕으로 한 씨족으로 구성된 부족사회 → 족외혼을 통해 부족을 이룬 평등사회

⑥ 신앙 … 애니미즘, 영혼 · 조상숭배, 샤머니즘, 토테미즘

⑦ 예술 … 흙으로 빚어 구운 얼굴모습이나 동물의 문양을 새긴 조각품, 조개껍데기 가면, 조가비 또는 짐승의 뼈나 이빨로 만든 치레걸이 등이 있었음

Point 〉 우리나라의 선사시대

구석기시대	신석기시대
70만 년 전	B.C. 8,000년
뗀석기	간석기
불 사용	토기 사용
채집, 어로, 수렵	농경시작
동굴, 토굴, 막집(이동생활)	움집(정착생활)
무리사회	씨족 공동체사회

02 국가의 형성

① 고조선과 청동기문화

(1) 청동기 · 철기의 사용

① **청동기** ··· 한반도는 기원전 10세기경, 만주는 기원전 15~13세기경 시작, 만주와 한반도에 분포
  ㉠ **특징** : 생산경제의 발달, 전문장인의 출현, 사유재산제도와 계급의 발생
  ㉡ **유물** : 반달돌칼 · 바퀴날도끼 · 홈자귀(석기), 비파형 동검 · 거친무늬거울(청동기), 미송리식
    토기 · 민무늬토기 · 붉은간토기(토기), 고인돌 · 돌널무덤 · 돌무지무덤(무덤)

② **철기** ··· 기원전 4세기경
  ㉠ **철기문화 보급** : 철제 농기구의 사용(농업발달 → 경제기반 확대), 철제 무기, 철제 연모 사용
    (청동기의 의기화), 중국과 교역(명도전 · 반량전 · 오수전 사용, 한자 사용)
  ㉡ **청동기의 독자적 발전** : 세형 동검(← 비파형 동검), 잔무늬거울(← 거친무늬거울), 거푸집
  ㉢ **토기의 변화** : 덧띠토기, 검은간토기

(2) 청동기 · 철기시대의 사회

① **청동기 · 철기시대의 생활**
  ㉠ **생산경제의 발전** : 농기구의 변화(개간도구 – 돌도끼 · 홈자귀 · 괭이, 추수도구 – 반달돌칼),
    농업(밭농사 중심), 일부 저습지에서 벼농사 시작, 가축사육 증가
  ㉡ **주거의 변화**
    • 배산임수(背山臨水)의 취락 형성 : 구릉지대, 농경의 발달과 인구의 증가
    • 집자리 : 직사각형 움집 → 점차 지상가옥, 화덕이 주변으로 이동, 저장구덩 따로 설치, 주춧
      돌 이용, 4~8명 거주(부부 중심의 가족용), 크기 다양

Point 〉 신석기시대와 청동기시대의 주거지 비교

구분	신석기시대	청동기시대
형태	원형, 모서리가 둥근 네모꼴 움집	직사각형 움집 → 지상가옥
화덕	중앙	한쪽 벽
저장구덩	화덕, 출입문 옆	따로 설치, 밖으로 돌출
규모	4~5명	4~8명

ⓒ 사회의 변화
- 분업의 발생 : 여성(가사노동), 남성(농경, 전쟁)
- 잉여생산, 사적 소유 : 빈부의 차, 계급분화 → 지배층 무덤에 고인돌 등장

ⓔ 군장의 출현
- 선민사상 : 경제 · 정치력이 우세한 부족에서 대두, 스스로 하늘의 자손이라 함
- 정복활동 : 청동이나 철로 된 금속제 무기의 사용으로 활발해짐
- 족장(군장)의 출현 : 권력과 경제력을 가진 지배자로서 청동기문화가 일찍부터 발달한 북부지역에서 먼저 등장

② 청동기 · 철기시대의 예술
- ⑦ 종교 및 정치적 요구와 밀착 : 제사장이나 군장이 사용하던 칼 · 거울 · 방패 등의 청동제품, 바위그림 등에 반영되어 있음
- ⓛ 주술적 예술의 발달
  - 청동제품 : 미의식과 생활모습 표현, 말 · 호랑이 · 사슴 · 기하학적 무늬 조각
  - 토우 : 풍요를 기원하는 주술적 의미
- ⓒ 바위그림 : 당시 사람들의 활기찬 생활상 묘사
  - 울주 : 사냥과 고기잡이의 성공과 풍성한 수확 기원
  - 고령 : 기하학 무늬, 태양숭배(동심원)와 풍요 기원

(3) 고조선의 성립

① 단군과 고조선
- ⑦ 족장사회의 출현 : 청동기문화의 발전과 함께 족장(군장)이 지배하는 사회 출현 – 고조선이 가장 먼저 국가로 발전
- ⓛ 고조선의 건국 : 단군왕검, 요령지방을 중심으로 한반도까지 발전
- ⓒ 단군이야기 : 청동기문화를 배경으로 한 고조선 성립의 역사적 사실 반영
  - 내용 : 환웅부족이 태백산 신시를 중심으로 세력 형성, 환웅부족과 곰부족 연합 – 단군왕검 탄생, 제정일치, 고조선 건국
  - 해석 : 구릉지대 거주, 농경사회, 선민사상, 사유재산, 계급분화, 홍익인간

Point 〉 단군이야기를 기록한 문헌
        ㉠ 고려시대 : 삼국유사(일연), 제왕운기(이승휴)
        ㉡ 조선시대 : 세종실록지리지(정인지), 응세시주(권람), 동국여지승람(노사신)

  ㉣ **고조선의 발전** : 초기 – 요령지방, 후기 – 대동강 유역의 왕검성 중심
- 왕위세습 : 기원전 3세기경 부왕, 준왕 같은 강력한 왕의 등장
- 관직설치 : 상(相), 대부(大夫), 장군(將軍)
- 중국과 대립 : 요하를 경계로 연(燕)과 대립

② **위만의 집권**

  ㉠ **위만왕조의 성립**
- 유이민의 유입 : 중국의 혼란시기(전국시대와 진 · 한교체기)
- 위만의 집권 : 이주민세력 통솔, 세력 확대 – 준왕 축출(B.C. 194)

  ㉡ **위만왕조의 발전** : 중앙정치조직을 갖춘 강력한 국가로 성장
- 철기문화의 수용 : 농업과 수공업 발전
- 상업과 무역 발달 : 예(濊) · 진(辰) · 한(漢) 사이의 중계무역으로 이득 독점→한과 대립

  ㉢ **고조선의 멸망** : 한의 침입→지배층 내분으로 멸망(B.C. 108)→한 군현 설치

③ **고조선의 사회**

  ㉠ 8조법 : 당시 사회에 권력과 경제력의 차이가 생겨나고 재산의 사유가 이루어지면서 형벌과 노비가 발생하였음을 알 수 있고, 노동력과 사유재산을 중시하고 보호하였다는 것도 알 수 있음

  ㉡ 한 군현 설치 후 : 엄한 율령을 시행하여 자신들의 생명과 재산을 보호하려 하였고, 이에 따라 법조항도 60여 조로 증가하면서 풍속도 각박해짐

② 여러 나라의 성장

(1) 부여

① **위치** … 만주 송화강 유역의 평야지대를 중심으로 성장

② **경제** … 농경과 목축을 주로 하였고, 생산은 주로 일반농민인 하호가 담당하였으며, 말 · 주옥 · 모피가 특산물이었다.

③ **정치**

  ㉠ 1세기 초 : 왕호 사용, 중국과 외교관계 수립

  ㉡ 3세기 말 : 선비족 침입으로 쇠퇴되어 고구려에 편입(494)

ⓒ 5부족 연맹체 : 중앙은 왕이 통치하였으며 마가 · 우가 · 저가 · 구가가 사출도를 지배

ⓔ 왕권 미약 : 제가들이 왕을 추대하거나 교체

④ 법속 · 풍속

ⓐ 법률(4조목)

- 살인자는 사형에 처하고, 그 가족은 노비로 삼는다(연좌제 적용).

- 남의 물건을 훔치면 물건값의 12배를 배상하게 한다(1책 12법).

- 간음한 자는 사형에 처한다.

- 부인이 투기가 심하면 사형에 처하되, 그 시체는 산 위에 버린다.

ⓑ 영고 : 12월에 열리는 제천행사로 농경사회의 전통을 보여줌

ⓒ 우제점복 : 길흉 판단

ⓔ 순장 : 왕이 죽으면 많은 사람들을 함께 묻음

(2) 고구려

① 건국(B.C. 37) … 주몽(부여 계통)이 압록강 지류인 동가강 유역의 졸본지방에서 건국하였다.

② 경제 … 토지가 척박하여 정복활동을 통해 식량을 조달하는 약탈경제를 유지하였다.

③ 정치

ⓐ 국내성 천도 : 평야지대 진출

ⓑ 정복전쟁 : 한 군현 공략, 요동 진출, 옥저 정복

ⓒ 5부족 연맹체 : 왕과 대가(사가, 고추가 등)들이 지배, 대가들은 독립세력을 유지함(사자, 조의, 선인 등의 관리를 거느림)

④ 법속 · 풍속

ⓐ 제가회의 : 중대한 범죄자가 있으면 제가회의를 통하여 사형에 처하고, 그 가족을 노비로 삼음

ⓑ 서옥제(데릴사위제) : 혼인을 정한 뒤 신부집의 뒤꼍에 조그만 집을 짓고 거기서 자식을 낳고 장성하면 아내를 데리고 신랑집으로 돌아가는 제도

ⓒ 동맹 : 10월에 열리는 제천행사

ⓔ 점복(부여와 유사) : 길흉의 판단

(3) 옥저와 동예

① 위치 … 함경도(옥저) 및 강원도 북부(동예)의 동해안지대

② 정치 … 군장이 자기 부족을 다스렸으나 큰 정치세력을 형성하지 못함, 고구려의 압력과 수탈로 크게 성장하지 못함

③ 옥저

　　㉠ **경제** : 농경(토지 비옥), 해산물(어물, 소금)이 풍부하여 고구려에 공납

　　㉡ **풍속** : 민며느리제, 골장제(가족공동무덤)

④ 동예

　　㉠ **경제** : 농경, 방직기술 발달(명주, 삼베), 해산물, 특산물(단궁, 과하마, 반어피)

　　㉡ **풍속** : 무천(제천행사, 10월), 족외혼, 책화

(4) 삼한

① **형성** … 한강 이남의 진(辰)과 고조선의 유이민이 융합되면서 마한, 진한, 변한의 연맹체가 등장

② **지역 및 세력**

　　㉠ **마한** : 천안 · 익산 · 나주 중심의 경기 · 충청 · 전라도 지방, 54개 소국

　　㉡ **진한** : 대구 · 경주지역, 12개 소국으로 구성

　　㉢ **변한** : 김해 · 마산지역, 12개 소국으로 구성

③ **정치**

　　㉠ 마한의 목지국(目支國) 지배자(마한왕, 진왕)가 삼한 전체의 주도세력

　　㉡ 군장사회 : 대군장(신지, 견지), 소군장(부례, 읍차)

④ **소도(별읍)** … 농경과 종교의례를 주관하였던 곳으로 천군이 지배하였으며, 군장의 세력이 미치지 못하였고, 이러한 제사상의 존재에서 원시신앙의 변화와 제정의 분리를 엿볼 수 있다.

⑤ **경제**

　　㉠ **농경 발달** : 철제 농기구, 벼농사 성행(저수지 축조 – 김제 벽골제, 밀양 수산제, 제천 의림지)

　　㉡ **철 생산(변한)** : 낙랑과 왜 등에 수출, 화폐처럼 사용

⑥ **풍습**

　　㉠ **주거생활** : 반움집 · 귀틀집

　　㉡ **두레** : 공동체적인 전통을 계승한 공동작업체

　　㉢ **제천행사** : 5월 수릿날, 10월 계절제

⑦ **변천** … 한강 유역에서 백제국이 성장하면서 마한지역을 통합해 갔고, 낙동강 유역에서는 가야국이, 그 동쪽에서는 사로국이 성장하여 중앙집권국가의 기반을 마련하면서 각각 가야연맹체와 신라의 기틀을 다져나갔다.

03 출제예상문제

1 다음 유적을 남긴 사람들에 대한 설명으로 옳지 않은 것은?

> 이 시대의 집터는 강이나 바닷가에서 많이 발견된다. 대표적인 형태는 바닥을 둥글게 파고 나무로 기둥을 세워 지붕을 덮었으며, 햇빛을 많이 받는 남쪽에 출입문을 두었다. 대체로 4명 정도가 살 수 있는 크기였다.

① 농경과 목축을 시작하였다.

② 울주와 고령에 바위그림을 남겼다.

③ 계급이 없는 평등사회를 이루었다.

④ 씨족회의에서 중대한 일을 만장일치로 결정하였다.

Tip 》》 제시된 자료는 움집에 대한 설명이다. 움집은 신석기 시대의 대표적인 주거양식이다. 울주와 고령의 바위그림은 청동기 시대의 유적이다.

2 다음 중 고조선에 대한 설명으로 가장 타당한 것은?

① 고조선은 신석기문화를 기반으로 성립하였다.

② 단군이란 고조선 군영의 칭호로서 정치적 권위뿐만 아니라 종교적 권위도 아울러 가졌다.

③ 사회계층이 분화되지 못하여 노비는 존재하지 않았다.

④ 위만조선은 중국과 적대관계로 일관했던 만큼 문화적 독자성을 유지할 수 있었다.

Tip 》》 ① 고조선은 청동기문화를 기반으로 성립하였다.
② 단군은 제사장을 의미하고 왕검은 정치적 지배자를 뜻한다.
③ 8조금법의 절도죄에서 노비존재를 입증해준다.
④ 위만조선은 경제적·군사적 발전을 기반으로 한과 대립하였다.

Answer 》》   1.② 2.④

3 철기시대 이후의 사회모습을 바르게 설명한 것으로 옳은 것을 모두 고른 것은?

> ㉠ 가벼운 무기의 제작으로 정복사업이 활발하게 전개되었다.
> ㉡ 세형동검으로 군장의 세력을 과시하였다.
> ㉢ 청동기 및 철기로 말의 안장을 만들었다.
> ㉣ 철제 농기구의 보급으로 생산량이 증가하였다.
> ㉤ 지배와 피지배 계급이 발생하였다.

① ㉠, ㉡

② ㉠, ㉡, ㉢, ㉣

③ ㉠, ㉢, ㉤

④ ㉠, ㉢, ㉣, ㉤

Tip 》 ㉤ 지배와 피지배 계급이 발생한 시기는 청동기 시대이다.
  • 청동기 시대에는 여성은 주로 집안일을, 남성은 농경과 전쟁 등 외부 일을 맡게 되어 신석기 시대의 모계중심 사회가 붕괴되었다. 또한 잉여생산물의 축적과 사적소유로 인하여 빈부의 차이와 노예가 발생하였다. 청동·철제 무기의 사용으로 정복전쟁이 활발히 일어나 계급사회가 출현하게 되었고, 이때 권력과 경제력을 가진 지배자를 군장이라 칭하였는데, 군장은 북부지역에서부터 등장하였다.
  • 철기 시대에 철제농기구를 사용하여 농업생산력이 급증하였으며 청동기 시대에 사용했던 비파형 동검은 세형동검으로 변화하였으며 잉여생산물을 둘러싼 교역이 활발해지면서 문화적 접촉도 확대되어 결국 초기국가(연맹국가)로 발전하게 되었다.

4 다음 중 반달돌칼을 통해 알 수 있는 사실은?

① 선민사상의 등장

② 활발한 정복활동

③ 농경의 발달

④ 계급사회의 형성

Tip 》 청동기시대에 사용된 반달돌칼은 추수도구로 돌도끼나 홈자귀 등과 같은 개간도구와 함께 농경이 더욱 발전하였음을 보여준다.

5 다음 중 구석기시대의 생활모습으로 옳은 것은?

① 사냥과 채집활동을 위해 이동생활을 하였다.

② 여가시간을 이용하여 많은 장식용 조각품을 제작하였다.

③ 농경생활의 시작으로 정착생활을 하게 되었다.

④ 정치와 종교의식을 주관하는 정치적 지배자가 출현하였다.

> **Tip** 》》 구석기인들은 사냥과 채집생활을 하면서 사냥의 대상이 되는 동물의 번성을 비는 주술적 의미의 조각품을 제작하였다.

6 우리 민족의 기원에 대한 설명으로 옳지 않은 것은?

① 언어학상으로 알타이어족에 속한다.

② 구석기시대에서 신석기시대를 거치는 과정에서 민족의 기틀이 이루어졌다.

③ 인종상으로 황인종에 속한다.

④ 만주, 한반도를 중심으로 활동하였다.

> **Tip** 》》 ② 우리나라에 사람이 살기 시작한 것은 구석기시대부터이며 신석기시대에서 청동기시대를 거치는 과정에서 민족의 기틀이 이루어졌다.

7 다음에서 동굴이나 강가의 막집에서 생활하였던 사람의 생활 모습을 바르게 고른 것은?

> ㉠ 뗀석기를 사용하였다.
> ㉡ 무리를 지어 이동생활을 하였다.
> ㉢ 보리, 콩, 조 등의 작물을 재배하였다.
> ㉣ 사냥, 어로, 채집생활을 하였다.

① ㉠㉡㉢

② ㉠㉡㉣

③ ㉠㉢㉣

④ ㉡㉢㉣

> **Tip** 》》 ㉢ 신석기시대에 대한 설명이다.

Answer 》》 3.② 4.③ 5.① 6.② 7.②

8 우리나라 선사시대에 사용했던 농사용 도구는?

① 긁개   ② 반달돌칼
③ 청동 도끼   ④ 가락바퀴

Tip》》 농경이 시작된 신석기시대에는 돌괭이, 돌낫 등을 사용하였고 청동기시대에는 돌도끼, 반달돌칼 등을 농기구로 사용하였다.

9 다음 중 고조선의 세력 범위를 알려 주는 유물은?

① 칠지도   ② 반달돌칼
③ 민무늬토기   ④ 비파형 동검

Tip》》 고조선은 요서와 요동을 중심으로 성장하여, 인접한 군장사회 등을 통합하면서 한반도까지 발전하였는데, 출토되는 비파형 동검의 분포로 알 수 있다. 고조선의 세력범위는 청동기시대를 특징짓는 비파형 동검이나 미송리식 토기 등이 나오는 지역과 거의 일치하고 있다.

10 다음 내용과 관련이 있는 나라는?

ⓐ 가축의 이름을 딴 관직명
ⓑ '영고'라는 제천행사 개최
ⓒ 만주 송화강 유역의 평야지대

---

① 동예   ② 부여
③ 옥저   ④ 고구려

Tip》》 ⓐ 부여에는 왕 아래 가축의 이름을 딴 마가, 우가, 저가, 구가와 대사자, 사자 등이 있었다.
ⓑ 영고는 부여에서 12월에 열리는 제천행사이다.
ⓒ 부여는 만주 송화강 유역의 평야지대를 중심으로 성장하였다.

11 단군신화에 나타난 고조선의 모습과 거리가 먼 것은?

① 제정분리사회   ② 홍익인간이념

③ 농경생활 영위   ④ 선민사상 출현

> Tip 》》① 고조선은 제사장과 정치적 군장이 일치하는 제정일치사회였다.

12 당시 사회모습을 통해 본 고조선의 국가성립시기는?

① 구석기시대   ② 신석기시대

③ 청동기시대   ④ 철기시대

> Tip 》》 청동기문화의 발전과 함께 군장이 지배하는 사회가 출현하였다. 이들 중 세력이 강한 군장은 주변의 여러 사회를 통합하고 점차 권력을 통합하여 갔는데, 가장 먼저 국가로 발전한 것이 고조선이다.

13 초기 국가들의 풍습에 대한 것이다. 잘못 연결된 것은?

① 부여 – 영고   ② 고구려 – 서옥제(데릴사위제)

③ 삼한 – 동맹   ④ 옥저 – 민며느리제

> Tip 》》③ 삼한의 제천행사는 수릿날(5월)과 계절제(10월)이며, 동맹(10월)은 고구려의 제천행사이다.

14 청동기 · 초기 철기시대에 대한 설명으로 옳은 것은?

① 벼농사 시작   ② 빗살무늬토기 출현

③ 뗀석기 사용   ④ 원시수공업 시작

> Tip 》》②④ 신석기시대 ③ 구석기시대

Answer 》》   8.②   9.④   10.②   11.①   12.③   13.③   14.①

통치구조와 정치활동

고대의 정치

❶ 고대국가의 형성

(1) 고대국가의 성격

① **고대국가의 형성** … 왕권 강화(지방의 족장세력 통합 및 왕권에 복속), 율령 반포(통치체제 정비), 불교 수용(집단통합 강화)

② **고대국가의 발전과정** … 선진문화의 수용과 지리적 위치에 따라 차이 있음, 고구려, 백제, 신라 순으로 고대국가의 체제가 정비되었고, 가야연맹은 해체되어 신라와 백제에 흡수

(2) 삼국의 성립

① **초기의 고구려** … 건국(졸본에서 건국하여 국내성으로 천도한 후 정복국가로 변화), 태조왕(1세기 후반 – 옥저와 동예 복속, 독점적 왕위 세습, 5부 체제로 발전), 고국천왕(2세기 후반 – 부족적 전통·행정적 성격의 5부 개편), 왕위부자 상속

② **초기의 백제** … 건국(B.C. 18, 북방 유이민·토착민집단의 결합, 유이민집단의 지배층화), 고이왕(3세기 중엽 – 한강 유역 장악, 중국 문물 수용, 관등제 정비, 관복제 도입)

③ **초기의 신라** … 건국(B.C. 57, 경주지방의 토착집단과 유이민집단 결합, 석탈해집단의 합류)
  ㉠ **발전** : 박·석·김의 3성이 교대로 왕위 차지, 주요 집단들의 독자적인 세력기반 유지
  ㉡ **지배체제의 정비**(내물왕, 4세기) : 낙동강 유역으로 영역 확장, 김씨의 왕위계승권 확립, 마립간(대수장) 칭호 사용
  ㉢ **고구려의 간섭** : 광개토대왕의 군사 지원으로 왜 격퇴, 중국 문물 수용의 통로

④ **초기의 가야** … 낙동강 하류 변한지역에서 철기문화를 토대로 농업생산력 증대, 백제와 신라의 팽창으로 세력 약화(4세기 초) → 고구려군의 가야지방 원정으로 몰락 → 중심세력 해체, 낙동강 서쪽연안으로 축소

❷ 삼국의 발전과 통치체제

(1) 삼국의 정치적 발전

① 고구려

    ㉠ **영토 확장(미천왕, 4세기)** : 낙랑군 축출(313) 뒤 고국원왕 때 전연, 백제의 침략으로 국가적 위기를 맞기도 함

    ㉡ **국가체제의 정비와 국력의 확장(소수림왕, 4세기 후반)** : 불교 수용, 태학 설립, 율령 반포, 부족세력 통제, 중앙집권체제 강화

② 백제

    ㉠ **대외팽창(근초고왕, 4세기 후반)**

      • 마한 전역 정복, 황해도 지역을 놓고 고구려와 대결, 가야에 지배권 행사

      • 해외 진출 : 중국의 요서 · 산둥지방, 일본의 규슈지방 진출

    ㉡ **중앙집권체제 정비** : 왕권의 전제화와 왕위의 부자상속 확립

    ㉢ **불교의 공인(침류왕)** : 중앙집권체제를 사상적으로 뒷받침

③ 신라

    ㉠ **국력의 신장**

      • 5세기 초 백제와 동맹을 맺어(나 · 제동맹, 눌지왕) 고구려의 간섭을 배제하고자 함

      • 5세기 말 6촌을 6부의 행정구역으로 개편하면서 발전함

    ㉡ **지배체제 정비**

      • 지증왕(6세기 초) : 국호(사로국→신라)와 왕의 칭호(마립간→왕)를 변경, 수도와 지방의 행정구역 정리, 우산국(울릉도) 복속

      • 법흥왕(6세기 중엽) : 병부 설치, 율령 반포, 공복 제정 등으로 통치질서를 확립하고 골품제도 정비로 새로운 세력을 포섭, 불교 공인, 독자적 연호(건원)의 사용, 금관가야 정복 등으로 중앙집권체제를 완비

(2) 삼국 간의 항쟁

① 고구려의 대제국 건설

    ㉠ **광개토대왕(5세기)** : 대제국 건설의 기초 마련, 만주 대부분 지방에 대한 대규모 정복사업, 백제를 압박하여 한강 이남으로 축출, 신라에 침입한 왜 격퇴→한반도 남부까지 영향력 확대

ⓒ 장수왕(5세기) : 동북아시아의 대제국 건설(흥안령 일대 초원지대 장악), 남북조와 각각 교류
하면서 중국 견제, 평양 천도(427)→남하정책으로 백제 한성 함락, 죽령~남양만 이북 확
보(광개토대왕릉비와 중원 고구려비 건립), 중국과 대등한 지위의 대제국 건설

② 백제의 중흥
ⓐ 웅진(공주) 천도(475) : 대외팽창이 위축되었고 무역활동이 침체되었으며 이 과정에서 왕권이
약화되고 귀족세력이 국정을 주도
ⓑ 체제 정비(5세기 후반) : 동성왕(신라와 동맹을 강화하여 고구려에 대항), 무령왕(지방의 22
담로에 왕족을 파견하여 지방에 대한 통제를 강화)
ⓒ 중흥노력(성왕, 6세기) : 체제 정비 – 사비(부여) 천도(538), 국호 개칭(남부여), 중앙관청(22
부)과 지방제도 정비(5방 제도), 불교 진흥, 일본에 불교 전래, 중국 남조와 활발한 교류

③ 신라의 발전(진흥왕, 6세기) … 화랑도(인재양성), 불교 정비(사상 통합), 영토확장 – 한강 유역
확보(경제기반 강화, 전략거점을 확보하여 중국과 직접 교역할 수 있는 발판 마련), 함경도지
역 진출, 고려의 대가야 정복, 단양 적성비와 4개의 순수비

④ 가야연맹의 해체
ⓐ 후기 가야연맹의 성립 : 대가야(고령지방) 중심, 신라와 결혼동맹
ⓑ 가야의 해체 : 금관가야는 신라 법흥왕, 대가야는 신라 진흥왕에 의해 각각 멸망

(3) 삼국의 통치체제

① 통치조직의 정비과정
ⓐ 삼국초기 : 부족 단위의 독자적 지배, 각 부의 귀족들은 독자적으로 관리를 거느림, 귀족회
의체에서 중요 국사 결정
ⓑ 중앙집권체제의 형성 : 국왕을 중심으로 한 일원적 통치체제 구축, 관등제의 정비(각 부의 귀
족들은 왕권 아래 복속), 행정구역 정비(부족적 성격을 행정적 성격으로 개편)

② 관등조직 및 중앙관제
ⓐ 정치조직

구분	관등	수상	중앙관서
고구려	10여 관등	대대로(또는 막리지)	
백제	16관등	상좌평	6좌평, 22부(사비천도 후)
신라	17관등	상대등	병부, 집사부 등

ⓑ 골품제도 : 관등제도와 관련지어 운영

ⓒ 귀족합의제 : 국왕 중심의 귀족정치 → 고구려의 제가회의, 백제의 정사암회의, 신라의 화백
회의(상대등 주관)

③ 지방제도
　ㄱ 지방제도의 정비 : 정복지역을 세력의 크기에 따라 성이나 촌 단위로 개편하여 지방관을 파
견하여 지방민을 직접 지배하였으나 대부분의 지역은 지방세력가의 자치가 오랫동안 유지됨
　ㄴ 지방조직

구분	지방(장관)	수도	특수행정구역
고구려	5부(욕살)	5부	3경(평양성, 국내성, 한성)
백제	5방(방령)	5부	22담로(지방요지)
신라	5주(군주)	6부	2소경(충주, 강릉)

④ 군사조직 … 지방행정조직과 군사조직의 일원화, 지방관이 군대지휘 담당(백제의 방령, 신라의 군주)

③ 대외항쟁과 신라의 삼국통일

(1) 고구려와 수·당의 전쟁

① 수와의 전쟁 … 고구려의 요서 지방 선제공격 → 수양제의 침략 → 살수에서 수군대 격퇴(살수대첩, 612)

② 당과의 전쟁 … 천리장성 축조(연개소문), 당의 침략 대비 → 당 태종의 침략 → 안시성 전투에서 당
군대 격퇴(645)

　　　Point 〉 대 중국 항쟁의 의미 … 고구려의 국가보위뿐만 아니라 중국의 한반도 침략을 저지하여 민족
을 수호했다는 점에서도 의의가 크다.

(2) 신라의 삼국통일

① 나·당 연합군 결성 … 신라(한반도 통일 목적), 당(한반도 지배 목적)

② 백제 멸망(660) … 지배층의 향락과 분열로 멸망 → 부흥운동(복신, 흑치상지) → 내부 분열로 실패

③ 고구려 멸망(668) … 국력 소모, 지배층의 권력쟁탈전으로 멸망 → 부흥운동(안승·검모잠) → 신
라지원 받았으나 실패 → 발해가 건국하면서 고구려의 전통 계승

④ **신라의 삼국통일(676)** … 당의 한반도 지배 야욕 저지, 나·당 전쟁의 승리(매소성·기벌포 전투)

> Point 〉 삼국통일은 외세의 협조, 대동강에서 원산만 이남에 국한되었으나 자주적 성격(당 축출), 민족문화 발전의 토대 마련(고구려, 백제 문화의 전통 수용, 경제력 확충)에 의의가 있다.

④ 남북국시대의 정치 변화

(1) 통일신라의 발전

① **왕권의 전제화** … 통일을 전후하여 나타난 중요한 정치적 변화는 왕권이 전제화됨
- ㉠ **무열왕** : 최초의 진골 출신 왕, 시중 권한 강화, 상대등 세력 억제
- ㉡ **신문왕** : 귀족세력 숙청, 9주 5소경 지방행정조직 완비, 관료전 지급, 국학 설립

② **정치세력의 변동** … 진골귀족세력의 약화, 6두품의 진출

③ **전제왕권의 동요(경덕왕, 8세기 후반)** … 녹읍제의 부활·사원의 면세전 증가→국가재정의 압박, 귀족들의 특권적 지위 고수·향락과 사치생활→농민부담의 가중

(2) 발해의 건국과 발전

① **건국배경** … 당의 민족분열정책은 고구려 유민의 동족의식 더욱 강화, 대조영이 길림성에 발해 건국(698)

② **고구려 계승의식** … 일본에 보낸 외교문서, 온돌장치, 불상(이불 병좌상), 기와·벽돌무늬

③ **발해의 발전**
- ㉠ **영토 확장(무왕)** : 동북방의 여러 세력을 복속하고 북만주 일대를 장악, 당의 산둥반도 공격(장문휴), 돌궐·일본과 연결하여 당·신라에 대항
- ㉡ **체제 정비(문왕)** : 3성 6부제 도입, 신라도 개설, 중경에서 상경으로 천도, 독자적인 연호사용
- ㉢ **중흥기(선왕)** : 대부분의 말갈족을 복속시키고 요동지역으로 진출, 남쪽으로는 신라와 국경을 접할 정도로 넓은 영토 차지, 지방제도 완비, 중국은 발해를 해동성국이라고 칭함
- ㉣ **멸망** : 귀족들의 권력투쟁으로 국력 쇠퇴→거란에 멸망(926)

(3) 신라말기의 정치변동과 호족세력의 성장

① **전제왕권의 몰락** … 진골귀족들의 반란과 왕위쟁탈전 격화, 집사부 시중보다 상대등의 권력이 커짐, 중앙정부의 지방통제력 약화

② **농민의 동요**
  ㉠ 귀족들의 대토지 소유 확대, 왕실과 귀족의 사치, 향락→농민부담 가중
  ㉡ 과중한 수취, 자연재해→농민의 몰락(노비나 초적으로 몰락)→신라 정부에 저항

③ **호족세력의 등장** … 성주나 장군으로 자처하며 반독립적인 세력으로 성장, 지방의 행정·군사권 장악, 경제적 지배력도 행사

④ **개혁정치의 시도** … 6두품 출신의 유학생, 선종 승려 중심, 골품제 사회를 비판, 새로운 정치이념을 제시, 지방의 호족세력과 연계하여 사회개혁을 추구

(4) 후삼국의 성립

① **후백제** … 견훤(농민 출신)이 군진·호족세력을 토대로 건국(900), 중국과 외교관계 수립, 신라에 적대적인 입장, 농민에 대한 지나친 조세 부과, 호족세력의 포섭에 실패

② **후고구려** … 궁예가 초적·호적세력을 토대로 건국(901), 후고구려→마진→태봉(국호), 송악→철원(도읍지), 광평성 설치(국정최고기구), 9관등제 실시, 농민에 대한 지나친 조세 부과, 미륵신앙을 이용한 전제정치 도모→신하들에 의해 축출

중세의 정치

① 중세사회의 성립과 전개

(1) 고려의 성립과 민족의 재통일

① 고려의 건국(918) … 왕건을 왕으로 추대, 고려건국→송악천도→고구려 계승 표방

② 민족의 재통일(936) … 발해 멸망(926) 후 유민 포섭→신라항복(935)→후백제 정벌(936)

(2) 태조의 정책

① 취민유도정책 … 민생안정책, 조세감면(1/10), 흑창설치

② 통치기반 강화 … 사심관·기인제도, 혼인정책→왕위계승 다툼 발생

③ 북진정책 추진 … 서경을 북진정책의 전진기지로 삼음, 영토 회복(청천강~영흥만), 거란에 강경대응

(3) 광종의 정책

① 광종의 왕권강화책 … 노비안검법·과거제 시행, 공복 제정, 공신·호족세력 숙청, 칭제건원(왕호 – 황제, 연호 – 광덕→준풍)

② 경종의 전시과제도 실시 … 중앙관료의 경제적 기반을 보장하기 위해 실시

③ 성종의 유교정치 실현 … 최승로의 시무 28조 수용→2성6부제 중앙 관제 마련, 지방 12목에 지방관 파견

❷ 통치체제의 정비

(1) 중앙의 통치조직

① 정치조직

  ㉠ 2성(재부)

    • 중서문하성 : 중서성·문하성의 통합기구로 문하시중이 국정을 총괄

    • 상서성 : 행정업무 집행, 6부(이·병·호·형·예·공부)를 두었음

  ㉡ 중추원(추부) : 추밀(2품 이상, 군국기무 담당), 승선(3품 이하, 왕명출납)

  ㉢ 삼사 : 국가 회계업무 담당(화폐와 곡식의 출납)

  ㉣ 어사대 : 감찰기구(풍속교정, 관리들의 비리를 감찰)

  ㉤ 6부(이·병·호·형·예·공부) : 상서성에 소속되어 실제 정무를 분담하던 관청으로 각 부의 장관은 상서, 차관은 시랑이었음

② 귀족 중심의 정치

  ㉠ 귀족합좌 회의기구(중서문하성의 재신과 중추원의 추밀)

    • 도병마사 : 국방문제를 담당하는 임시기구였으나, 고려후기에 도평의사사(도당)로 개편되면서 구성원이 확대되고 국정 전반에 걸친 중요사항을 담당하는 최고정무기구로 발전

    • 식목도감 : 법의 제정 및 각종 시행규정을 다루던 회의기구

  ㉡ 대간제도 : 어사대의 관원과 중서문하성의 낭관으로 구성, 왕과 고관의 활동을 지원하거나 제약하여 정치운영의 견제와 균형을 이룸

(2) 지방행정조직의 정비

① 정비과정

  ㉠ 초기 : 호족세력의 자치에 맡김

  ㉡ 성종 : 12목 설치, 지방관을 최초로 파견

  ㉢ 현종 : 4도호부 8목 → 5도 양계체제로 완비

② 지방조직

  ㉠ 5도(일반행정구역)

    • 안찰사 파견 → 도내의 지방 순찰

    • 편제 : 주현 – 지방관 파견(소수), 속현 – 지방관 미파견(다수)

    • 특수행정구역 : 3경(개경·서경·동경), 도호부(군사적 방비의 중심지), 향·부곡·소(천민의 집단거주지역)

    ⓒ **양계**(군사행정구역) : 병마사 파견

    ⓒ **지방행정** : 향리가 실질적으로 처리(속현, 향, 부곡, 소 등)

(3) 군역제도와 군사조직

① **중앙군** … 2군(국왕의 친위부대), 6위(수도 경비와 국경 방어), 군인전 지급, 군역 세습

② **지방군** … 주진군(양계) - 국경 수비, 주현군(5도) - 농민 구성, 지방 방위 · 노역

(4) 관리임용제도

① **과거제도** … 양인 이상 응시, 제술과 · 명경과 · 잡과, 능력중심 인재등용, 무과 미실시

② **음서제도** … 공신과 종실의 자손, 5품 이상 고관의 자손, 과거없이 관직 진출, 고려 귀족적 특성 반영

❸ 문벌귀족사회의 성립과 동요

(1) 문벌귀족사회의 성립

① **기원** … 지방 호족 출신, 6두품 계열 유학자→성종 이후 중앙 지배층 형성

② **문벌귀족 형성** … 과거 · 음서(관직 독점), 과전 · 공음전(경제 기반 강화), 토지확대(권력 이용), 왕실 · 비슷한 가문과 혼인(특권유지 노력)

③ **측근세력의 대두** : 과거를 통해 진출한 지방 출신의 관리로서 국왕을 보좌하면서 문벌귀족과 대립

(2) 이자겸의 난과 서경천도운동

① 이자겸의 난(1126)

    ㉠ **경원 이씨의 권력독점** : 문종 때부터 인종 때까지 80여 년간

    ⓒ **여진(금)의 사대관계 요구** : 이자겸 정권의 굴복

    ⓒ **이자겸의 왕위찬탈반란** : 인종의 척준경 회유로 실패로 끝남

    ㉣ **결과** : 지배층 사이의 분열을 드러냄으로써 문벌귀족사회의 붕괴를 촉진하는 계기가 됨

② 묘청의 서경천도운동(1135)

   ㉠ 민심의 동요 : 왕권 실추, 궁궐 소실, 서경길지론 대두

   ㉡ 묘청의 서경천도운동

    • 서경(평양) 천도, 칭제건원, 금국정벌 주장 : 문벌귀족의 반대

    • 묘청의 거사 : 대위국 건국, 연호 제정(천개)으로 추진

    • 개경파 문벌귀족의 반대 : 김부식의 관군이 진압

   ㉢ 결과 : 문벌귀족체제의 강화, 숭문천무풍조의 대두로 무신정변의 발생배경이 됨

✼ 묘청의 서경천도운동의 배경 ✼

구분	서경귀족세력	개경귀족세력
사상	풍수지리설	유교
정치	문벌귀족세력 약화 주장	유교이념에 따른 사회질서 확립 주장
외교	금 정벌 주장	금 사대

(3) 무신정권의 성립

① 무신정변(1170) … 숭문천무정책, 무신 천시, 의종의 실정

   ㉠ 과정 : 정중부, 이의방 등이 의종을 폐하고 명종 옹립

   ㉡ 결과 : 문신 중심의 관료조직 붕괴, 무신독재정치(중방 중심의 무단정치), 전시과체제의 붕괴
     (무신에 의한 토지점탈 자행)

   ㉢ 무신정권의 전개 : 정중부 → 경대승 → 이의민 → 최충헌

   ㉣ 최씨 무신정권 : 교정도감 · 정방 등을 통해 권력 장악, 도방 · 삼별초를 통해 권력 유지

   ㉤ 특징 : 최씨의 집권으로 무신정권 인정, 국가통치질서 약화, 몽고 침입으로 혼란 지속

② 사회의 동요

   ㉠ 무신정권에 대한 도전 : 김보당의 난(1173), 조위총의 난(1174)

   ㉡ 농민 · 천민의 난 : 하극상(下剋上) 풍조, 신분해방추구

④ 대외관계의 변화

(1) 거란의 침입과 격퇴

① 고려의 대외정책 … 친송정책과 북진정책이 외교정책의 기본방향이었다.

② 거란(요)의 침입과 격퇴 … 1차 침입(서희의 담판으로 강동 6주 확보, 거란과 교류 약속), 2차 침입(개경 함락, 양규의 분전), 3차 침입(강감찬의 귀주대첩으로 격퇴)

(2) 여진 정벌과 9성 개척

① 9성 축조 … 여진족의 통일→고려와 여진의 충돌→별무반 편성→동북 9성 축조

② 금의 사대관계 요구 … 이자겸일파가 정권유지 위해 수용함

(3) 몽고와의 전쟁

① 전쟁과정 … 몽고사신 피살→몽고 1차 침입(1231)→강화 천도(1232)→40여 년간 지속

② 민중의 항전 … 김윤후와 처인 부곡민 항쟁, 충주성 노비 항쟁

③ 몽고와 강화 … 강화 체결 후 고려 정부의 개경 환도

④ 삼별초의 항쟁(1270~1273) … 강화도→진도→제주도, 여·몽 연합군에 의해 진압

⑤ 고려 후기의 정치 변동

(1) 원의 내정간섭

① 정치적 간섭 … 일본 원정에 동원(인적·물적 자원 수탈, 2차례의 원정 실패), 영토 축소(쌍성총관부, 동녕부, 탐라총관부), 관제격하(중서문하성→첨의부, 6부→4사), 부마국 지위의 왕실호칭 사용

② 사회·경제적 수탈 … 막대한 조공물 부담(금, 은, 베, 인삼, 약재 등), 몽고식으로 풍속 변질

(2) 공민왕 때의 개혁정치

① 원 간섭기의 고려정치 … 권문세족 횡포, 원의 간섭으로 개혁 실패(충선왕, 충목왕)

② 공민왕의 개혁정치 … 원의 압력, 권문세족 반발, 신진사대부 미약으로 실패

③ 신진사대부의 성장 … 공민왕의 개혁 정치 때 크게 성장, 과거를 통해 관직 진출, 개혁정치 추구(권문세족의 비리와 불법을 견제), 성리학 수용

④ 고려의 멸망 … 명의 철령위 설치 통보 → 최영의 요동 정벌 단행 → 이성계의 위화도 회군(1388) → 과전법 시행(1391) → 이성계와 급진개혁파 사대부 세력 조선 건국(1392)

근세의 정치

① 근대 사회의 성립과 전개

(1) 국왕 중심의 통치체제정비와 유교정치의 실현 노력

① 태조
　㉠ '조선' 국호 제정 : 고조선의 후계자임을 자처
　㉡ 한양 천도 : 교통과 군사의 중심지, 풍부한 농업생산력 보유
　㉢ 정도전의 활약 : 민본적 통치규범 마련(조선경국전), 재상 중심의 정치 주장, 불교 비판(불씨잡변), 성리학을 통치이념으로 확립

② 태종
　㉠ 국왕 중심의 통치체제 정비
　㉡ 왕권 확립 : 개국공신세력의 견제와 숙청
　㉢ 관제 개혁 : 도평의사사의 폐지(의정부 설치), 6조직계제 실시(6조에서 곧장 국왕에게 정책 보고), 사간원의 독립으로 대신들을 견제, 신문고의 설치
　㉣ 경제기반 안정과 군사력 강화 : 양전사업 실시, 호패법의 시행, 사원전 몰수, 억울한 노비 해방, 사병(私兵) 폐지

③ 세종(유교정치문화의 확립)
　㉠ 집현전(왕립학술기관)의 육성 : 유학자 우대, 한글 창제
　㉡ 의정부서사제 실시 : 재상합의제로 정책을 심의(왕권과 신권의 조화 추구)
　㉣ 유교적 의례의 실천 : 국가행사를 오례에 따라 거행, 사대부의 주자가례 장려

(2) 문물제도의 정비

① 세조 … 왕권의 재확립과 집권체제의 강화, 문종 이후 비대해진 조정권신과 지방세력 억제, 제도 정비(6조직계제의 실시, 집현전과 경연의 폐지), 경국대전 편찬 착수

② 성종 … 유교적 집권체제의 완성, 홍문관 설치(학문연구 – 집현전 계승, 왕의 자문기구), 경연의 활성화(홍문관 관원 및 정승 등 고위관리 참석, 주요 정책의 토론·심의), 경국대전 완성(조선의 기본통치방향과 이념을 제시하여 유교적 법치국가를 확립)

❷ 통치체제의 정비

(1) 중앙정치체제

① 양반관료체제 확립
 ㉠ 경국대전으로 법제화하고 문·무반 관리의 정치와 행정을 담당하게 함
 ㉡ 18품계 : 당상관(관서 책임자)과 당하관(실무 담당)으로 구분
 ㉢ 관직 : 경관직(중앙관)과 외관직(지방관)으로 편제

② 의정부와 6조 체계 … 행정의 통일성과 전문성, 효율성의 조화, 의정부(최고 관부, 재상의 합의로 국정 총괄), 6조(직능에 따라 행정 분담)

③ 언론학술기구(권력독점과 부정의 방지)
 ㉠ 양사(대간) : 사간원(간쟁), 사헌부(감찰) → 서경권 행사(관리임명동의권)
 ㉡ 홍문관 : 정책 결정을 학문적으로 자문

④ 왕권강화기구 … 승정원(국왕 비서 기구), 의금부(반역죄인 처단)가 있다.

⑤ 문한기구 … 춘추관(역사 편찬), 예문관(외교문서, 국왕교서), 성균관(국립대학)이 있다.

⑥ 한성부 … 수도의 행정과 치안을 담당했다.

(2) 지방행정조직

① **중앙집권체제의 강화** … 모든 군현에 수령을 파견하고, 특수행정구역이었던 향·소·부곡을 일반 군현으로 승격함으로써 백성에 대한 국가의 공적 지배력을 강화시켰다.

② **지방조직** … 전국을 8도로 나누고, 하부에 부·목·군·현을 설치하였다.
　㉠ 관찰사(감사) : 8도의 지방장관, 수령에 대한 행정감찰
　㉡ 수령(부, 목, 군, 현) : 행정, 사법, 군사권 행사
　㉢ 향리 : 6방에 배속, 향역을 세습하면서 수령 보좌(아전으로 호칭)

③ **유향소와 경재소** … 유향소(지방의 여론 수렴, 백성교화), 경재소(유향소와 정부 사이의 연락) → 향촌자치와 중앙 집권의 조화

(3) 군역제도와 군사조직

① **군역제도** … 양인개병제의 실시, 16세 이상 60세 이하의 양인 남자의 의무, 정군(현역군인으로 복무), 보인(정군의 비용부담), 노비(군역면제, 잡색군에 편제)

② **군사조직** … 중앙군(5위), 지방군, 잡색군, 진관체제(군현 단위의 독자적 방위체제), 국방력 유지(호적제도와 호패제도의 실시)

③ **교통·통신제도**
　㉠ 봉수제(통신) : 군사적 목적에서 설치, 불과 연기로 신호
　㉡ 역참제(육로) : 교통요지에 설치, 공문전달 및 공납물 수송

(4) 관리등용제도

① **과거시험** … 문과(예조), 무과(병조), 잡과(해당 관청), 양인 이상 응시

② **기타 관리등용방법** … 취재(서리, 하급관리선발), 음서·천거(특별채용제도)

③ **인사관리제도**
　㉠ 상피제 : 가까운 친인척과 같은 관서에 근무하지 않도록 하거나 출신지역의 지방관으로 임명하지 않도록 하였던 제도로서, 권력의 집중과 부정을 방지하기 위해 시행
　㉡ 서경제 : 5품 이하 관리 임명시 적용
　㉢ 근무성적평가 : 하급관리의 근무성적평가(승진 및 좌천의 자료)

❸ 사림의 대두와 붕당정치

(1) 훈구와 사림

❈ 훈구파와 사림파 ❈

구분	훈구파	사림파
출신배경	• 급진개혁파 신진사대부 • 중앙의 고관으로 권력과 경제력 독점	• 온건개혁파 신진사대부 • 향촌의 중소지주 출신 학자
학풍	사장학 중시	경학 중시(성리학 존중)
정치이념	• 중앙집권체제 강조 • 부국강병 추구	• 향촌자치제 옹호 • 왕도정치 추구(도덕, 의리 중시)

(2) 사림의 정치적 성장

① 사림의 정계진출
  ㉠ 성종 때 김종직과 그 문인들이 중앙정계 진출→전랑(이조의 중견관리로서 문관인사추천권 행사함)과 3사의 언관직 담당→훈구세력의 비리를 비판
  ㉡ 성종의 사림 등용 : 훈구세력 견제 목적, 세조 이후(공신세력의 비대화로 왕권의 약화), 성종(훈구세력을 견제할 필요성에서 사림을 등용), 사림(향촌에서의 세력 확대와 성리학 연구를 통한 학문적 역량을 토대로 중앙정계 진출을 모색→훈구세력의 사림기반침식을 방지할 목적)

② 사화의 발생 ⋯ 사림과 훈구세력 간의 정치적·학문적 대립
  ㉠ 과정 : 연산군의 폭정→무오사화, 갑자사화→영남 사림의 몰락
  ㉡ 조광조의 개혁정치 : 왕도정치의 이상 추구
  • 정치·경제 : 현량과 실시(사림 등용), 위훈삭제(훈구 약화), 공납의 폐단 시정
  • 사회 : 불교·도교행사 폐지, 소학교육 강화, 향약의 보급
  • 결과 : 훈구세력의 반발, 기묘사화로 조광조 실각
  ㉢ 명종 때 외척의 다툼으로 을사사화 발생→사림의 정계 축출

③ 결과 ⋯ 사림이 정치적으로 위축되었으나 서원과 향약을 통해 향촌에서 점차 세력을 확대

(3) 붕당의 출현

① 동 · 서 분당 … 척신정치의 잔재청산방법을 둘러싸고 갈등을 겪게 되면서 신의겸을 지지하는 기성사림의 세력은 서인으로, 김효원을 지지하는 신진사림의 세력은 동인으로 붕당이 이루어졌다.

✲ 동인과 서인 ✲

구분	출신배경	정치개혁	정치적 입장	학맥
동인	신진사림	적극적	수기(修己) 강조, 지배자의 도덕적 자기절제 강조	이황, 조식, 서경덕의 학문계승
서인	기성사림	소극적	치인(治人)에 중점, 제도개혁을 통한 부국안민	이이, 성혼의 문인 중심

② 동인과 분당 … 정여립 모반사건→서인 집권→정철(서인) 축출→동인 집권(정철의 처리문제를 두고 강경파와 온건파로 대립)

㉠ 남인 : 온건파, 초기 정국을 주도

㉡ 북인 : 급진파, 광해군 집권시 정권 장악

③ 붕당의 성격 … 정파적 성격과 학파적 성격을 동시에 가짐

④ 조선 초기의 대외관계

(1) 명과의 관계

① 외교정책의 원칙

㉠ 사대외교 : 명(왕권의 안정과 국가의 안전보장 목적)

㉡ 교린정책 : 중국 이외의 주변민족에 대한 회유와 교류정책

② 대명외교

㉠ 조공외교 : 명의 정치적 간섭 배제, 정기사절과 부정기사절 파견, 자주적 실리외교, 선진문물 흡수

㉡ 요동수복운동(정도전)으로 마찰 : 태종 이후 정상화

(2) 여진과의 관계

① 대여진정책 … 회유책(귀순 장려, 국경무역과 조공무역), 강경책(본거지 토벌, 자치적 방어체제 구축)

② 북방개척

  ㉠ 4군 6진 개척(세종) : 압록강~두만강까지 영토 확보

  ㉡ 사민정책 : 삼남지방주민의 강제 이주 → 북방 개척과 국토의 균형 있는 발전 도모

  ㉢ 토관제도 활용 : 토착인을 하급관리로 등용하여 민심을 수습

(3) 일본 및 동남아시아와의 관계

① 대일관계 … 왜구의 토벌(세종 때 이종무의 쓰시마섬 토벌), 교린정책(3포 - 부산포, 제포, 염포) 개항

② 동남아시아와의 교역 … 조선초에는 류큐, 시암, 자바 등 여러 나라와 교류

❺ 양 난의 극복과 대청관계

(1) 왜군의 침략

① 조선의 정세

  ㉠ 왜구 약탈 : 3포왜란(임신약조) → 사량진왜변(정미약조) → 을묘왜변(교역 중단)

  ㉡ 국방대책 : 비변사 설치(군사문제 전담)

  ㉢ 국방력의 약화 : 군포를 징수하는 대신 현역복무를 면제하는 제도인 방군수포현상(군적수포제 실시)

  ㉣ 국론의 분열 : 일본 정세 변화에 대한 의견차이 노출, 이이의 10만양병설 무산

② 임진왜란(1592) … 왜군 20만의 기습 → 신립의 패배(국왕 의주로 피난) → 왜군의 평양, 함경도 지방까지 침입 → 명에 파병 요청

(2) 수군과 의병의 승리

① 수군의 승리

  ㉠ 이순신(전라좌수사)의 활약 : 판옥선, 거북선 건조, 수군 훈련

  ㉡ 남해의 제해권 장악 : 옥포, 사천(거북선 최초 사용), 당포, 당항포, 한산도대첩(학익진전법)
     → 곡창지대인 전라도지방 보존

  ㉢ 왜군의 수륙병진작전 좌절 : 전세 전환의 계기 마련

② 의병의 항쟁

    ㉠ 의병의 봉기 : 농민이 주축, 전직관리·사림·승려가 지도

    ㉡ 의병의 전술 : 향토지리와 조건에 맞는 전술구사(기동력, 기습)

    ㉢ 주요 의병장 : 곽재우(의령), 조헌(금산), 고경명(담양), 정문부(길주)

    ㉣ 의병의 관군 편입 : 대일 항전의 조직화, 관군의 전력 강화

(3) 전란의 극복과 영향

① 전란의 극복 ⋯ 수군과 의병의 항전, 명의 원군 참전→휴전회담 결렬후 정유재란→전쟁종결

② 왜란의 영향

    ㉠ 국내적 영향 : 민란 발생, 공명첩의 대량 발급, 납속(納贖) 실시로 신분제 동요, 토지대장과 호적의 소실, 문화재 소실

    ㉡ 국제적 영향 : 일본 문화 발전의 계기, 여진족의 급성장(후금 건국, 1616), 명의 쇠퇴

(4) 호란의 발발과 전개

① 서인정권의 정책 ⋯ 광해군의 중립외교정책을 비판, 친명배금정책을 추진하여 후금을 자극시킴

② 정묘호란(1627)

    ㉠ 원인 : 명의 모문룡군대의 가도 주둔, 이괄의 잔당 후금 투항

    ㉡ 경과 : 후금의 침입→정봉수, 이립의 의병 활약→형제관계 수립

③ 병자호란(1636)

    ㉠ 원인 : 청(후금)의 군신관계 요구에 조선이 거부(척화주전론)

    ㉡ 경과 : 청이 한양을 점령하고 인조는 남한산성에서 45일간 대항→서북지방 황폐, 청과의 굴욕적 강화 체결(군신관계)

(5) 북벌운동의 전개

① 추진세력 ⋯ 서인세력(송시열, 송준길, 이완 등)은 군대를 양성하는 등의 계획을 세웠으나 실천하지 못하였다.

② 추진동기 ⋯ 서인의 정권 유지를 위한 것이었다.

04 정치상황의 변동

① 통치체제의 변화

(1) 정치구조의 변화

① 비변사의 기능 강화 : 임시기구→조선후기(붕당 간의 이해관계 조정기구로 기능), 왕권 약화 초래

② 정치운영의 변질 : 3사의 언론기능, 이조·병조의 전랑→붕당 간의 대립 격화

(2) 군사제도의 변화

① 중앙군(5군영) … 훈련도감(삼수병 – 포수·사수·살수, 직업적 상비군), 기타(어영청, 총융청, 수어청, 금위영)

② 지방군(속오군) … 진관체제(세조) → 제승방략체제(16세기) → 속오군체제

(3) 수취제도의 개편

① 개편
  ㉠ 전세 : 영정법(1635, 인조), 토지 1결당 4두씩 징수
  ㉡ 공납 : 대동법(1608, 광해군), 특산물 대신 쌀, 베, 돈으로 징수

> Point 〉대동법의 시행
>   ㉠ 목적 : 재정 보완, 농민부담 경감
>   ㉡ 내용 : 특산물 대신에 토지 1결당 미곡 12두 및 베, 돈으로 징수
>   ㉢ 결과 : 지주부담 증가, 영세농의 부담 감소, 공인의 등장

  ㉢ 군역 : 균역법(1750, 영조), 군포 2필을 1필로 감축
  ㉣ 개편결과 : 농민의 부담 일시 경감→실제 운영에서 농민부담이 다시 가중됨

② 향촌지배방식의 변화 : 전기(사족의 향촌자치 인정), 후기(수령과 향리 중심의 지배체제→농민 수탈 심화)

❷ 정쟁의 격화와 탕평정치

(1) 붕당정치의 변질

① 붕당정치의 변질(17세기 후반)
  ㉠ 조선 전기 : 붕당 사이의 견제와 균형 위에서 운영
  ㉡ 조선 후기 : 빈번한 환국의 발생(특정 붕당의 권력독점)→붕당 간 공존 붕괴
  • 경신환국(1680, 숙종) : 서인 집권→남인 탄압→일당 전제화
  • 서인의 분열
    ─ 노론 : 대의명분 존중, 민생안정 주장(송시열 중심)
    ─ 소론 : 실리 중시, 적극적 북방개척 주장(윤증 중심)

② 정치운영의 변질
  ㉠ 국왕이 환국을 주도 : 왕실외척 및 종실의 정치적 비중 증대
  ㉡ 3사와 이조전랑의 정치적 비중 감소
  ㉢ 고위관원의 정치적 영향력 확대→비변사의 기능 강화

③ 붕당정치의 변질배경 … 17세기 후반 이후 사회·경제적 변화가 원인이 되었다.
  ㉠ 상품화폐경제의 발달 : 정치집단의 상업적 이익 독점 경향
  ㉡ 정치적 쟁점의 변질 : 예론(예송논쟁)→군영 장악(군사력 확보)
  ㉢ 지주제와 신분제의 동요 : 양반의 향촌지배력 약화→붕당정치의 기반 붕괴

(2) 탕평론의 대두

① 배경 … 붕당정치가 변질되어 극단적인 정쟁과 일당전제화로 왕권이 약화되어 정치적 균형관계의 재정립을 통한 왕권 강화의 필요성으로 인해 탕평론이 제기되었다.

② 탕평론의 제시(숙종)
  ㉠ 공평한 인사관리를 통한 정치집단 간의 세력균형 추구
  ㉡ 편당적인 인사관리로 빈번한 환국이 발생함

(3) 영조의 탕평정치

① 탕평책의 추진
- ㉠ 탕평의 교서를 발표하고 탕평책을 추진
- ㉡ 왕권의 취약으로 한계를 드러냈고, 편당적인 조처로 정국의 불안만을 조성
- ㉢ 이인좌의 난 : 소론과 남인의 일부 강경파는 영조의 정통을 부정

② 정국의 수습과 개혁정치 … 탕평파 육성, 산림의 존재 부정, 서원의 정리, 이조전랑의 후임자 천거제도 폐지 등을 실시하여 정치권력은 국왕과 탕평파대신 쪽으로 집중되었다.

③ 영조의 치적
- ㉠ 균역법 시행(1750), 군영 정비(훈련도감, 금위영, 어영청이 도성 방위)
- ㉡ 악형 폐지, 사형수에 대한 삼심제 시행
- ㉢ 속대전 편찬 : 제도와 권력구조 개편을 반영

④ 탕평책의 한계 … 강력한 왕권으로 붕당 사이의 치열한 다툼을 일시적으로 억제한 것에 불과하였고, 소론 강경파의 변란 획책으로 노론이 권력을 독점하였다.

(4) 정조의 탕평정치

① 정치세력의 개편 … 영조 때의 척신·환관 등을 제거하고 노론, 소론 일부와 남인계열을 중용하였다.

② 왕권 강화
- ㉠ 규장각의 설치 : 국왕의 권력과 정책을 뒷받침하는 기구로 육성
- ㉡ 초계문신제 시행 : 신진인물과 중·하급관리의 재교육 후 등용
- ㉢ 장용영(국왕친위부대) 설치 : 왕권을 뒷받침하는 군사기반화

③ 정조의 치적
- ㉠ 서얼과 노비차별 완화, 통공정책(금난전권 폐지), 대전통편 편찬, 화성 건설
- ㉡ 지방통치 개편 : 수령의 권한 강화(향약 주관) → 지방사림의 영향력 약화 → 국가의 백성에 대한 통치력 강화

③ 정치질서의 변화

(1) 세조정치의 전개(19세기)

① 세도정치
  ㉠ 특정 가문의 정권 독점(안동 김씨, 풍양 조씨 등 외척)
  ㉡ 붕당정치의 파탄, 유교적 관료정치의 허구화
  ㉢ 비변사와 훈련도감 등을 장악 : 정권 유지의 기반으로 활용

② 세도정치의 전개
  ㉠ 순조 : 노론 벽파의 정국 주도 → 김조순 가문의 권력 장악
  ㉡ 헌종(풍양 조씨), 철종(안동 김씨) 때까지 세도정치가 이어짐

(2) 세도정치기의 권력구조

① 정치집단의 폐쇄화 … 소수의 집단이 권력을 장악하고 정치권력의 사회적 기반이 약화되자 왕실의 외척, 산림 또는 관료가문 중심으로 연합하여 권력과 이권을 독점하였다.

② 권력구조의 변화
  ㉠ 정2품 이상만 정치권력 발휘 : 중하급 관리는 행정실무만 담당
  ㉡ 의정부·6조의 기능 약화 : 비변사에 권한 집중(유력가문 출신들이 독점)

(3) 세도정치의 폐단

① 체제 유지에 치중
  ㉠ 사회 변화에 소극적 : 상업 발달과 서울의 도시적 번영에 만족
  ㉡ 다양한 정치세력의 참여 배제(남인, 소론, 지방사족, 상인, 부농 등)

② 정치기강의 문란
  ㉠ 수령직의 매관매직 : 탐관오리의 수탈 극심 → 삼정(전정·군정·환곡)의 문란 → 농촌경제의 피폐, 상품화폐경제의 성장 둔화
  ㉡ 피지배층의 저항 : 민란이 전국적으로 발생

③ 세도가의 한계 … 고증학에만 치중하고 개혁의지는 상실하였다.

❹ 대외관계의 변화

(1) 청과의 관계

① 대청관계의 이중성 … 명분상으로 소중화론을 토대로 청을 배척했으나, 실제로는 사대관계를 인정하고 사신을 파견했다.

② 북벌정책
  ㉠ 17세기 중엽, 효종 때 적극 추진
  ㉡ 청의 국력 신장으로 실현가능성 부족→정권유지 수단화
  ㉢ 양 난 후의 민심수습과 국방력 강화에 기여

③ 북학론의 대두
  ㉠ 청의 국력 신장과 문물 융성에 자극을 받음
  ㉡ 사신들의 신문물 소개 : 천리경, 자명종, 화포, 만국지도, 천주실의 등
  ㉢ 18세기 말 북학파 실학자들이 청의 문물 도입 주장

④ 백두산 정계비 건립
  ㉠ 조선인의 만주지방 이주, 정착→청과 국경분쟁
  ㉡ 숙종 때 백두산 일대의 경계 확정(1712) : 압록강~두만강선
  ㉢ 간도귀속분쟁(19세기)→을사조약 후 간도협약(청, 일본)으로 청의 영토로 귀속됨

(2) 일본과의 관계

① 대일외교관계 수립
  ㉠ 기유약조(1609) : 도쿠가와 막부 요청으로 부산포에 왜관 설치, 대일무역 재개
  ㉡ 조선통신사 파견
    • 17세기 초 이후 200여년 동안에 12회 파견
    • 계기 : 일본의 막부정권이 파견을 요청
    • 역할 : 외교사절의 역할뿐만 아니라 조선의 선진학문과 기술을 일본에 전파

② 울릉도와 독도 … 안용복의 일본 어민 축출(숙종)→일본 막부와 울릉도 귀속문제 확정→주민의 이주 장려(울릉도에 군을 설치, 독도까지 관할)

1 우리나라의 고대국가에 대한 설명으로 옳지 않은 것은?

① 지방통치제도는 군사적인 성격이 강하였다.

② 농민은 대부분이 자영농이고 그 신분은 평민이었다.

③ 귀족들은 여러 가지 사회적인 특권을 누렸다.

④ 신라의 촌주는 중앙정부에서 파견된 왕경인으로, 조세를 징수하였다.

> **Tip 》》** ④ 촌주는 지방토착세력을 임명한 것이지 중앙정부에서 파견한 것이 아니다. 촌주는 조세징수 등의 임무의 대가로 촌주위답을 지급받았다.

2 다음과 같이 고대사회의 발전과정을 도식화하였을 때 각 과정에 대한 설명으로 옳은 것은?

> (가) 군장국가→(나) 연맹국가→(다) 중앙집권국가

① (가)는 철기문화를 기반으로 등장하기 시작하였다.

② (가)의 단계에서 멸망한 국가는 고조선과 부여가 있다.

③ (나)의 시기에 왕권을 뒷받침할 만한 선민사상이 출연하였다.

④ (다)의 시기에 왕위세습제가 확립되고 부족장들이 중앙귀족이 되었다.

> **Tip 》》** ① 군장국가는 청동기문화를 기반으로 한다.
> ② 고조선과 부여는 연맹국가단계에서 멸망하였다.
> ③ 선민사상은 청동기문화를 바탕으로 한 군장국가단계에서 등장하였다.

3 다음 중 광개토대왕의 업적에 해당하지 않는 것은?

① 내물왕의 요청으로 낙동강 유역에 군대를 보내 왜군을 격파하였다.

② 평양천도를 단행하여 고조선문화를 계승하였다.

③ 후연을 정벌하여 요동으로 진출하였다.

④ 숙신을 복속시켜 북쪽의 판도를 넓혔다.

> **Tip 》** ② 평양천도는 장수왕 때의 사실이다.
> ※ 광개토대왕의 업적
> ㉠ 영락이라는 연호를 사용하였다.
> ㉡ 만주지방에 대한 대규모정복사업을 실시하였다.
> ㉢ 백제를 한강 이남까지 축출하였다.
> ㉣ 신라에 침입한 왜를 격퇴하여 한반도 남부까지 영향력을 미쳤다.
> ㉤ 대제국 건설의 기초를 마련한 시기이다.

4 다음 (개) 왕에 대한 설명으로 옳지 않은 것은?

> (개) 왕은 후주의 귀화인 쌍기의 건의를 받아들여 최초로 과거제도를 통한 인재등용을 실현하였다. 이는 신라의 독서삼품과를 더 발전시켜 문예와 유교경전을 시험하여 문반관리를 등용하는 제도이다. 이로써 그동안 뚜렷하지 않았던 문반·무반이 양립하는 시대가 열렸는데 이는 양반관료제도의 시작이라 할 수 있다.

① 주현 공부법을 시행하였다.

② 개경에 흥왕사를 창건하고 균여로 하여금 통솔하게 하였다.

③ 노비안검법을 실시하여 호족들의 세력기반을 약화시켰다.

④ 황제 칭호와 광덕, 준풍 등의 연호를 사용하였다.

> **Tip 》** (개)는 광종이며, 광종의 왕권 강화 정책으로 공신과 호족 세력이 약화되었다.
> ② 흥왕사가 아니라 귀법사이다.
> ① 지방의 주·현단위로 해마다 바치는 공물과 부역의 액수를 정한 주현공부법을 실시하였다.
> ③ 본래 양인이었다가 노비가 된 자들을 해방시키는 노비안검법을 실시하였다.
> ④ 연호를 처음에는 광덕이라고 했다가 준풍으로 고쳤다.

Answer 》 1.④ 2.④ 3.② 4.②

5 다음 지도는 4세기 후반 백제의 발전을 나타낸 것이다. 이 시기와 관련 있는 왕은?

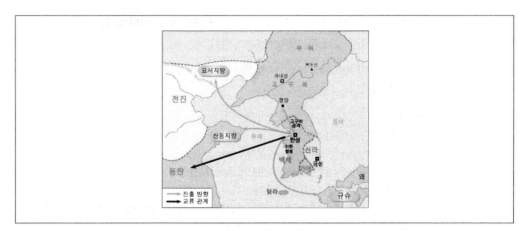

① 고이왕   ② 개로왕

③ 동성왕   ④ 근초고왕

Tip 》》 제시된 지도의 상황은 백제가 고구려의 평양성을 공격하고 낙동강 유역의 가야에 지배권을 행사하며 중국의 요서·산둥지방과 일본의 규수지방까지 진출한 것으로 근초고왕 때의 상황이다.

6 발해를 우리 민족사로 볼 수 있는 내용으로 옳지 않은 것은?

① 지배층의 대부분이 고구려인이다.

② 고구려인의 중앙관제인 3성 6부제를 계승하였다.

③ 온돌, 굴식 돌방무덤이 고구려양식을 계승하였다.

④ 일본에 보낸 외교문서에 고구려국임을 자처하였다.

Tip 》》 발해를 우리 민족사로 볼 수 있는 증거
　　㉠ 고구려 출신 장군인 대조영이 건국하였다는 점
　　㉡ 지배층의 대부분을 고구려계 유민이 차지하였다는 점
　　㉢ 일본에 보낸 외교문서에도 스스로 고구려 왕으로 지칭한 점
　　㉣ 미술이나 고분양식 등에서도 고구려의 계승의식을 찾아 볼 수 있다는 점(정혜공주의 묘의 고분양식, 연화무늬기와와 벽돌)

7 다음 인물의 공통점은?

• 복신	• 도침	• 풍

① 불교 전파　　　　　　　　　　② 삼국통일 주역
③ 백제의 부흥운동 전개　　　　　④ 6두품 출신의 유학자

> **Tip ≫** 백제의 부흥운동(660~663) … 왕족인 복신과 승려 도침이 왕자 풍을 추대하여 주류성(한산)에서 부흥운동을 일으켰으나 나 · 당연합군의 공격과 지배계층의 내분으로 실패하였다.

8 신라 중대에 나타난 역사적 사실이 아닌 것은?

① 왕권의 전제화　　　　　　　　② 집사부 시중의 권한 강화
③ 녹읍의 폐지와 관료전 지급　　　④ 6두품 세력의 반신라적 태도

> **Tip ≫** ④ 신라 하대의 사실이다.

9 다음에서 설명하고 있는 직책은 무엇인가?

- 신라 법흥왕 때 처음 설치
- 화백회의 의장
- 신라중대에는 그 세력이 약화됨

① 대대로　　　　　　　　　　　② 시중
③ 상좌평　　　　　　　　　　　④ 상대등

> **Tip ≫** 상대등에 대한 설명으로 법흥왕이 마련한 제도로서 귀족의 이익을 대변하는 수상격의 자리이다. 이는 신라가 왕권 중심의 귀족국가체제를 갖추어 간 것을 의미한다.

Answer ≫　　5.④ 6.② 7.③ 8.④ 9.④

10 다음 중 제가회의, 정사암회의, 화백제도의 공통점으로 옳은 것은?

① 최고의결기관   ② 관리감찰기관

③ 국왕의 비서기관   ④ 최고교육기관

> **Tip 》》** 고구려의 제가회의, 백제의 정사암회의, 신라의 화백회의는 귀족들간의 합의기구로 최고의결기관이다.

11 고구려가 5세기 무렵 넓은 영토를 차지하고 있었음을 보여주는 것은?

① 사택 지적비   ② 단양 적성비

③ 북한산 순수비   ④ 광개토대왕릉비

> **Tip 》》** ① 노장사상이 잘 반영되어 있는 백제의 비문이다.
> ② 신라의 한강 상류지역 점령을 보여준다.
> ③ 신라의 한강 하류지역 점령을 보여준다.
> ④ 광개토대왕의 영토 확장과 왜구격퇴사살이 기록되어 있으며, 일본이 임나경영설의 근거로 내세우는 문제의 글귀가 있다.

12 발해가 중국과 대등한 관계였음을 보여주는 내용은?

① 독자적인 연호 사용   ② 왕위의 장자상속제 실시

③ 정당성 중심의 3성 6부제 운영   ④ 5경 15부 62주의 지방제도 운영

> **Tip 》》** 발해는 독자적인 연호(인안, 대흥 등)를 사용함으로써, 대외적으로는 중국과 대등한 지위를 나타내었으며, 대내적으로는 왕권의 강대함을 표현하기도 하였다.

13 삼국통일을 전후하여 나타난 신라의 정치적 변화로 볼 수 없는 것은?

① 왕권의 전제화   ② 상대등의 세력 강화

③ 6두품세력의 중용   ④ 유교정치이념의 도입

> **Tip 》》** 삼국통일을 전후로 하여 왕권이 전제화되면서 상대등의 세력이 약화되고 왕권의 보좌기구인 집사부 시중의 권한이 강화되었다. 또한 6두품세력은 전제왕권을 뒷받침하였으며, 과거제도와 유교적 정치이념을 제시하였다.

14 다음에서 삼국이 중앙집권국가로 발전하면서 나타난 특징들을 바르게 묶은 것은?

ㄱ 과거제도　　　　　　　　　ㄴ 녹읍제도
ㄷ 율령 반포　　　　　　　　　ㄹ 불교 수용
---

① ㄱㄴ　　　　　　　　　　② ㄱㄷ

③ ㄴㄷ　　　　　　　　　　④ ㄷㄹ

Tip ≫ ㄷ 율령은 지배층이 피지배층을 다스리기 위해 제정하였다. 고구려는 소수림왕, 백제는 고 이왕, 신라는 법흥왕 때 각각 제정되었다.

ㄹ 중앙집권국가의 체제가 정비될 무렵, 사상적인 뒷받침을 위해 불교가 수용되었다. 고구 려는 소수림왕, 백제는 침류왕, 신라는 눌지왕 때 전해졌으나 법흥왕 때 공인되었다.

15 삼국의 통일을 전후하여 왕권이 전제화되면서 그 기능이 크게 강화된 신라의 중앙관부는?

① 병부　　　　　　　　　　② 창부

③ 집사부　　　　　　　　　④ 위화부

Tip ≫ 집사부는 왕명을 집행하는 기구로 통일을 전후하여 기능이 강화되었다.

16 고대의 군사제도에 대한 내용을 옳은 것은?

① 삼국은 지방관이 군대를 지휘하였다.

② 신라는 9서당을 신라인만으로 구성하였다.

③ 신라는 통일 후 각 주에 서당을 배치하였다.

④ 발해는 10위를 전국의 요지에 배치하였다.

Tip ≫ ② 9서당은 신라, 고구려, 백제, 말갈인으로 조직되었다.

③ 지방에는 정을 배치하였다.

④ 10위는 발해의 중앙군이다.

Answer ≫　　10.① 11.④ 12.① 13.② 14.④ 15.③ 16.①

17 무신정권에 대한 설명으로 옳은 것을 모두 고른 것은?

> ㉠ 무신들은 차별대우와 문신위주의 정치에 불만을 품고 있었다.
> ㉡ 정중부 등 무신들이 문신들을 제거하는 정변을 일으켰다.
> ㉢ 무신정변이 성공한 이후 무신들 사이에는 내분이 일어나 집권자가 바뀌었다.
> ㉣ 최충헌은 교정도감 등 새로운 정치기구를 만들어 최고의 권력을 행세하였다.

① ㉠㉡㉢㉣   ② ㉠㉡
③ ㉡㉢㉣   ④ ㉢㉣

> **Tip 》** 1170년 보현원에서의 난을 계기로 집권하여 출발한 무신정권은 그 후 1270년(원종 11)까지 꼭 100년간 계속되었다. 이 기간 동안 꽤 여럿의 집권자들이 교체되었고, 그에 따라 정치적 성숙도도 달라지고 있어서 보통 이를 세 시기로 나누고 있다. 난을 발생시킨 이의방·정중부로부터 이의민의 집권시기를 성립기, 최충헌 등 최씨 4대의 집권기를 확립기, 그 후를 붕괴기라고 할 수 있다. 1196년(명종 26) 4월에 최충헌이 집권하면서 무신난 직후 무반직으로 사로를 바꾸어 성공해 나갔다. 결국 난의 성공으로 집권자의 자리에 오른 최충헌은 교정도감과 도방 등을 통해서 독재체제를 구축하였다. 먼저 그는 부족한 사병조직을 보충하고자 경대승의 도방을 본 따서 사적 무력의 기반으로 삼았다.

18 다음 밑줄 친 '이들'이 고려를 침략했던 시기에 일어난 사실이 아닌 것은?

> <u>이들</u>은 말을 이용한 기동력, 유목 생활에서 다져진 강인한 체력과 좋은 시력 덕분에 적은 인구로 짧은 시간에 세계를 정복할 수 있었다.

① 1차 침입 때는 귀주성을 끝까지 지켜냈다.
② 집권자인 최우는 수도를 강화도로 옮겼다.
③ 윤관은 기마병 중심의 별무반을 편성하였다.
④ 많은 백성들이 죽거나 포로로 잡혀가기도 하였다.

> **Tip 》** ③ 윤관은 여진족을 막기 위해 별무반을 편성하였다.
> • 몽골족은 전통적으로 유목생활을 했다. 13세기 초 칭기즈 칸이 부족을 통합하고 등장해 역사 상 최대의 몽골 대제국을 건설했으며 동·서 여러 국가에 큰 영향을 미쳤다.
> • 칭기즈 칸은 1207~1227년 사이 원정에 나서 서쪽으로는 러시아, 동쪽으로는 화북까지 영토를 넓혔으며, 칭기즈칸 사후에는 오고타이가 전체 지휘권을 잡았고 동유럽을 공포에 떨게 만들었다. 13세기 무렵에는 몽골제국의 위세가 절정에 달해 몽골족의 칸들은 신하와 이민족의 힘을 빌려 제국을 다스렸다. 마침내 명의 침입으로 몽골 통일제국은 무너지게 되었다.

19 다음 중 고려 태조의 정책으로 보기 어려운 것은?

① 북진정책
② 불교숭상정책
③ 민생안정정책
④ 송악의 북방기지화

　Tip ≫ 태조의 정책
  　　　㉠ 민생 안정과 애민 정책
  　　　㉡ 호족세력 흡수 및 견제 등 새로운 정치정책
  　　　㉢ 자주 북진 정책
  　　　㉣ 불교 숭상 정책

20 고려의 대몽항쟁에 대한 설명으로 옳지 않은 것은?

① 고려는 몽고와 연합관계를 한 번도 맺은 적이 없었다.
② 최씨 정권은 수도를 개경에서 강화도로 천도하였다.
③ 고려는 몽고의 침입으로 황룡사 9층탑이 불타는 등 많은 피해를 입었다.
④ 삼별초는 강화도에서 진도, 제주도로 옮기며 대몽항쟁을 하였다.

　Tip ≫ 강동성 전투(1218)에서 고려와 몽고는 연합하여 거란을 물리치게 된다. 이를 구실로 몽고는 고려에게 공물을 요구하고 몽고사신이 공물을 받아가던 중 피살된 사건을 구실로 몽고의 침략이 시작된다.

21 고려시대의 지방행정조직에 대한 설명으로 옳지 않은 것은?

① 성종 때 12목을 설치하였다.
② 모든 군현에 지방관을 파견하였다.
③ 현종 때 전국을 5도 양계로 나누었다.
④ 향, 소, 부곡이라는 특별행정구역이 있었다.

　Tip ≫ ② 고려시대에는 지방관이 파견되지 않은 속현이 더 많았고, 실제 지방행정은 호장·부호장 등의 향리가 담당하였다.

Answer ≫　　17.① 18.③ 19.④ 20.① 21.②

22 다음은 고려시대의 연표이다. ⓒ시기에 있었던 역사적 사실은?

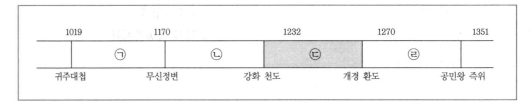

1019	1170	1232	1270	1351
㉠	㉡	㉢	㉣	
귀주대첩	무신정변	강화 천도	개경 환도	공민왕 즉위

① 위화도 회군
② 강동 6주 설치
③ 몽고에 대한 항쟁
④ 동북 9성 축조

> **Tip ≫** 몽고와의 전쟁
> ㉠ 원인 : 몽고의 과중한 공물 요구, 몽고 사신 저고여의 피살
> ㉡ 몽고의 침입
> • 1차(1231) : 박서의 항전, 강화 체결로 철수
> • 2차(1232) : 최우의 강화 천도, 김윤후의 활약
> • 그 후 6차의 침입을 격퇴 : 농민, 노비, 천민의 분전
> ㉢ 결과 : 국토의 황폐, 민생 도탄, 대장경판 · 황룡사 9층탑 소실
> ㉣ 강화 : 온건파 득세 → 최씨정권 붕괴 → 몽고와 강화 → 개경 환도(1270)
> ㉤ 대몽 강화의 의미 : 고려의 끈질긴 항쟁으로 몽고가 고려정보계획을 포기 → 고려의 주권과 고유한 풍속을 인정

23 고려 중기 북진정책을 좌절시킨 것과 관련이 깊은 역사의식은 무엇인가?

① 고구려 계승의식이 강한 사관
② 정통과 대의명분을 중시한 성리학적 사관
③ 민족의식의 각성에 입각한 불교사관
④ 합리주의와 도덕주의에 입각한 유교사관

> **Tip ≫** 김부식은 묘청의 서경천도운동을 진압한 문벌귀족의 대표적 인물이었다. 유교적 합리주의 사관에 기반을 두고 금국에 대한 사대관계를 인정하였고 신라 계승의식을 보여주었다.

24 고려 광종이 실시한 다음의 정책을 종합하여 내린 결론으로 옳은 것은?

> • 주현공부법 실시
> • 과거제도 실시
> • 노비안검법 실시
> • 관리의 공복제도 실시

① 왕권 강화

② 지방 분권

③ 사성정책

④ 호족 융합

Tip ≫ 광종의 개혁 … 왕권을 강화시키고 호족들의 세력을 약화시키기 위한 것이다.
> ㉠ 주현공부법의 실시 : 국가수입을 증대시키기 위하여 각 주현 단위로 조세와 공물의 액수를 정하여 징수하는 제도이다.
> ㉡ 노비안검법 실시 : 불법적으로 노비가 된 자를 조사하여 양인으로 해방시켜 주는 제도이다. 이 제도의 실시로 호족의 경제적·군사적 기반이 약화되어 왕권이 강화되었으며, 국가의 재정기반이 강화되었다.
> ㉢ 과거제도 실시 : 학문의 성적에 따라 신진관리를 등용하여 신·구세력의 세대교체를 이룩하였다.
> ㉣ 관리의 공복제도 실시 : 관료들의 기강을 바로 세우기 위해 관리의 복색을 4색(자·단·비·녹색)으로 구분하였다.

25 다음은 고려의 대외관계와 관련된 사건들이다. 시대순으로 바르게 배열한 것은?

> ㉠ 몽고와의 전쟁
> ㉡ 홍건적과 왜구의 침입
> ㉢ 금의 사대요구 압력
> ㉣ 거란의 침입과 귀주대첩

① ㉠㉡㉢㉣

② ㉢㉣㉠㉡

③ ㉣㉢㉠㉡

④ ㉣㉢㉡㉠

Tip ≫ ㉠ 1231년부터 6회의 침입
> ㉡ 14세기 후반 공민왕 ~ 우왕
> ㉢ 1125년
> ㉣ 993 ~ 1019년

Answer ≫ 22.③ 23.④ 24.① 25.③

26 고려시대의 행정기관과 그 역할이 바르게 연결된 것은?

① 중추원 – 군사기밀, 왕명출납
② 삼사 – 국정 전반에 걸친 중요사항 결정
③ 어사대 – 화폐와 곡식 출납, 회계
④ 도병마사 – 풍속의 교정, 관리의 비리 감찰

> **Tip >>>** ② 화폐와 곡식의 출납, 회계
> ③ 국정 전반에 걸친 중요사항 결정
> ④ 풍속의 교정, 관리의 비리 감찰

27 고려와 관계를 맺었던 나라(민족)를 시대순으로 바르게 배열한 것은?

㉠ 원(몽고)	㉡ 요(거란)	㉢ 금(여진)

① ㉠ – ㉡ – ㉢
② ㉠ – ㉢ – ㉡
③ ㉡ – ㉠ – ㉢
④ ㉡ – ㉢ – ㉠

> **Tip >>>** 이민족과의 항쟁
>
> | 거란족 | 여진족 | 몽고 | 홍건적·왜구 |
> |---|---|---|---|
> | 10세기 말~11세기 초반 | 11세기 말~12세기 전반 | 13세기 전반~후반 | 14세기 후반 |
> | 강동 6주 | 별무반 | 강동의 역, 강화 천도 | 원·명교체기, 화포의 사용 |
> | 천리장성과 나성의 축조 | 동북 9성의 축조 | 삼별초의 항쟁, 일본 정벌 | 신흥무인세력의 성장 |

28 고려시대에 일반 백성들보다 천시받던 사람들이 집단적으로 거주하던 곳은?

① 군
② 주
③ 향
④ 현

> **Tip >>>** 향·소·부곡…특별행정구역으로 향·부곡에서는 농사를, 소에서는 국가가 필요로 하는 금, 은, 구리, 철 등의 원료와 종이, 먹, 도자기 등의 공납품을 만들어 바쳤다. 이들 지역은 일반 군현에 비하여 천대받았기 때문에 이곳에 사는 사람들 역시 천시되었다.

29 다음 중 고려 성종의 업적으로 바르게 묶어진 것은?

㉠ 국자감 정비	㉡ 불교행사 장려
㉢ 노비안검법 실시	㉣ 유교정치이념 도입

---

① ㉠㉡
② ㉠㉣
③ ㉡㉢
④ ㉢㉣

Tip ≫ ㉡ 불교행사 장려는 태조의 업적이고, ㉢ 노비안검법 실시는 광종의 업적이다.

---

30 공민왕의 반원개혁정치와 거리가 먼 것은?

① 권문세족 억압
② 쌍성총관부 탈환
③ 정동행성 설치
④ 정방 폐지

Tip ≫ 공민왕의 반원개혁정치
　　㉠ 대내적(왕권강화정책) : 권문세족 억압 - 정방 폐지, 전민변정도감 설치
　　㉡ 대외적(반원자주정책) : 기철 등 친원파 세력 숙청, 정동행성의 이문소 폐지, 영토수복(쌍
　　　성총관부 공략, 요동정벌)의 전개, 관제 복구, 몽고풍 폐지

---

31 다음의 고려시대 정책들이 공통으로 추구했던 목표는?

- 최승로의 시무 28조 수용
- 12목에 지방관 파견
- 경학·의학박사의 지방 파견
- 국자감 정비

---

① 향촌자치제의 추진
② 중앙집권화의 촉진
③ 호족세력의 견제
④ 문벌귀족세력의 강화

Tip ≫ 제시된 정책들은 고려 성종의 정책으로, 유교정치이념을 바탕으로 중앙집권화를 강화하려는
목적으로 시행된 것들이다.

Answer ≫ 　26.① 27.④ 28.③ 29.② 30.③ 31.②

32 조선시대 정치기구의 역할의 연결이 잘못된 것은?

① 조선시대 최고의 기구는 의정부로 국가의 중요한 정책을 결정하였다.

② 삼사가 있어 왕의 독재를 막고 신하와 임금이 균형을 이루었다는 점은 고려보다 발전되었다고 볼 수 있다.

③ 의금부는 당시 최고의 인재들이 모여 학문을 연구하고 국왕의 자문에 응하는 일을 하였다.

④ 춘추관은 왕실의 기록과 사건들을 모아 역사를 편찬하는 기관으로 사관이 이를 담당하였다.

> **Tip** 》 ③ 의금부는 조선시대 사법기관으로 왕명을 받들어 죄인을 추국하는 일을 맡아 하였다.

33 조선시대 지방행정조직에 대한 설명으로 옳지 않은 것은?

① 고려시대까지 특수행정구역이었던 향, 부곡, 소도 일반 군현으로 승격시켰다.

② 향리의 권한이 강화되어 지방관이 파견되지 않은 속현이 더 많았다.

③ 전국 8도에 관찰사를 파견하고, 수시로 암행어사를 지방에 보내기도 하였다.

④ 군현 아래에는 면·리(里)·통을 두었다.

> **Tip** 》 ② 고려시대의 지방행정에 대한 내용으로 지방관이 파견되는 주현을 통하여 간접적으로 중앙정부의 통제를 받았다. 조선시대에는 속현을 폐지하고 전국의 주민을 직접 지배하기 위하여 모든 군현에 수령을 파견하였다.

34 다음은 발해, 고려, 조선시대의 정치기구들이다. 이 기구들의 공통점은?

• 중정대	• 어사대	• 사헌부

① 역사 편찬　　　　　　　　② 국방 담당

③ 회계 담당　　　　　　　　④ 관리 감찰

> **Tip** 》 어사대(고려), 중정대(발해), 사헌부(조선)는 풍속의 교정 및 관리들의 잘못을 규찰하는 기능을 가지고 있었다.

35 다음 업무를 담당하던 관청에 대한 설명으로 옳지 않은 것은?

> • 시정을 논의하고 모든 관리를 규찰하였다.
> • 정5품 당하관 이하 임명동의권을 갖고 있었다.

① 서경권을 갖고 있었다.

② 양사, 대간이라고 불렸다.

③ 권력의 독점과 부정부패의 방지 기능을 하였다.

④ 정책을 비판하는 간쟁기구로서 왕에게 간언하는 직무를 관장하였다.

> **Tip》** 사헌부에 대한 설명이다. 홍문관, 사간원과 함께 3사라 불렸으며 대표적 언론기관이었다.
> ④ 사간원에 대한 설명이다.

36 다음을 참고하여 광해군의 외교정책방향을 추론하면?

> • 명과 후금 사이의 갈등 해소
> • 강홍립 출병

① 중립외교정책   ② 친명배금정책

③ 사대교린정책   ④ 화전양면정책

> **Tip》** 광해군의 중립외교정책… 후금이 명의 변경을 위협해 오자 명은 임진왜란 때 조선 출병을 이
> 유로 조선에 원병을 요청하였는데, 광해군이 실리적인 중립외교정책(신흥하는 후금과 적대
> 관계를 가지는 것은 현명하지 못하다고 판단하여 강홍립으로 하여금 출병하게 한 다음, 정
> 세를 보아 향배를 결정하도록 한 조치)을 고수함으로써 조선은 두 세력 간의 싸움에 휘말리
> 지 않고 전쟁을 피해갈 수 있었다.

Answer 》 32.③ 33.② 34.④ 35.④ 36.①

37 다음의 업적을 남긴 세력이 추진한 정치적 특징과 관련 있는 것은?

> • 온건파 사대부 계승   • 도덕과 의리 숭상
> • 왕도정치 추구   • 16세기 사상계 주도

① 패도정치   ② 중앙집권
③ 우민화정책   ④ 향촌자치제

Tip 》》 성종 때(16세기)를 전후하여 새로운 정치세력으로 등장한 사림파는 경학과 성리학을 중시하였으며, 도덕과 의리를 바탕으로 하는 왕도정치와 지방향촌의 자치를 강조하였다.

38 조선시대의 중앙집권화정책과 거리가 먼 것은?

① 호패법의 실시   ② 서원과 향약의 보급
③ 면·리제도의 정착   ④ 역원제와 봉수제의 정비

Tip 》》 ② 서원과 향약의 보급은 사림의 지위와 향촌지배력을 강화시켜, 결국 왕권의 약화를 초래했다.

39 다음 중 조선 태종의 치적이 아닌 것은?

① 신문고를 설치하였다.   ② 호패법을 실시하였다.
③ 직전법을 실시하였다.   ④ 주자소를 설치하여 계미자를 만들었다.

Tip 》》 태종의 개혁
    ㉠ 사병제도 폐지   ㉡ 의정부 권한 축소
    ㉢ 승정원과 의금부 설치   ㉣ 6조직계제 실시
    ㉤ 신문고 설치   ㉥ 양전사업 실시
    ㉦ 호패법 시행   ㉧ 사원경제 개력
    ㉨ 주자소 설치   ㉩ 5부학당의 설치
    ③ 직전법은 세조 12년에 실시된 것으로 현직자에 한하여 과전을 지급하던 토지제도이다.

40 조선 중종 때 조광조가 실시했던 정책이다. 이를 통해 추구했던 개혁정책의 근본 목적은?

- 현량과를 통한 인재 등용
- 향약의 전국적 시행
- 유교의례의 장려

① 붕당정치의 시작
② 훈구세력의 지위 강화
③ 왕도정치의 실현
④ 중앙집권정책의 실현

> **Tip 》** 조광조는 제시된 정책들을 통해 왕도정치의 실현을 추구하려 했다.

41 조선시대 사림파에 대한 설명으로 거리가 먼 것은?

① 학술과 언론을 중시하였다.
② 성리학을 학문의 주류로 삼았다.
③ 불교와 도교 등의 사상에 우호적이었다.
④ 향촌사회의 지배세력이다.

> **Tip 》** ③ 불교와 도교 등의 사상에 관대했던 세력은 훈구파이다. 사림파는 성리학 이외의 학문과 사상은 철저히 배격하였다.

42 다음과 같은 사실이 가져다 준 결과라고 보기 어려운 것은?

- 향약보급운동
- 서원건립운동

① 사림의 지위가 강화되었다.
② 중앙집권화가 강화되었다.
③ 사림의 농민통제가 강화되었다.
④ 유교의 윤리가 보급되었다.

> **Tip 》** 서원과 향약은 16세기 이후에 보급되었는데, 이는 사림들의 지위와 향촌지배력을 더욱 강화시켜 오히려 지방관보다 더 강력한 지배력을 행사하였다. 사림세력은 상호 간의 대립과 반목으로 붕당의 격화와 왕권의 약화를 초래하고, 정치기강이 문란해지는 원인이 되기도 하였다.

Answer 》 37.④ 38.② 39.③ 40.③ 41.③ 42.②

43 다음 중 잡색군에 대한 설명으로 옳지 않은 것은?

① 임진왜란 때 의병을 조직하는 데 유리하였다.

② 내륙지방을 수호하고 외침에 대비하기 위해 조직되었다.

③ 평상시에는 본업에 종사하다가 유사시 향토방위를 맡는다.

④ 농민과 서리, 향리, 교생, 노비 등 전계층을 망라하여 조직되었다.

> **Tip》** 잡색군은 평상시에는 본업에 종사하면서 일정 기간 동안 군사훈련을 받고 유사시에 향토방
> 위를 담당하게 하는 일종의 예비군으로서, 서리·잡학인·신량역천인·노비 등 각계 각층의
> 장정들이 참여하였다(정규군역자인 농민은 제외).

44 조선시대 유향소의 설치목적 및 기능에 대한 설명으로 가장 거리가 먼 것은?

① 향리를 감찰하고 수령을 보좌하였다.

② 향촌사회의 풍속교정을 담당하였다.

③ 지방자치의 기능을 수행하였다.

④ 서울의 행정 및 치안 유지를 위해 설치하였다.

> **Tip》** 유향소 … 지방자치를 위하여 설치한 기구로 수령을 보좌하고 향리를 감찰하며 향촌사회의
> 풍속을 바로 잡았으며 수시로 향회를 소집하고 여론을 수렴하면서 백성을 교화하였다.
> ④ 수도의 행정 및 치안 담당을 위해서 한성부가 설치되었다.

45 조선시대의 지방행정제도에 대한 내용으로 옳지 않은 것은?

① 향, 소, 부곡이 일반 군현으로 승격되었다.

② 수령에게 행정·사법권을, 군사통수권은 관찰사에게 주었다.

③ 군현에는 수령을, 도에는 수령을 통제하는 관찰사를 두었다.

④ 고려말 이래의 지방세력들은 수령의 행정실무를 보좌하는 아전으로 격하되었다.

> **Tip》** ② 지방의 수령은 왕을 대신하는 지방관으로서 행정, 사법, 군사통수권을 쥐고 있었다. 이
> 렇게 막강해진 수령의 비행을 견제하기 위해서 관찰사를 파견하였다. 관찰사가 군사통수권
> 을 쥐고 있는 것은 아니다.

46 조선시대의 중앙집권화정책과 거리가 먼 것은?

① 호패법의 실시
② 서원과 향약의 보급
③ 면·리제도의 정착
④ 역원제와 봉수제의 정비

Tip》》 ② 서원과 향약의 보급은 사림의 지위와 향촌지배력을 강화시켜, 결국 왕권의 약화를 초래했다.

47 조선 초기 각 왕의 업적에 대한 내용이다. 옳지 않은 것은?

① 태조 – 한양 천도, 개국공신 우대
② 태종 – 의정부, 사간원 설치
③ 세종 – 집현전 설치, 4군 6진 개척
④ 세조 – 직전법 실시, 경국대전의 완성

Tip》》 ④ 세조는 현직관리 위주로 토지를 지급하는 직전법과 정책을 6조에서 의정부를 거치지 않고 바로 국왕의 결재를 받아 시행하는 6조직계제를 실시하였다. 경국대전의 편찬 착수는 세조 때 하였으나, 완성은 성종 때의 일이다.

48 다음과 같은 정책을 실시한 목적은?

> • 의정부서사제를 실시하였다.
> • 인사와 군권은 국왕이 장악하였다.
> • 중요사안의 결정에는 국민의 의견을 청취하였다.

① 왕권의 강화
② 언론에 대한 통제 강화
③ 왕권과 신권의 조화
④ 정책에 대한 국왕의 책임 약화

Tip》》 태종은 강력한 왕권강화책을 실시하여 외척과 공신세력을 숙청하였다. 이런 안정된 왕권을 바탕으로 세종은 유교정치의 실현을 꾀하였다. 집현전을 설치하여 일반 관리보다 우대하였으며, 의정부에서 정책을 심의하게 하는 의정부서사제로 정치체제를 변경하는 등, 왕의 권한을 의정부에 많이 옮겼다. 그러나 인사와 군사는 국왕이 직접 장악함으로써 왕권과 신권의 조화를 꾀하였다.

Answer 》》 43.④ 44.④ 45.② 46.② 47.④ 48.③

49 다음의 제도들이 갖는 공통점은?

> • 상소제도 • 신문고제도

① 여론의 중시 ② 향촌자치의 실현
③ 합의제의 운영 ④ 중앙집권의 강화

> **Tip 》》** 상소제도와 신문고제도는 백성의 억울한 민원사항을 해결해 주고자 만든 제도로서, 백성의 여론을 중시하는 태도를 반영하는 것이다.

50 다음 내용의 '이곳'에 해당하는 것은?

> 이곳은 문과시험을 준비하는 조선시대 최고의 교육기관이었다. 국가의 지배사상인 주자학 이념을 보급하는 근거지로서의 기능과 국가의 관료를 양성하는 관료양성소로서의 기능을 모두 수행하였다.

① 성균관 ② 홍문관
③ 승정원 ④ 춘추관

> **Tip 》》** 조선시대 최고교육기관은 성균관이다. 문과 중 소과에 합격한 진사나 생원은 성균관에서 공부한 후 대과에 응시하여 문관으로서 출세하기도 한다.
> ② 왕의 정책자문기구 ③ 왕의 비서기구 ④ 역사서 편찬과 보관

51 조선시대의 제도와 그 설명이 잘못 연결된 것은?

① 역참 · 봉수제도 – 중앙집권체제의 강화
② 상소 · 구언제 – 신민의 의견을 국정에 반영
③ 서경 · 간쟁제 – 왕권의 강화와 유지기능
④ 호적 · 호패제 – 군역자원의 관리 강화

> **Tip 》》** ③ 서경 · 간쟁제는 왕권을 견제하는 기능을 가졌다.

52 조선이 중앙집권체제를 크게 강화한 증거라고 할 수 없는 것은?

① 면·리제도
② 경재소
③ 속현제도
④ 역원제

> **Tip 》》** 속현은 고려시대에 존재한 지방행정조직이었으나, 지방관이 파견되지 않은 속현이 더 많이 존재하였고, 대부분의 속현은 그 지방의 향리가 지방행정을 책임졌다. 그러나 조선시대에 와서는 속현과 특수행정단위인 향·소·부곡 등이 점차 사라지고 중앙에서 지방관이 파견되기 시작하였으며, 인구의 증가와 자연촌락의 성장에 따라 면·리제도가 생겨났다. 속현의 소멸은 중앙의 지방에 대한 통제력이 강화되었다는 것을 뜻하며, 중앙집권체제가 더욱 확립되었다는 것을 의미한다.

53 조선 중기 붕당정치에 대한 설명으로 옳지 않은 것은?

① 붕당은 정치적 이념과 학문적 경향에 따라 나뉘어졌다.
② 성리학적 명분론보다 산업 진흥과 민생 안정을 둘러싼 논쟁이 주를 이루었다.
③ 서원과 향교가 지방사족의 여론을 수렴하고 산림이 공론을 주도하였다.
④ 학연과 지연이 얽혀 있었으나, 복수의 붕당이 공존하는 체제를 이루었다.

> **Tip 》》** ② 붕당 간의 정치적 대립은 대외정책, 예론, 군사권 장악, 세자 책봉 등이었으며, 민생문제가 중심을 이루지는 않는다.

54 조선 초기의 대명사대외교에 대한 설명으로 옳지 않은 것은?

① 중화주의적 세계관을 토대로 하였다.
② 중국 황제의 책봉을 받고 조공관계를 맺었다.
③ 성리학적 명분론에 따른 의례적인 국제관계였다.
④ 양국 간의 경제적 교류를 촉진하기 위해 성립되었다.

> **Tip 》》** ④ 대명사대외교는 강대국인 명으로부터 국가의 안전과 왕권을 보장받기 위해 행해졌기 때문에 정치적인 성격이 강하였다.

Answer 》》　49.① 50.① 51.③ 52.③ 53.② 54.④

PART

IV

경제구조와 경제생활

고대의 경제

01

① 삼국의 경제생활

(1) 삼국의 경제정책

① 정복활동과 경제정책
   - ㉠ 공물수취 : 정복지역의 지배자에게 징수
   - ㉡ 전쟁포로 : 귀족이나 병사에게 노비로 지급
   - ㉢ 식읍 : 군공을 세운 사람에게 일정 지역의 토지와 농민 지급

② 정복지역에 대한 정책 변화 … 삼국 사이의 경쟁이 치열해지면서 피정복민에 대한 차별을 감소시킴

③ 수취체제의 정비
   - ㉠ 초기의 수취 : 농민으로부터 전쟁물자 징수, 군사 동원→농민경제 억제, 농민의 토지 이탈, 사회체제의 동요
   - ㉡ 수취의 정비 : 재산의 정도에 따라 호를 구분하여 곡물과 포를 징수하고(조세), 특산물을 징수하였으며(공납), 왕궁 · 저수지 등의 축조시에 15세 이상 남자의 노동력을 징발(역)

④ 농민경제 안정책
   - ㉠ 농업생산력 제고 : 철제 농기구 보급, 우경 · 황무지 개간 권장, 저수지 축조
   - ㉡ 농민구휼정책 실시 : 흉년 또는 춘궁기에 곡식을 대여했다가 가을 수확기에 갚게 했던 제도로서 고구려 고국천왕 때 진대법이 실시됨

⑤ 수공업 … 노비들이 무기 · 장신구를 생산하였고, 수공업 생산을 담당하는 관청을 설치하였다.

⑥ 상업 … 도시에 시장을 설치하였고 시장을 감독하는 관청도 설치하였다.

⑦ 국제무역 … 왕실과 귀족의 필요에 의한 공무역의 형태로 4세기 이후에 발달하였다.
   - ㉠ 고구려 : 남북조 및 북방민족과 무역
   - ㉡ 백제 : 남중국 및 왜와 무역
   - ㉢ 신라 : 한강 확보 이전에는 고구려와 백제를 통해, 한강 확보 이후에는 중국과 직접 교역

(2) 삼국시대의 경제생활

① 귀족의 경제생활
　　㉠ **귀족의 경제기반** : 자신이 소유한 토지와 노비, 국가에서 지급받은 녹읍과 식읍
　　㉡ **귀족의 농민 지배** : 농민을 동원하여 농장 경영, 고리대금업
　　㉢ **귀족의 주거생활** : 기와집, 창고, 마구간, 우물, 주방 등을 갖춤

② 농민의 경제생활
　　㉠ **경작활동** : 자기 소유의 토지나 남의 토지를 빌려서 경작
　　㉡ **농기구의 변화** : 돌이나 나무로 만든 농기구 → 철제 농기구 보급 → 우경의 확대
　　㉢ **수취의 부담** : 곡물 · 삼베 · 과실 부담, 노동력 징발
　　㉣ **생활개선 노력** : 농사기술 개발, 경작지 개간

❷ 남북국시대의 경제적 변화

(1) 통일신라의 경제정책

① **경제정책의 목적** … 피정복민과의 갈등을 해소하고 사회를 안정시키기 위하여 삼국시대와는 다른 경제적 조치를 취하였다.

② **수취체제의 변화**
　　㉠ **조세** : 생산량의 10분의 1 징수
　　㉡ **공물** : 촌락 단위로 특산물 징수
　　㉢ **역** : 군역과 요역으로 구성, 16 ~ 60세의 남자 대상

③ **민정문서**
　　㉠ 촌주가 3년마다 작성
　　㉡ **작성내용** : 토지크기, 인구수, 소와 말의 수, 토산물 파악
　　㉢ **작성목적** : 조세 · 공물 · 부역의 징수

④ **토지제도**
　　㉠ 귀족에 대한 국왕의 권한 강화, 농민경제안정 추구
　　㉡ 식읍의 제한, 녹읍의 폐지 → 관료전 지급
　　㉢ 왕토사상에 의거하여 백성에게 정전 지급, 구휼정책 강화

(2) 통일신라의 경제활동

① 경제력의 성장
- ㉠ 경주의 확장 : 통일 이후 인구와 상품생산 증가, 동시 외에 서시 · 남시 설치
- ㉡ 시장의 성장 : 지방의 중심지나 교통요지에서 물물교환이 이루어짐

② 무역의 발달
- ㉠ 대당무역 번성 : 당과의 관계 긴밀 → 공무역과 사무역 발달, 산둥반도와 양쯔강 하류에 신라방 · 신라소 · 신라관 · 신라원 설치
- ㉡ 대일무역 : 초기에는 무역 제한, 8세기 이후 무역 활발
- ㉢ 국제무역 발달 : 이슬람 상인의 울산 내왕
- ㉣ 청해진 설치 : 장보고, 해적 소탕 → 남해와 황해의 해상무역권 장악

(3) 귀족의 경제생활

① 왕실과 귀족경제의 향상
- ㉠ 왕실은 새로 획득한 땅 소유, 국가수입 중 일부 획득
- ㉡ 왕실과 귀족이 사용할 물품(금 · 은 세공품, 비단류, 그릇, 가구, 철물 등) 생산

② 귀족의 경제적 기반
- ㉠ 녹읍과 식읍을 통해 농민 지배, 조세와 공물 징수, 노동력 동원
- ㉡ 세습토지, 노비, 목장, 섬 소유

③ 귀족의 일상생활
- ㉠ 사치품 사용 : 당 · 아라비아에서 수입한 비단 · 양탄자 · 유리그릇 · 귀금속 사용
- ㉡ 경주 근처에 호화로운 별장 소유

(4) 농민의 경제생활

① 농민경제의 한계 … 대체로 비옥한 토지는 왕실 · 귀족 · 사원 등 세력가가 가졌고, 농민의 토지는 대부분이 척박하여 생산량이 귀족의 것보다 적었을 뿐만 아니라 그마저도 세금을 내고 나면 남는 것이 많지 않았다. 따라서 남의 토지를 빌려 경작하고 그 대신 수확량의 반 이상을 토지 소유자에게 주어야 했다.

② 수취의 부담
- ㉠ 전세 : 생산량의 10분의 1 정도
- ㉡ 공물 : 삼베, 명주실, 과실류 등
- ㉢ 부역 : 농사에 지장 초래

③ **농토의 상실** … 귀족이나 지방유력자(호족)에 빼앗김, 남의 토지를 빌리거나, 노비로 자신을 팔거나, 유랑민이나 도적이 됨

④ **향 · 부곡민** … 농민보다 많은 부담을 가졌다.

⑤ **노비** … 왕실, 관청, 귀족, 절 등에 소속되어 물품을 제작하거나 일용잡무 및 경작에 동원되었다.

(5) 발해의 경제 발달

① **수취제도**
　　㉠ **조세** : 조 · 콩 · 보리 등 곡물 징수
　　㉡ **공물** : 베 · 명주 · 가죽 등 특산물 징수
　　㉢ **부역** : 궁궐 · 관청 등의 건축에 농민 동원

② **귀족경제 발달** … 대토지를 소유하고, 당으로부터 비단 · 서적 등을 수입하여 사용하였다.

③ **농업**
　　㉠ **밭농사** : 기후조건의 한계로 콩, 조, 보리, 기장 등 밭농사 중심
　　㉡ **논농사** : 철제 농기구 사용, 수리시설 확충

④ **목축과 수렵** … 돼지 · 말 · 소 · 양을 사육하고, 모피 · 녹용 · 사향 등을 생산하여 수출하였다.

⑤ **어업** … 고기잡이도구를 개량하여 숭어 · 문어 · 대게 · 고래 등 다양한 어종을 잡았다.

⑥ **수공업** … 금속가공업(철 · 구리 · 금 · 은), 직물업(삼베 · 명주 · 비단), 도자기업 등 다양한 분야에서 발달하였고 철 생산이 풍부했으며 구리의 제련술도 뛰어나 좋은 품질의 구리를 생산하였다.

⑦ **상업** … 도시와 교통요충지에서 상업이 발달하였고, 상품매매는 현물화폐를 주로 썼으나 외국의 화폐도 함께 사용하였다.

⑧ **무역**
　　㉠ **대당무역 발달** : 산둥반도의 덩저우에 발해관 설치
　　　• **수출품** : 모피, 인삼, 불상, 자기
　　　• **수입품** : 귀족들의 수요품인 비단, 책
　　㉡ **대일무역** : 일본과의 외교관계를 중시하여 활발한 무역활동 전개

중세의 경제

① 경제정책

(1) 농업 중심의 산업 발전

① 농업
- ㉠ **농업을 중시하는 정책** : 개간을 장려하고(개간한 땅의 조세를 일정 기간 면제) 농번기에는 잡역 동원을 금지하여 농사에 지장을 주지 않게 하였음
- ㉡ **농민안정책** : 재해시 세금 감면, 고리대의 이자 제한, 의창제 실시 등 농민안정책을 더욱 강화

② **상업과 수공업** … 자급자족적인 농업경제구조로 상업과 수공업의 발달은 부진하였다.
- ㉠ 상업
  - 시전 설치(개경), 국영점포 설치
  - 쇠·구리·은 등을 금속화폐로 주조하여 유통
- ㉡ 수공업
  - 관청수공업 : 왕실과 국가 수요품 생산, 무기·비단 제작
  - 소 : 먹, 종이, 금, 은 등 수공업제품을 생산하여 공물로 바침

(2) 국가재정의 운영

① 국가재정의 정비
- ㉠ 재정담당관청 설치
- ㉡ **양안**(토지대장)·**호적**(호구장부) **작성** : 국가재정의 안정적 운영
- ㉢ **수조권 지급** : 왕실, 중앙 및 지방관리, 향리, 군인 등

② 국가재정의 관리
- ㉠ **호부** : 호적과 양안의 작성 및 관리(인구와 토지 관리)
- ㉡ **삼사** : 재정의 수입과 관련된 사무 담당

③ 재정의 지출

　　㉠ 녹봉 : 중앙과 지방의 문무관, 종실 등에 지급

　　㉡ 기타 : 일반 비용, 국방비, 왕실경비, 각종 제사 및 연등회나 팔관회의 비용, 건물의 건축이
　　　　나 수리비, 왕의 하사품, 군선이나 무기의 제조비에 지출

(3) 수취제도

① 조세(토지에서 거두는 세금)

　　㉠ 대상 : 논과 밭을 비옥한 정도에 따라 3등급으로 구분

　　㉡ 조세율 : 생산량의 10분의 1

　　㉢ 운반 : 조운(조창→개경의 좌·우창)

② 공물(집집마다 토산물 징수)

　　㉠ 운영 : 중앙관청의 수요품을 주현에 부과→향리가 집집마다 나누어 징수

　　㉡ 종류 : 상공(매년 징수), 별공(필요에 따라 수시로 징수)

③ 역 … 국가에서 백성 노동력 무상 동원(16세에서 60세의 정남), 요역(노동력 동원), 군역(군대
　　징병)

④ 기타 … 어민에게 어염세를 걷거나 상인에게 상세를 거두어 재정에 사용하였다.

(4) 전시과제도와 토지 소유

① 역분전 … 후삼국 통일과정에서 공을 세운 사람들에게 지급된 토지(논공행상적 성격)

② 전시과체제의 정비

　　㉠ 시정전시과(경종) : 공복제도와 역분전을 참작하여 관직고하와 함께 인품을 반영

　　㉡ 개정전시과(목종) : 전·현직관리에게 18등급으로 구분하여 지급

　　㉢ 경정전시과(문종) : 현직관리에게만 지급, 공음전을 병행

③ 과전의 운영원칙

　　㉠ 관직과 직역복무의 대가로 토지 자체가 아닌 수조권을 지급

　　㉡ 수조권의 세습 불가 : 사망하거나 퇴직시에 국가에 반납

④ 민전 … 농민의 사유지(조상으로부터 세습, 전시과와 무관)로서 민전의 소유자는 국가에 일정한
　　세금을 내어야 했다.

⑤ 토지의 종류

    ㉠ **공음전** : 5품 이상의 고위관리에게 지급, 세습 가능

    ㉡ **한인전** : 6품 이하 하급관료의 자제에게 지급

    ㉢ **군인전** : 군역의 대가로 지급, 세습 가능

    ㉣ **구분전** : 하급관료, 군인의 유가족에게 지급

    ㉤ **기타** : 내장전(왕실경비 충당을 위해 지급), 공해전(관청 운영을 위해 지급), 사원전(사원의 운영을 위해 지급)

⑥ **전시과제도의 붕괴** … 귀족의 토지 독점 및 세습→조세지 감소→무신정변 이후 약화, 붕괴되었다(일시적으로 관리에게 녹과전 지급).

❷ 경제활동

(1) 귀족의 경제생활

① **귀족의 경제기반** … 대대로 상속받은 토지와 노비, 관료가 되어 받은 과전과 녹봉

    ㉠ **과전** : 관직에 대한 반대 급부, 조세로 수확량의 10분의 1 징수(공음전·공신전 – 세습 가능, 자기 소유의 토지로 수확량의 2분의 1 징수)

    ㉡ **녹봉** : 현직에 근무하는 대가로 쌀·보리 등의 곡식이나 베·비단을 지급, 1년에 2번 녹패를 창고에 제시하고 받음

    ㉢ **소유지** : 자신의 소유지를 노비에게 경작시키거나 소작을 시켜 생산량의 반을 거두었고, 외거노비에게 신공으로 매년 베나 곡식을 받았다.

② **농장 경영** … 농민에게 토지를 빼앗거나 헐값에 사들여 대리인을 보내 소작인 관리, 지대를 징수

③ **귀족들의 생활** … 누각 건축, 별장 소유, 중국차와 비단을 즐기며 화려한 생활 유지

(2) 농민의 경제

① **생계의 유지** … 민전·국유지·공유지·타인소유 토지 경작, 품팔이·가내수공업

② **개간활동** … 농민이 진전이나 황무지를 개간하면 일정 기간 소작료나 조세를 감면해주고 주인이 없을 때는 토지 소유를 인정해 주었다.

③ 새로운 농업기술 도입

ㄱ 농기구 : 호미와 보습의 개량

ㄴ 농법의 변화 : 소를 이용한 깊이갈이, 시비법 발달, 2년 3작의 윤작법 보급, 모내기법(이앙
법) 보급(남부 일부 지방)

④ 농민 몰락 … 권문세족의 토지 약탈과 과도한 수취체제로 인해 농민들이 몰락하여 권문세족의
토지를 경작하거나 노비로 전락하였다.

(3) 수공업자의 활동

① 관청수공업 … 공장안에 등록된 수공업자와 농민부역으로 운영하며, 칼·창·활 등 무기류, 가
구류, 금·은 세공품, 견직물, 마구류 등을 제조

② 소(所)수공업 … 금, 은, 철, 구리, 실, 각종 옷감, 종이, 먹, 차, 생강 등을 제조하여 공물로 납부

③ 사원수공업 … 베, 모시, 기와, 술, 소금 등을 생산

④ 민간수공업 … 농촌 가내수공업을 중심으로 삼베, 모시, 명주 등을 생산하였고, 고려후기에는
관청수공업에서 제조하는 물품(놋그릇, 도자기)을 생산

(4) 상업활동

① 도시의 상업활동

ㄱ 관영상점 설치 : 서적점, 약점, 주점, 다점 등

ㄴ 비정기시장 : 도시민의 일용품 매매

ㄷ 경시서 설치 : 매점매석과 같은 상행위 감독

② 지방의 상업활동

ㄱ 지방시장 : 관아 근처에서 쌀·베 등 교환, 행상활동

ㄴ 사원 : 민간에 수공업품 판매

③ 고려 후기 상업활동

ㄱ 활발한 상업활동 : 도시와 지방의 상업활동 활발, 시전규모 확대, 업종별 전문화, 벽란도 등
이 교통로와 산업중심지로 발달

ㄴ 지방상업 : 조운로를 따라 교역활동 활발, 원(여관) 발달

ㄷ 국가의 상업 개입 : 소금의 전매제, 물품 강매, 조세 대납

④ 상인과 수공업자의 성장 … 상업발달에 힘입어 부를 축적하여 일부는 관리로 성장하였다.

(5) 화폐 주조와 고리대의 유행

① 화폐 주조
  ㉠ 건원중보(성종, 철전), 삼한통보 · 해동통보 · 해동중보(숙종, 동전), 활구(숙종, 은병) 주조
  ㉡ 자급자족적 경제구조로 유통 부진, 곡식이나 삼베가 유통의 매개

② 고리대의 성행 … 왕실, 귀족, 사원의 재산증식수단이며 농민의 토지 상실, 노비화

③ 보 … 고리대가 성행하자 일정한 기금을 만들어 그 이자를 공적인 사업의 경비로 충당하는 보가
  출현, 학보 · 경보 · 팔관보 · 제위보 등 농민생활에 폐해

(6) 무역활동

① 무역 발달 … 공무역을 중심으로 벽란도가 국제무역항으로 번성

② 대송 무역 … 왕실과 귀족의 수요품을 수입하고 종이 · 인삼 등 수공업품과 토산물을 수출

③ 거란 · 여진 … 은과 농기구 · 식량을 교역

④ 일본 … 11세기 후반부터 김해에서 교역하였고 수은 · 유황을 식량 · 인삼 · 서적과 교역

⑤ 아라비아 상인 … 고려에 수은 · 향료 · 산호 등을 판매, 고려의 이름이 서방에 알려짐

근세의 경제

① 경제정책

(1) 농본주의 경제정책

① **경제정책의 방향** ⋯ 파탄된 국가재정의 확충, 왕도정치사상에 입각한 민생 안정

② **중농정책**
- ㉠ **농경지의 확대** : 토지개간 장려, 양전사업의 실시
- ㉡ **농업생산력의 증대** : 새로운 농업기술과 농기구 개발
- ㉢ **농민생활 안정** : 농민의 조세부담 경감

③ **상공업정책**
- ㉠ **국가 통제** : 물화의 종류와 수량을 국가가 규제
- ㉡ **유교적 직업관** : 유교적 상농공상의 직업관으로 상공업자 천시
- ㉢ **유교적 경제관** : 사치와 낭비 조장 · 농업피폐화 · 빈부격차 심화를 우려하여 검약한 생활 강조, 소비생활 억제
- ㉣ **자급자족적 농업중심경제** : 상공업 · 대외무역 부진, 화폐유통 부진

④ **국가의 통제력 약화** ⋯ 16세기 이후 상공업에 대한 통제정책은 해이, 자유로운 무역활동 전개

(2) 과전법의 시행과 변화

① **과전법의 시행**
- ㉠ **시행배경** : 국가재정과 신진사대부 세력의 경제적 기반 확보
- ㉡ **과전** : 관리들에게 토지의 소유권이 아니라 수조권을 지급, 경기지방의 토지에 한정, 죽거나 반역을 한 경우 국가에 반환, 수신전 · 휼양전 · 공신전 형태로 세습 가능

② 과전법의 변화

　㉠ 직전법의 실시

　　• 배경 : 수신전, 휼양전의 세습으로 신진관리에게 지급해야 할 토지의 부족 초래, 국가의 사전(私田)에 대한 통제 필요성 대두

　　• 내용 : 현직관리에게만 수조권 지급

　　• 결과 : 재정 확보, 토지 지배 강화(국가), 농민에 대한 수조권 행사상의 수탈 강화, 농장 확대, 고리대행위·상업활동 증대(관리)

　㉡ **직전법 폐지**(16세기 중엽) : 관청에서 수조권을 행사하여 관리에게 지급(국가의 토지지배권 강화)

❋ 조선의 토지제도 변화과정 ❋

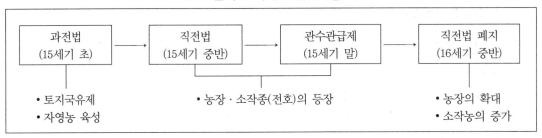

(3) **수취체제의 확립**

① **조세** … 토지소유자 부담이 원칙이었으나 지주가 소작농에게 대신 납부하도록 강요하기도 하였다.

　㉠ **과전법** : 수확량의 10분의 1 징수, 풍흉에 따라 납부액 조정

　㉡ **전분6등법·연분9등법** : 1결당 최고 20두에서 최하 4두 징수

　　• 전분6등법 : 토지의 비옥한 정도에 따라 상상, 상하, 중상, 중하, 하상, 하하로 구분한 것

　　• 연분9등법 : 한 해의 풍흉에 따라 상상, 상중, 상하, 중상, 중중, 중하, 하상, 하중, 하하로 구분한 것

　㉢ **조세의 운송**

　　• 군현 : 지방 조창→서울 경창

　　• 잉류지역(평안도, 함경도) : 군사비와 사신접대비로 충당

② **공납**

　㉠ **징수방법** : 중앙관청에서 각 지역의 토산물을 조사하여 군현에 물품과 액수를 할당하고 군현은 가호에 다시 할당

　㉡ **공물종류** : 지방 토산물, 각종 수공업 제품, 광물, 수산물, 모피, 약재 등

　㉢ **문제점** : 납부기준에 맞는 품질과 수량을 맞추기 어려우면 다른 곳에서 구입하여 납부(납부에 어려움이 많고, 부담이 큼)

③ 역

　　㉠ 군역

　　　• 정군 : 일정 기간 군사복무를 위하여 교대로 근무

　　　• 보인 : 정군이 복무하는 데에 드는 비용 보조(공식적으로 1년에 포 2필씩 부담)

　　　• 면제 : 양반, 서리, 향리

　　㉡ 요역 : 가호를 기준으로 정남의 수를 고려하여 뽑음, 성·왕릉·저수지 등의 공사에 동원,
토지 8결당 1인, 1년에 6일 이내로 제한

④ 국가재정

　　㉠ 세입 : 조세·공물·역, 염전·광산·산림·어장·상인·수공업자의 세금

　　㉡ 세출 : 군량미·구휼미 비축, 왕실경비, 공공행사비, 관리의 녹봉, 군량미, 빈민구제비, 의료
비 등

② 양반과 평민의 경제활동

(1) 양반지주의 생활

① 양반의 경제기반 … 과전, 녹봉, 자신 소유의 토지와 노비 등이 있었다.

② 농장의 경영 … 노비에게 직접 경작을 시키거나 주변 농민들에게 병작반수의 형태로 소작을 시
켰다.

③ 노비소유 … 구매, 소유노비의 출산 및 혼인으로 확보되었다.

　　㉡ 솔거노비 : 가사 일·농경·옷감 제조 담당

　　㉢ 외거노비 : 주인 땅의 경작 및 관리, 신공(포, 돈) 징수

(2) 농민생활의 변화

① 농업생활

　　㉠ 농민보호책 : 세력가의 농민에 대한 토지약탈 규제, 농업 권장

　　㉡ 농업의 향상 : 개간 장려, 수리시설 확충, 농사직설·금양잡록 등 농서 간행

② 농업의 발달

　　㉠ 농업기술의 발달

　　　• 밭농사 : 조·보리·콩의 2년 3작이 널리 행해짐

- 논농사 : 남부지방에 모내기 보급, 벼와 보리의 이모작 가능으로 생산량 증가
- 기타 : 밑거름과 덧거름 주는 시비법 발달로 연작 가능, 농기구 개량
  ⓛ 작물 재배 : 목화 재배 확대(의생활의 개선), 약초와 과수재배 확대
③ 농민생활안정책
  ㉠ 농민생활의 악화 : 지주제 확대로 소작농 증가, 수확의 반 이상을 지주에게 납부→소작농으로 전락
  ㉡ 정부의 대책 : 잡곡, 도토리, 나무껍질 가공방법 등 구황방법 제시, 호패법·오가작통법으로 농민통제 강화

(3) 수공업 생산활동

① 관영수공업
  ㉠ 운영 : 기술자는 공장안에 등록하여 관청에 소속하게 하고, 부역에 의하여 관청에서 필요한 물품을 제작 공급, 책임량을 초과한 생산품은 세금을 내고 판매
  ㉡ 쇠퇴 : 16세기 이후 부역제가 해이해지고 상업이 발전하면서 쇠퇴

② 민영수공업 … 농기구 등 물품을 제작하고, 양반 사치품도 생산하였다.

③ 가내수공업 … 자급자족 형태로 생활필수품을 생산하였다.

(4) 상업활동

① 시전상인
  ㉠ 정부에서 종로거리에 상점가 설치, 시전으로부터 점포세와 상세 징수, 왕실이나 관청에 물품 공급
  ㉡ 활동 : 특정 상품의 독점판매권 획득, 육의전(명주, 종이, 어물, 모시, 삼베, 무명 등을 취급) 번성
  ㉢ 경시서 설치 : 불법적인 상행위 통제, 도량형 검사

② 장시
  ㉠ 서울 근교와 지방에서 농업생산력 발달에 힘입어 정기시장으로 정착
  ㉡ 보부상이 판매와 유통 주도

③ 화폐 … 저화, 조선통보를 발행했으나 유통이 부진, 농민은 화폐로 쌀과 무명을 화폐처럼 사용

> Point 〉 조선시대의 화폐
> ㉠ 저화(태종, 1401) : 조선 최초의 지폐, 사섬서 발행
> ㉡ 조선통보(세종, 1423) : 저화와 병행한 철전
> ㉢ 팔방통보(세조, 1464) : 전시에는 화살촉으로 사용
> ㉣ 상평통보(인조, 1634, 최초) : 효종 때 김육의 건의로 2차 발행
> ㉤ 당백전(고종, 1866) : 경복궁 증수비용으로 발행
> ㉥ 당오전(고종, 1883~1895) : 임오군란으로 인한 궁핍 해소를 위해 발행

④ 무역 … 국가와의 무역 통제
- ㉠ 대명 무역 : 사신왕래 때 공무역과 사무역 허용
- ㉡ 대여진 무역 : 국경지역에서 무역소를 통해 교역
- ㉢ 대일본 무역 : 동래에 설치한 왜관을 통해 무역

(5) 수취제도의 문란

① 공납
- ㉠ 방납의 폐단 : 중앙관청의 서리들이 공물을 대신 납부하고 수수료 징수→농민 부담 증가→ 농민이 도망하면 이웃이나 친척에게 부과
- ㉡ 개선 시도 : 현물 대신 쌀로 걷는 수령 등장, 이이·유성룡은 수미법 주장

② 군역의 변질
- ㉠ 군역의 요역화 : 농민생활이 어려워지고 요역 동원으로 농사에 지장을 초래하게 되자 농민들이 요역 동원을 기피하게 되자 농민 대신 군인을 각종 토목공사에 동원시키고 군역을 기피하게 함
- ㉡ 대립제 : 15세기 말 이후 보법의 실시로 군인의 이중부담이 문제가 되어, 보인들에게서 받은 조역가로 사람을 사서 군역을 대신시키는 현상
- ㉢ 군적수포제(대역수포제) : 대립제의 악화로 대립제를 양성화시켜 장정에게 군포를 받아 그 수입으로 군대를 양성하는 직업군인제, 군대의 질이 떨어졌고 모병제화되었으며 농민의 부담이 가중되는 결과를 낳음
- ㉣ 폐단 : 군포 부담의 과중과 군역기피현상으로 도망하는 자가 늘어나면서 군적도 부실해지고 각 군현에서는 정해진 액수를 맞추기 위해서 남아 있는 사람에게 그 부족한 군포를 부담시키자 남아 있는 농민의 생활이 더욱 어려워짐

③ 환곡 … 농민생활의 안정을 위해 농민에게 곡물을 빌려 주고 10분의 1 정도의 이자를 거두는 제도로서 지방 수령과 향리들이 정한 이자보다 많이 징수하는 폐단을 낳았다.

④ 농촌의 파탄 … 유민과 도적이 증가하였으며 임꺽정과 같은 의적이 등장하기도 하였다.

경제상황의 변동

① 수취체제의 개편

(1) 농촌사회의 동요

① 농촌생활의 어려움
  - ㉠ 전쟁의 피해 : 임진왜란과 병자호란으로 농촌사회의 파괴, 경작지의 황폐화
  - ㉡ 기근과 질병 만연, 농민의 조세 부담 심각

② 지배층의 태도 … 정치적 다툼에만 몰두했고 민생문제는 등한시하였다.

③ 정부의 대응 … 수취체제의 개편으로 농촌사회의 안정과 재정기반 확대를 추구하였다.

(2) 전세의 정액화

① 조세정책의 변화
  - ㉠ 배경 : 농경지의 황폐화, 토지제도의 문란
  - ㉡ 대책 : 개간 권장, 토지조사사업 실시(양안에 빠진 토지 색출)

② 영정법(1635)
  - ㉠ 내용 : 풍흉에 관계없이 전세로 토지 1결당 미곡 4두 징수
  - ㉡ 결과 : 전세율은 이전 보다 감소, 여러 명목의 비용을 함께 징수하여 농민의 부담은 오히려 증가

(3) 공납의 전세화

① 개편배경 … 방납의 폐단을 시정하고 농민의 유망을 방지하기 위해서 개편이 필요하였다.

② 대동법의 실시
  - ㉠ 목적 : 농민 부담 경감, 국가재정 보완
  - ㉡ 과정 : 경기지방에서 실시된 후 전국으로 확대
  - ㉢ 내용 : 토지 1결당 미곡 12두 부과, 쌀 · 삼베 · 무명 · 동전으로 납부

③ 결과 … 과세기준이 종전의 가호에서 토지결수로 바뀌면서 농민 부담이 감소되었다.

④ 영향
  ㉠ 공인의 등장 : 관청에서 공가를 미리 받아 물품을 사서 납부→상품수요 증가
  ㉡ 상품화폐경제 발달 : 농민들의 상업활동 참가

(4) 균역법의 시행

① 군역의 폐단
  ㉠ 수포군의 증가 : 모병제의 제도화로 군영의 경비 충당
  ㉡ 농민부담의 가중 : 군영, 지방감영, 병영에서 독자적으로 군포 징수
  ㉢ 군역의 재원 감소 : 양반수의 증가, 농민의 도망으로 군포의 부과량 증가

② 균역법의 실시
  ㉠ 내용 : 농민 1인당 1년에 군포 1필 부담
  ㉡ 보충 : 지주에게 결작 1결당 미곡 2두 징수, 일부 양반층에게 군포 1필 징수(선무군관포), 어장세 · 선박세

③ 결과 … 농민 부담이 일시적으로 경감되는 듯 했으나 농민에게 결작의 부담이 강요되고 군적문란이 다시 심해지면서 농민 부담이 다시 가중되었다.

❷ 서민경제의 발전

(1) 양반지주의 경영 변화

① 양반의 토지 경영
  ㉠ 농토의 확대 : 토지개간 주력, 농민토지 매입
  ㉡ 지주전호제 경영 : 소작농민에게 토지를 빌려 주고 소작료 받음

② 지주전호제의 변화
  ㉠ 소작제의 변화 : 소작인의 소작권 인정, 소작료 인하 및 소작료를 일정액으로 정하는 추세 등장
  ㉡ 지주와 전호 간의 관계 변화 : 신분적 관계→경제적 관계

③ 양반의 경제활동 … 소작료와 미곡판매로 이득을 남기고 토지매입에 주력, 물주로서 상인에게 자금 제공, 고리대로 부 축적, 경제변동에 적응하지 못하고 몰락하는 양반 등장

(2) 농민경제의 변화

① **농촌의 상황** … 수취체제의 조정에도 불구하고 농촌사회 안정에 한계가 있었다.

② **농민의 대응책** … 농토 개간, 수리시설 복구, 농기구와 시비법 개량, 새로운 영농방법 시도

③ **모내기법의 확대**

  ㉠ **벼와 보리의 이모작 가능** : 보리는 수취의 대상에서 제외되어 소작농이 선호

  ㉡ **경영방식의 변화** : 잡초를 제거하는 일손의 감소로 경작지의 규모 확대

  ㉢ **결과** : 광작농업으로 농가의 소득 증대, 농민의 일부는 부농으로 성장

④ **상품작물의 재배**

  ㉠ **내용** : 쌀, 면화, 채소, 담배, 약초 등을 재배하여 판매

  ㉡ **결과** : 쌀의 상품화로 수요가 크게 늘자, 밭을 논으로 바꾸는 현상이 활발해짐

⑤ **소작권의 변화**

  ㉠ **소작쟁의** : 유리한 경작조건 확보, 소작권 인정

  ㉡ **소작료의 변화** : 타조법(정률제) → 도조법(정액제), 곡물이나 화폐로 지불

  ㉢ **농민의 소득 향상** : 토지 개간이나 매입을 통해 지주로 성장

⑥ **몰락농민의 증가**

  ㉠ **원인** : 부세의 부담, 고리채의 이용, 관혼상제의 비용 부담 → 토지 판매

  ㉡ **지주의 소작지 회수** : 농민들의 소작지 확보 어려움, 품팔이로 생계 유지

  ㉢ **농민의 농촌 이탈** : 도시에서 상공업에 종사, 광산이나 포구의 임노동자로 전환(광산, 포구 등지에 새로운 도시 형성)

(3) 민영수공업의 발달

① **발달배경** … 상품화폐경제의 발달로 시장 판매를 위한 수공업제품 생산 활발, 도시인구의 증가로 제품 수요 증가, 대동법의 실시로 관수품의 수요 증가

② **민영수공업** … 장인세만 납부하면 비교적 자유로운 생산활동 보장, 철점과 사기점이 도시를 중심으로 발달

③ **농촌수공업** … 전문적으로 수공업제품을 생산하는 농가가 등장하여 옷감과 그릇 등을 생산하였다.

④ **수공업형태의 변화**

  ㉠ **선대제수공업** : 상인이나 공인으로부터 자금과 원료를 미리 받고 제품 생산

  ㉡ **독립수공업** : 독자적으로 제품을 생산하고 판매(18세기 후반)

(4) 민영광산의 증가

① 광산개발의 변화
  ㉠ 조선 전기 : 정부가 독점하여 필요한 광물을 채굴
  ㉡ 17세기 : 허가받은 민간인에게 정부의 감독 아래 광물 채굴을 허용
  ㉢ 18세기 후반 : 국가의 감독을 받지 않고 민간인이 광물을 자유롭게 채굴

② 광산개발 증가
  ㉠ 민영수공업 발달에 따라 광물 수요 증가
  ㉡ 대청 무역으로 은의 수요 증가
  ㉢ 상업자본의 채굴과 금광투자 증가
  ㉣ 잠채 성행

③ 조선 후기 광산경영
  ㉠ 경영방식 : 경영전문가인 덕대가 상인물주로부터 자본을 조달받아 채굴업자와 채굴노동자, 제련노동자를 고용하여 운영
  ㉡ 특징 : 분업에 토대를 둔 협업으로 진행

❸ 상품화폐경제의 발달

(1) 사상의 대두

① 상품화폐경제의 발달
  ㉠ 배경 : 농업생산력 증대, 수공업 생산 활발, 부세 및 소작료의 금납화→상품유통의 활성화
  ㉡ 상업인구 증가 : 농민의 계층 분화로 도시유입인구 증가
  ㉢ 상업활동 : 공인과 사상이 주도

② 사상의 활동
  ㉠ 사상 : 칠패, 송파 등 도성 주변과 개성, 평양, 의주, 동래 등 지방도시에서 활동, 각 지방의 장시 연결, 각지에서 지점을 설치하여 상권 확대
  ㉡ 송상 : 전국에 지점 설치, 인삼재배 판매, 대외무역에도 관여
  ㉢ 경강상인 : 운송업에 종사, 선박의 건조 등 생산분야에 진출

(2) 장시의 발달

① 장시의 증가 … 18세기 중엽 전국에 1,000여 개 소가 개설되었다.

② 장시의 기능 … 지방민의 교역장소로 일부 장시는 상설시장화 되기도 하였지만, 인근의 장시와 연계하여 하나의 지역적 시장권을 형성하는 것이 보통이었다.

③ 전국적 유통망 형성 … 광주의 송파장, 은진의 강경장, 덕원의 원산장, 창원의 마산포장 등은 상업중심지로 발돋움하였다.

④ 보부상의 활동 … 생산자와 소비자 연결에 큰 역할을 한 행상으로서, 보부상단(조합)을 결성하였다.

(3) 포구에서의 상업활동

① 포구의 성장
　　㉠ 수로운송 : 도로와 수레가 발달하지 못함
　　㉡ 포구의 역할 변화 : 세곡과 소작료 운송기지→상업의 중심지로 성장
　　㉢ 포구상권의 형성 : 연해안이나 큰 강 유역에서 인근포구 및 장시와 연결
　　㉣ 선상, 객주, 여각 : 포구를 거점으로 상행위를 하는 상인

② 유통권의 형성 … 활발한 선상활동으로 칠성포, 강경포, 원산포에서는 장시가 열렸다.

③ 상업활동
　　㉠ 선상 : 선박을 이용하여 물품 유통, 한강을 근거지로 미곡, 소금, 어물 거래(경강상인)
　　㉡ 객주, 여각 : 선상의 상품을 매매 · 중개, 운송 · 보관 · 숙박 · 금융영업

(4) 중계무역의 발달

① 대청 무역 … 17세기 중엽부터 활기
　　㉠ 무역형태 : 개시(공적으로 허용된 무역), 후시(사적인 무역)
　　㉡ 교역품
　　　• 수입품 : 비단, 약재, 문방구
　　　• 수출품 : 은, 종이, 무명, 인삼

② 대일 무역
　　㉠ 17세기 이후 국교 정상화
　　㉡ 무역형태 : 왜관개시를 통한 공무역, 청과 일본의 중계무역

ⓒ 교역품

 • 수출품 : 인삼, 쌀, 무명

 • 수입품 : 은, 구리, 황, 후추

③ 상인들의 무역활동 ⋯ 의주의 만상, 동래의 내상, 개성의 송상 등이 적극적으로 참여하였다.

(5) 화폐유통

① 화폐의 보급

 ㉠ 배경 : 상공업의 발달에 따라 동전이 전국적으로 유통

 ㉡ 보급과정 : 인조 때 동전 주조, 개성을 중심으로 유통→효종 때 널리 유통→18세기 후반 세금과 소작료도 동전으로 대납 가능

② 동전 발행의 증가 ⋯ 동광의 개발로 구리 공급이 증가하였고 각 기관으로 하여금 동전 발행을 권장했으나 사적으로 주조하는 경우도 있었다.

③ 동전 부족(전황) ⋯ 지주, 대상인이 화폐를 고리대나 재산 축적에 이용하면서 동전부족현상이 나타났다.

④ 신용화폐 등장 ⋯ 상품화폐의 진전과 상업자본의 성장으로 대규모 상거래에 환, 어음 등의 신용화폐가 이용되었다.

1 다음의 역사적 사실을 통한 추론으로 가장 적절한 것은?

> • 신문왕 7년(687) 5월에 문무 관료전을 지급하되 차등을 두었다.
> • 신문왕 9년(689) 1월에 내외관리의 녹읍을 혁파하고 매년 조를 내리되 차등이 있게 하여 이로써 영원한 법식을 삼았다.
> • 경덕왕 16년(757) 3월에 여러 내·외관의 월봉을 없애고 다시 녹읍을 나누어 주었다.

① 6두품이 성장하게 되었다.
② 왕권의 전제화가 계속 진행되었다.
③ 귀족의 경제력이 점차 약화되었다.
④ 국왕과 귀족 사이의 권력 갈등이 있었다.

> **Tip ≫** 신문왕(7C)은 관리들에게 관료전을 지급하여 조(租)만을 수취하게 하여 관료들의 농민에 대한 지배를 억제하고 왕권을 강화하였다. 또한 성덕왕(8C)때는 국가의 농민에 대한 토지지배력을 확보하기 위해 정전을 지급하였다. 기존 백성 소유의 토지를 국가가 지급하는 형식을 통해 재확인해주고 토지가 없는 백성에게는 황무지나 국유지를 지급하였다. 경덕왕(8C) 때는 귀족층의 반발로 관료전이 폐지되고 녹읍이 부활하였다. 이는 다시 귀족권이 강해져서 왕권과 갈등이 있었음을 의미한다. 또한 면세전의 증가로 국가재정이 압박되어 농민의 부담이 가중되었다.

2 통일신라시대의 설명으로 옳지 않은 것은?

① 민전의 수조율은 10분의 1이었다.
② 민정문서를 작성하였다.
③ 녹읍를 폐지하고 백성에게 정전을 지급하였다.
④ 국가의 토지지배력을 완화시켰다.

> **Tip ≫** ④ 성덕왕 때 정남에게 정전을 주어 경작하게 하고, 국가에 조를 바치게 함으로써 국가의 농민과 토지에 대한 지배력이 강화되었다.

3 다음에 주어진 내용에 해당하는 성격의 토지는?

> • 매매는 물론 세습이 가능하였다.
> • 농민들이 소유하였으며 얼마 간의 세금을 내야 했다.

① 정전   ② 녹읍

③ 공음전   ④ 내장전

> **Tip >>** ① 통일신라시대에 정남(16~60세)에게 지급된 토지인 정전(丁田)에 대한 내용이다. 이것은
> 신문왕 때에 녹읍을 폐지함으로써 귀족세력을 억압한 뒤에 실시된 토지급여이므로 촌주와
> 같은 중간 지배자의 세력을 막아 국가의 농민에 대한 일원적인 통치가 가능해졌다.

4 통일신라시대에 노동력과 생산 자원을 철저하게 파악하기 위하여 촌주가 3년마다 작성하였던
것은?

① 호적대장   ② 토지대장

③ 공물대장   ④ 민정문서

> **Tip >>** 민정(촌락)문서… 촌의 면적, 호구, 인구수, 전답의 면적, 삼밭, 뽕나무·잣나무·호두나무,
> 소·말 등의 수효가 기록된 장적으로 조세·공납 부과와 부역 동원을 위해 3년마다 작성되
> 었다.
> ㉠ 호의 등급 : 노동력의 다소별로 9등급
> ㉡ 인구의 등급 : 남녀·연령별로 6등급
> ㉢ 토지의 종류 : 촌주위답(촌주에게 지급), 연수유답(정남에게 지급), 관모답, 내시령답

5 다음 중 삼국의 경제생활에 대한 설명으로 옳지 않은 것은?

① 농업 중심의 경제체제였다.

② 농민들은 국가로부터 수취의 대상이 되었다.

③ 귀족들은 토지와 농민을 사적으로 지배하지 못하였다.

④ 고리대업의 성행으로 농민이 몰락하기도 하였다.

> **Tip >>** ③ 귀족들은 관료들에게 일정한 지역의 토지를 나누어 주는 녹읍을 소유하게 되어 토지와
> 노비 또는 농민을 사적으로 지배하였다.

Answer >>   1.④ 2.④ 3.① 4.④ 5.③

6 통일신라시대 귀족세력을 억누르고 국가의 토지지배권을 강화하기 위해 지급한 토지는?

⊙ 녹읍   ⓒ 관료전
ⓒ 정전   ② 식읍

---

① ⊙ⓒ   ② ⊙②
③ ⓒⓒ   ④ ⓒ②

> Tip 》》 ⊙ 귀족관료들에게 관직복무의 대가로 지급된 토지(수조권만 지급)
> ⓒ 관리들에게 봉급 대신 지급한 토지
> ⓒ 일반 백성에게 지급된 토지, 조를 바치게 하였음
> ② 전쟁에서 공을 세운 장군이나 귀족에게 지급된 토지
> ※ 신라 정부는 귀족세력들을 억누르기 위해 관리에게 관료전을 지급하고 녹읍을 폐지하였다. 그리고 일반 백성들에게는 정전을 주어 경작하게 하고 국가에 조세를 바치도록 하였다. 이는 귀족세력의 경제기반을 약화시켜 귀족세력을 억누르고 국가가 직접 농민을 지배하기 위한 정책이었다.

7 다음 중 고려시대의 수취제도에 대한 설명으로 옳은 것은?

① 어민과 상인은 수취에서 제외되었다.
② 조세는 비옥도에 관계없이 면적에 따라 징수하였다.
③ 지방에서 거둔 조세는 조운을 통해 개경으로 옮겨졌다.
④ 국가가 백성의 노동력을 동원할 때에는 반드시 대가를 지불하였다.

> Tip 》》 ① 어민에게 어염세를 걷거나 상인에게 상세를 거두어 재정에 사용하였다.
> ② 조세는 논과 밭으로 나누고 비옥한 정도에 따라 3등급으로 나누어 부과하였다.
> ③ 고려는 수취를 통해 거둔 조세를 각 군현의 농민을 동원하여 조창까지 옮긴 다음, 조운을 통해서 개경의 좌우창으로 운반하여 보관하였다.
> ④ 국가에서 백성의 노동력을 무상으로 동원하였다.

8 다음 중 전시과의 운영원칙에 대한 설명으로 옳은 것은?

① 직역 담당자에게 수조권을 분급하였다.
② 수조권은 매매, 양도, 상속이 가능하였다.
③ 수조권자는 조세, 요역을 징발할 수 있었다.
④ 농민에게 토지를 균등하게 분배하였다.

Tip 》》 전시과에서 관리에게 토지를 지급한다는 것은 소유권을 주는 것이 아니라 수조권을 지급하는 것이다. 수조권자는 지급받은 토지에서 조세만 거둘 뿐 요역을 징발할 수는 없었고 사망, 퇴직시 국가에 반납해야 했다.

9 삼국은 정복전쟁을 벌여 주변의 소국을 복속하며 고대국가로 성장하여 갔다. 이때 복속된 소국을 지배하던 방식으로 옳은 것은?

① 정복된 주민을 자국민과 같이 우대하였다.

② 정복된 토지는 자국의 농민에게 분배하였다.

③ 정복된 지역의 토산물은 그 지역의 지배자가 거둬서 바치게 하였다.

④ 삼국 간의 경쟁이 치열해지면서 정복민에 대해 더욱 가혹하게 수취하였다.

Tip 》》 삼국은 정복한 지역의 토지와 농민을 국가의 재원으로 확보하여 하였는데, 그 지역의 종래 지배자를 내세워 토산물을 공물로 수취하는 간접 지배의 형태를 취했다. 이것은 국가의 행정력이 아직 체계화되어 있지 못하였기 때문이다.

　① 정복한 지역의 주민은 노비와 같이 다루는 지배정책을 취하였다.

　② 정복된 토지는 군공이 높은 사람에게 식읍으로 주기도 하였으나, 대체로 피정복민들로 하여금 경작하게 하고 자국의 농민보다 가혹한 수취를 하는 정책을 취하였다.

　④ 삼국 간의 경쟁이 치열해지면서 피정복민의 도망을 막기 위해 점차 차별을 줄여 나갔다.

　※ **피정복민의 지배** … 무리한 전쟁 동원과 가혹한 물자 수취는 피정복민의 도망을 야기하여, 각국은 자국민과 같이 부담하게 하는 수취제도를 마련하였다. 그러나 피정복민들은 여전히 신분적 차별에 따른 부담을 더 질 수밖에 없었다.

10 고려시대에 다음과 같은 신분들은 어떤 특혜를 받았는가?

> 서리, 향리, 남반, 하급장교

① 한인전을 지급받을 수 있었다.　　　　② 공음전을 세습할 수 있었다.

③ 공해전이 지급되었다.　　　　　　　　④ 별사전을 지급받았다.

Tip 》》 제시된 신분들은 6품 이하의 하급관리로 그들의 자제로서 관직에 오르지 못한 자에게는 한인전이 지급되었다.

　② 공음전은 음서와 함께 5품 이상의 고위 관리에게 주어진 혜택이었다.

　③ 공해전은 중앙과 지방의 관청 운영을 위해 지급된 토지를 말한다.

　④ 별사전은 승려나 지리업 종사자들에게 지급되었다.

Answer 》》　　6.③　7.③　8.①　9.③　10.①

11 고려시대 대외무역의 발달로 가장 번성했던 항구는?

① 울산   ② 당항성

③ 부산포   ④ 벽란도

>**Tip**》 고려시대 대외무역의 발전과 함께 국제무역항으로 가장 번성한 곳은 벽란도이다.

12 다음 중 고려시대의 토지제도에 대한 설명으로 옳지 않은 것은?

① 경종 때 마련된 전시과의 지급기준은 관직의 고하와 인품의 우열에 따라 지급되었다.

② 전시과제도는 토지 그 자체를 준 것이 아니라 수조권을 지급한 것이다.

③ 한인전은 하급 관리의 자제로서 관직에 오르지 못한 사람에게 지급한 토지였다.

④ 농민들에게 민전을 지급하고 마음대로 매매할 수 없게 하여 농민들의 경제를 안정적으로 유지하도록 하였다.

>**Tip**》 ④ 일부 농민들이 가지고 있는 민전은 조상으로부터 세습받은 사유지로 매매, 상속, 기증, 임대 등이 가능하였다.

13 다음 중 고려시대에 확립된 영농기술을 골라 묶은 것은?

㉠ 모내기법	㉡ 2모작
㉢ 2년 3작의 윤작법	㉣ 우경에 의한 깊이갈이

① ㉠㉡   ② ㉠㉣

③ ㉡㉢   ④ ㉢㉣

>**Tip**》 고려시대에는 우경에 의한 깊이갈이(심경법)가 일반적으로 행해졌고, 2년 3작의 윤작법이 보급되어 갔다. 2모작과 모내기법은 조선초기의 농업기술이다.

14 다음 중 고려시대의 무역에 대한 설명으로 옳지 않은 것은?

① 벽란도는 국제무역항으로 번성하였다.

② 주요 수입품은 비단, 약재, 책 등의 귀족수요품 중심이었다.

③ 아라비아 상인들과도 무역을 행하였다.

④ 일본과의 교역은 활발한 편이었다.

>**Tip**》 ④ 일본과의 교역은 행하여졌으나, 송과 거란에 비해 활발하지 못하였다.

15 고려시대 전시과체제하에서 토지와 관련된 내용으로 옳은 것은?

① 지방의 하급관리인 甲은 국가로부터 한인전을 지급받았다.

② 6품 관리였던 부친 사망 후 乙은 부친의 수조지를 그대로 구분전으로 지급받았다.

③ 음서를 통해 관직에 진출한 丙은 상속받은 모든 토지를 국가에 반납해야 했다.

④ 농민인 丁은 자기 소유의 토지를 경작한 후 국가에 생산량의 10분의 1을 세로 바쳤다.

> **Tip 》** ① 甲은 외역전을 지급받아야 한다.
> ② 乙은 한인전을 지급받아야 한다.
> ③ 丙은 공음전을 지급받은 것으로, 공음전은 세습이 가능하기에 반납을 하지 않아도 된다.
> ④ 민전은 수확량의 10분의 1을 국가에 납부한다.

16 다음의 제도가 있었던 시대의 고려의 사회상으로 옳은 것은?

• 학보	• 경보
• 제위보	• 팔관보

① 고리대업의 성행   ② 빈민구제제도의 발달

③ 화폐유통의 활발   ④ 대외무역의 발달

> **Tip 》** 고려시대에는 기금을 조성하여 그 이자로 공적인 사업의 경비로 충당하는 보가 발달하였으나, 원래의 취지와 달리 이들은 이자 취득에만 급급해 고리대업을 성행시켜 농민생활에 큰 폐해를 가져왔다.

17 다음 중 고려시대 국가재정의 운영에 관한 설명으로 옳지 않은 것은?

① 정확한 수취를 위하여 양안과 호적을 작성하였다.

② 왕실 및 관리들에게 조세를 수취할 수 있는 권한을 부여하였다.

③ 재정은 녹봉과 일반 비용, 국방비, 왕실경비 등으로 지출되었다.

④ 국가재정에 필요한 수입은 오로지 중앙정부에서만 거둘 수 있었다.

> **Tip 》** 고려는 재정을 운영하는 관청으로 호부와 삼사를 두어 인구와 토지를 관리하고 재정과 관련된 사무를 처리하였다. 각 관청은 관청운영경비로 사용할 수 있는 토지를 지급받았으나 경비가 부족할 경우에는 필요한 경비를 각 관청에서 스스로 마련하기도 하였다.

Answer 》   11.④   12.④   13.④   14.④   15.④   16.①   17.④

18 다음과 같은 교역품은 어느 나라와의 무역에서 나타났는가?

> • 고려의 수입품 - 비단, 약재, 서적   • 고려의 수출품 - 나전칠기, 화문석

① 여진   ② 거란(요)

③ 송   ④ 일본

> **Tip** 》》 고려는 송과 가장 큰 교역을 했으며, 제시된 내용은 송과의 교역품이다.

19 다음 자료에 제시된 시기의 토지 제도에 대한 설명으로 옳지 않은 것은?

> 문무 70세 이후에는 백관으로부터 부병, 한인에게까지 과에 따라 토지를 나누어 주었으며, 또 그 과에 따라 땔감 얻는 땅을 주었는데 이를 전시과라 했다. 죽은 다음에는 모두 나라에 다시 바쳐야 했다. 그러나 부병만은 나이 20세가 되면 비로소 땅을 받고 60세가 되면 반환하는데, 자손이나 친척이 있으면 전정을 물려받게 하고, 없으면 감문위에 적을 두었다가 그중 일부를 구분전으로 지급하고 나머지 땅은 환수하였다. 후손이 없이 죽은 자와 전사한 자의 아내에게도 모두 구분전을 지급하였다.
>
>   -「고려사」-

① 부병과 한인전은 세습이 가능하였다.

② 전시과와 토지는 원칙상 세습이 허락되지 않았다.

③ 공음전은 관직이나 관품에 따라 차등 지급하였다.

④ 70세 이상의 부병이나 전쟁미망인에게는 구분전이 지급되었다.

> **Tip** 》》 ① 부병(府兵)은 나이 20세가 되면 토지를 받고 60세가 되면 다시 국가에 반납했다. 한인전은 6품 이하 관리의 자제로 무관직자에게 지급하였다.

20 고려시대에 주조된 화폐가 아닌 것은?

① 상평통보   ② 건원중보

③ 해동중보   ④ 삼한통보

> **Tip** 》》 ② 고려 성종 때 ③④ 고려 숙종 때

21 다음과 같은 토지제도의 변천과정에서 나타난 특징은?

> 과전법 → 직전법 → 관수관급제

① 국가의 토지지배권 강화

② 농민생활의 경제적 안정

③ 개간사업의 적극적 장려 ④ 균등하고 공평한 조세 부과

> **Tip 》** 시대별 토지제도
> ⊙ **과전법**: 고려말 공양왕 때 처음 실시되었으며, 사대부의 경제적 기반을 마련하기 위해 전·현직관리에게 지급했다.
> ⊙ **직전법**: 조선 세조 때 지급할 토지의 부족현상을 해결하고자 현직관리에게만 지급했다.
> ⊙ **관수관급제**: 조선 성종 때 국가의 토지지배권을 강화하기 위해 국가가 수조권을 대행하여 주고, 관청이 조를 거두어 관료에게 지급했다.

22 조선 중기 농촌의 모습을 바르게 서술한 것은?

① 족징, 인징 등의 폐단을 해결하기 위하여 방군수포(放軍收布)가 행해졌다.

② 방납의 폐단으로 농민의 부담이 가중되자 공납을 쌀로 내게 하자는 수미법이 주장되었다.

③ 지주전호제가 일반화되면서 농민의 경제적 부담은 점차 가벼워졌다.

④ 구휼제도인 환곡제가 사창에서 실시되면서 고리대로 변질되어 농민을 괴롭히는 결과를 초래하였다.

> **Tip 》** ① 족징, 인징은 도망한 농민을 대신해서 그 친족이나 이웃에게 공납을 부과하는 것이며 방군수포는 군포를 받고 군역을 면제해 주는 것이다.
> ③ 지주전호제는 농민의 부담을 더욱 가중시키는 것이다.
> ④ 환곡은 상평창에서 실시되었으며, 사창은 향촌을 단위로 양반들에 의해 자율적으로 시행되는 구휼제도였다.

Answer 》 18.③ 19.① 20.① 21.① 22.②

23 조선시대의 조세제도에서 16세 이상 60세에 이르는 양인 장정들이 부담했던 것은?

① 공납   ② 군포

③ 전세   ④ 진상

> **Tip** 》 조세제도
> ㉠ 전세 : 토지경작의 대가로 수확의 일부를 부담하는 조세이다.
> ㉡ 공납 : 관청의 수요를 충당하기 위하여 지방의 특산물을 납부하는 조세로서 농민에게 있어서 전세보다 더 큰 부담이었다.
> ㉢ 역
> • 군역 : 농민 정남이 교대로 번상하는 국방에 종사하는 의무이다.
> • 요역 : 1년 중 일정 기간 동안 노동에 종사해야 하는 의무로, 요역은 경작하는 토지 8결마다 한 사람씩 차출하며, 1년 중 동원 일수는 6일 이내로 규정되어 있었으나, 실제에 있어서는 임의대로 징발되었다.

24 다음 중 조선 전기의 상업에 대한 설명으로 옳지 않은 것은?

① 조선시대에는 고려시대 보다 상업 활동에 대한 통제가 더욱 강해졌다.

② 조선 전기에는 화폐의 유통이 활발해져 전국적으로 화폐의 사용이 보편화되었다.

③ 시전상인은 관수품의 공급 및 독점 판매권의 특권을 가진 어용상인이었다.

④ 장시는 15세기 후반 등장하였으며 16세기 전국적으로 확대되었다.

> **Tip** 》 ② 조선 전기에는 화폐 유통의 부진으로 쌀·무명 등이 교환수단으로 사용되었다.

25 다음의 밑줄 친 지역에 해당되는 것을 모두 고르면?

> 조선시대에 각 군현에서 거둔 조세는 강가나 바닷가의 조창으로 운반하였다가 경창으로 운송하였으나, 이들 지역에서 거둔 조세는 군사비, 사신접대비 등의 명목으로 현지에서 사용하도록 하였다.

㉠ 경기도   ㉡ 경상도

㉢ 평안도   ㉣ 황해도

㉤ 함경도

① ㉠㉢
② ㉡㉣
③ ㉢㉤
④ ㉣㉤

Tip》》 잉류지역 … 평안도와 함경도는 국경에 가깝고, 특히 평안도는 사신의 왕래가 많은 곳이라 하여, 이들 지역에서 받은 조세는 현지에서 군사비와 접대비로 쓰도록 하였다.

26 다음 중 조선시대에 사적소유권과 병작반수제에 입각한 지주제의 확산과 직접적으로 관련있는 것은?

① 서원의 증가
② 방납의 폐단 발생
③ 면세전의 증가
④ 직전법의 폐지

Tip》》 양반의 경제기반은 과전, 녹봉 그리고 자신의 토지와 노비 등이 있었고 주수입원은 토지와 노비였다. 16세기 중엽에 직전법이 폐지되자 토지의 사유관념이 확산되면서 토지소유는 양반지주층을 중심으로 더욱 편중되어 갔다.

27 대동법 실시 이후 등장한 어용상인으로 조선 후기 상품 화폐 경제의 발달에 기여한 상인은?

① 여각
② 송상
③ 객주
④ 공인

Tip》》 ① 조선 후기 항구에서 상인들의 숙박, 운송 등을 맡아보던 상업 시설이다.
② 고려·조선시대에 앞선 상술로 하나의 세력권을 이루었던 상인이다.
③ 조선시대 타 지역에서 온 상인들에게 숙박을 제공하며 물건을 맡아 팔거나 흥정을 붙여 주는 일을 하는 상인이다.

Answer 》》 23.② 24.② 25.③ 26.④ 27.④

28 조선 전기 상업과 화폐에 대한 설명 중 옳지 않은 것은?

① 보부상은 관청에서 운영한 상인이었다.

② 장시는 16세기 이후 전국적으로 번성하였다.

③ 쌀과 면포가 교환의 주요수단이었다.

④ 시전상인은 특정상품에 대한 독점판매권을 가졌다.

> **Tip 》》** ① 보부상은 지방에 있는 행상들로서 장시를 통하여 농산물, 수공업제품, 수산물, 약재 등을 비롯한 생활필수품을 유통시켰다. 봇짐장수인 보상은 세공품 위주의 사치품을 주로 팔았고, 등짐장수인 부상은 생활필수품을 주로 팔았다. 보부상은 관청의 허가를 받고 물건을 판매하는 지방장시의 행상들일 뿐, 관청에서 운영한 상인들은 아니다.

29 다음에서 설명하고 있는 수취제도는?

- 16세기 이래로 방납의 폐단을 시정하기 위해서 시행되었다.
- 토산물 대신 미곡으로 바꾸고 농민의 부담을 줄이고자 하였다.

---

① 영정법   ② 대동법

③ 균역법   ④ 속오법

> **Tip 》》** 조선후기 수취체제의 변화
> ㉠ 전세의 공납화 : 전세를 풍흉에 관계 없이 1결당 4두로 고정(영정법)
> ㉡ 공납의 전세화 : 토산물 대신 토지면적에 따라 쌀, 베, 돈으로 납부(대동법)
> ㉢ 군포의 부담 : 1년에 군포 1필을 납부(균역법)

30 조선의 조세제도에 대한 설명으로 거리가 먼 것은?

① 역에는 군역과 요역이 있었다.

② 조세를 부담한 계층은 주로 양반이었다.

③ 전통적으로 전세, 공납, 역을 기초로 하였다.

④ 공납은 토산물을 현물로 납부하는 것이었다.

> **Tip 》》** ② 조세를 부담한 계층은 주로 농민이었다.

31 다음 중 조선시대의 토지제도에 대한 내용으로 옳은 것은?

① 관리들에게 지급한 토지는 전국적으로 분포되어 있었다.

② 하층 농민이 소유한 토지는 국가의 징세대상에서 제외되었다.

③ 과전을 받은 관리는 생산량의 10분의 1을 경작농민에게 조세로 거두어 들였다.

④ 관리의 경제기반을 약화시키고, 국가재정을 확보하는 방향으로 운영하였다.

> **Tip 》》** ① 관리들에게 지급한 토지는 경기도로 제한하였다.
> ② 하층 농민이든 양반이든 토지소유자는 전세의 징세대상이었다.
> ④ 국가재정의 확보뿐만 아니라 관리의 경제적 기반을 뒷받침해 주었다.

32 다음과 같은 상업 활동을 한 조선 후기의 사상(私商)은?

• 한강을 근거지로 삼아 주로 서남 연해안을 왕래
• 미곡, 소금, 어물 등의 운송과 판매를 장악

---

① 송상   ② 내상

③ 만상   ④ 경강상인

> **Tip 》》** ① 개성   ② 동래   ③ 의주

33 다음 중 조선시대 민영수공업에 대한 설명으로 옳지 않은 것은?

① 조선 후기 상품화폐경제가 발전하며 민영수공업이 번성하였다.

② 도시의 인구증가와 대동법의 실시로 제품의 수요가 크게 늘어 판매를 위한 수공업 제품의 생산이 활발해졌다.

③ 18세기 이후에는 수공업자들이 상업자본에 지배되거나 의존하는 선대제 수공업이 성행하였다.

④ 옷감이나 그릇 등을 주로 하여 상품생산의 성격을 지닌 농촌의 수공업자가 발달하였다.

> **Tip 》》** ③ 선대제 수공업은 17 · 18세기의 보편적인 현상이었다.

Answer 》》   28.①   29.②   30.②   31.③   32.④   33.③

34 조선 후기 대동법 실시 결과를 바르게 설명한 것은?

① 토지제도를 개편하였다.　　　　　　② 상품화폐경제가 발달하였다.

③ 농업이 비약적으로 발전하였다.　　　④ 농민의 군포 부담이 크게 줄었다.

> **Tip 》》** 부족한 국가재정을 보완하고, 농민의 부담을 경감시키기 위해 민호(民戶)에게 부과·징수하던 공납을 농토의 결수에 따라 미곡, 포목, 전화(동전)로 납부하게 한 대동법의 실시로 자급자족적 자연경제에서 유통경제로 바뀌면서 지방장시가 성장하고, 상품화폐경제가 발달하였다.

35 다음 중 조선 후기 보부상의 활동을 바르게 설명한 것은?

① 의주를 중심으로 대청 무역을 주도하였다.

② 한강을 근거로 미곡과 어물을 판매하였다.

③ 장시를 무대로 봇짐과 등짐장수로 활동하였다.

④ 개성을 중심으로 인삼을 재배하고 판매하였다.

> **Tip 》》** ① 만상
> ② 경강상인
> ③ 보부상(관상)은 지방에 있는 행상들로서 봇짐장수인 보상과 등짐장수인 부상이 있다. 이들은 장시를 통하여 농산물, 수공업제품, 수산물, 약재 등을 비롯한 생활필수품을 유통시켰다.
> ④ 송상

36 조선 후기의 변화된 경제생활의 내용이 아닌 것은?

① 직파법의 일반화　　　　　　　　　② 민영수공업의 발달

③ 금난전권의 폐지　　　　　　　　　④ 광작농업의 발달

> **Tip 》》** ① 논농사에서는 직파법에서 이앙법으로, 밭농사에서는 농종법에서 견종법으로 개선되었다.

37 다음은 조선 후기 경제활동을 하는 사람들의 모습이다. (개)~(래)에 대한 설명으로 적절하지 않은 것은?

> (개) 은진 강경장에서 상평통보를 가지고 거래하는 보부상
> (내) 청 상인에게 비단, 약재를 사는 의주의 상인
> (대) 황해도 수안에 금광을 찾아 몰려든 광꾼
> (래) 철점(대장간)에서 제품을 생산하고 판매하는 민간 수공업자

① (개): 15세기 말부터 나타나는 장시는 지방민의 교역장소로 보통 5일마다 열렸는데, 18세기 중엽에는 전국에 1,000여 개소가 개설되었다.

② (내): 국제 무역에서 사무역인 후시가 허용되면서 의주의 만상과 동래의 내상이 활약했다.

③ (대): 광산 경영은 경영 전문가인 물주가 상인에게 자본을 조달받고 채굴업자, 노동자들을 고용하여 광물을 채굴하고 제련하는 것이 일반적이었다.

④ (래): 민간 수공업자는 대체로 상업자본의 지배를 받았지만, 18세기 후반에 이르러서 독자적 생산과 이를 직접 판매하는 수공업자들이 나타났다.

> **Tip ≫** 조선 후기 광산경영은 경영전문가인 덕대가 상인 물주에게 자본을 조달받아 광산을 경영하는 것이 일반적이었다.

38 조선 후기 상공업과 무역에 대한 설명으로 옳은 것은?

① 수공업자의 상인자본 지배 강화
② 공인의 주문활동으로 관장제 발달
③ 도고상인의 전국적인 상권의 형성
④ 후시무역의 쇠퇴와 해상무역의 발달

> **Tip ≫** ① 대부분의 수공업자들은 공인이나 상인들로부터 원료와 자금을 미리 공급받아 제품을 생산하였다. 즉, 수공업자들은 상업자본에 의해 지배되거나 이에 의존하였다.
> ② 상인자본이 수공업자를 지배하는 선대제가 보편적이었으며, 관장제는 쇠퇴하였다.
> ④ 후시무역이 개시무역보다 성행하였다.

Answer ≫　34.② 35.③ 36.① 37.③ 38.③

39 조선 후기 농민생활에 대한 설명으로 옳은 것은?

① 농법의 개량으로 생산력을 증대시켰다.

② 향상된 경제력을 바탕으로 향촌자치에 참여하였다.

③ 개간사업의 장려로 경작규모가 대체로 확대되었다.

④ 향안, 향약, 서원을 토대로 향촌질서를 재확립하는 데 힘썼다.

> **Tip 》》** ① 농민들은 토지 개간에 적극적으로 나섰으며, 수리시설을 복구하고, 농기구와 시비법을 개량하는 한편, 모내기법을 확대하여 벼와 보리의 이모작으로 생산량을 늘려 나갔다.

40 다음은 조선 후기 경제계의 새로운 동향들이다. 이러한 사실들의 결과로 나타난 현상은?

• 광작의 발달	• 도고의 성장	• 민영수공업의 발달

① 양반의 수적 감소   ② 향촌자치제의 강화

③ 사회계층의 분화 촉진   ④ 붕당정치의 쇠퇴

> **Tip 》》** 제시된 내용은 피지배층이 선도하여 전개한 근대지향적인 움직임들이었다. 이러한 움직임들은 봉건적 신분질서의 붕괴를 가능하게 하였고, 성리학적 지배질서의 붕괴와 사회계층의 분화를 촉진시켰다.

41 다음 중 균역법을 시행하게 된 배경으로 옳지 않은 것은?

① 한 명의 장정이 이중삼중으로 군포를 납부하는 경우가 많았다.

② 양반이 되어 면역하는 자가 늘어나면서 군역의 재원이 점차 줄었다.

③ 군역이 요역화되면서 포를 내어 군역을 대신하는 사람이 증가하였다.

④ 부족해진 재정을 보충하기 위한 결작을 소작농민이 부담하였다.

> **Tip 》》** ①②③ 모두 균역법 시행 이전에 나타난 군역상의 문제점이다. 이러한 문제점들을 해결하고자 균역법이 시행되었으나 ④와 같은 문제점이 나타나면서 군역의 문제점을 해결하는 데 실패했다.

42 조선 후기에 상품화폐경제가 발달하면서 지주전호제로 변화해갔다. 다음 중 옳은 것은?

① 소작인은 지주에게 생산량의 10분의 1을 바쳐야 했다.

② 지주와 소작농의 관계가 신분적 관계보다 경제적인 관계로 바뀌어 갔다.

③ 지주라는 신분을 이용하여 소작료와 그 외의 부담을 마음대로 강요할 수 있었다.

④ 양반이라는 신분을 이용하여 소작료와 그 외의 부담을 마음대로 강요할 수 있었다.

> **Tip ≫** 상품화폐경제의 발달과 사회적 신분제도의 변화가 나타나며 소작료를 일정한 액수의 화폐로 납부하게 됨에 따라 지주와 소작농의 관계는 단순한 땅 주인과 빌려 쓰는 자의 경제적 관계로 바뀌게 되었다.
> ① 지주의 소작농에 대한 경제 외적 강제는 보다 약화되어 갔다.
> ③④ 양반·지주라는 신분을 이용하여 소작료와 그 외의 부담을 마음대로 강요하던 시기는 끝나게 되었다.

43 다음 중 조선 후기의 대외무역을 시장별로 설명한 것으로 옳지 않은 것은?

① 회령개시 – 춘추 2회 열리며, 공무역과 사무역이 자유무역으로 변했다.

② 회동관후시 – 조공사가 북경에서 하는 밀무역으로 병기, 사서, 비단 등이 거래되었다.

③ 책문후시 – 밀무역이기에 과중한 세금을 부과하고 단련사가 단속했다.

④ 중강후시 – 중강개시인 공무역이 밀무역으로 변질된 것이다.

> **Tip ≫** ② 회동관후시는 조선에서 중국으로 사신을 보낼 때 북경에 있는 회동관(조공사신의 숙소)에서 이루어지는 사무역이다.

Answer ≫   39.① 40.③ 41.④ 42.② 43.②

고대의 사회

❶ 신분제사회의 성립

(1) 사회계층과 신분제도

① 신분제도의 출현 … 정복전쟁으로 여러 부족들이 통합되는 과정에서 지배층의 위계서열 형성

② 읍락사회의 신분
   ㉠ 호민 : 고대사회의 지배계층임, 종교적 제사장, 경제적으로 부유 계층, 기술자
   ㉡ 하호 : 농업에 종사하는 평민(전쟁시 병사들에게 음식물 제공, 물자 운반)
   ㉢ 노비 : 주인에게 예속된 천민층

③ 귀족의 등장 … 부여와 초기 고구려의 가·대가 등의 권력자가 호민을 통해 읍락을 지배하고 관리와 군사력을 지니고 정치에 참여, 중앙집권국가로 성장하는 과정에서 귀족으로 편제

④ 귀족의 신분제 운영 … 출신가문의 등급에 따라 관등승진에 특권을 누리거나 제한을 받았고, 경제적 혜택에도 차등(신라의 골품제도)이 있었다.

(2) 귀족 · 평민 · 천민

① 삼국시대의 신분제
   ㉠ 구성 : 귀족·평민·천민
   ㉡ 특징 : 강한 법적 구속력, 지배층의 특권 유지를 위한 율령 제정, 개인의 신분은 능력보다 그가 속한 친족의 사회적 위치에 따라 결정

② 귀족 … 왕족과 부족장 세력으로 편성되어 정치권력과 사회·경제적 특권을 향유하고 별도의 신분제를 운영했다(골품제).

③ 평민 … 대부분이 농민으로 신분적으로 자유민이었으나 정치·사회적 제약이 많았고, 조세 납부, 노동력 징발 등으로 생활이 어려웠다.

④ **천민**

    ㉠ 노비 : 부자유예속민, 가족구성 제약, 전쟁포로나 형벌·채무로 노비가 됨

    ㉡ 집단예속민 : 촌락을 단위로 구성, 양극화하여 양민이나 노비가 됨

❋ 사회계층과 신분제도의 발전 ❋

삼국시대 이전		삼국시대	
가·대가	자신의 관리와 군사력을 지니고 정치 참여	귀족	그 내부에 엄격한 신분제도 영(골품제)
호민	경제적으로 부유하고 하호를 지배	평민	조세 납부, 노동력 징발(생활 곤란)
하호	호민의 지배를 받고 농사에 종사	천민	전쟁·세습·형벌·부채로 노비화, 주인 집 거주
노비	주인에게 예속된 천민		

❷ 삼국사회의 모습

(1) 고구려의 사회기풍

① **사회기풍** … 압록강 중류 산간지역에 입지(식량이 부족), 대외정복활동으로 상무적인 기풍 형성

② **형법** … 반역·반란(화형 후 참수, 가족노비화), 항복자·전쟁패배자(사형), 도둑질한 자(12배 배상)

③ **사회계층**

    ㉠ 귀족 : 왕족인 고씨와 5부 출신, 지위를 세습하며 높은 관직 담당, 전쟁시 스스로 무장, 국정 운영에 참여

    ㉡ 백성 : 대부분 자영농, 조세 납부, 병역의 의무, 토목공사에 동원, 흉년이 들거나 빚을 갚지 못하면 노비로 전락, 빈민구제책으로 진대법 시행

    ㉢ 천민·노비 : 피정복민이나 몰락한 평민, 남의 소나 말을 죽인 자는 노비로 삼음, 빚을 갚지 못한 자는 그 자식들을 노비로 만들어 변상

④ **풍습** … 지배층의 혼인풍습(형사취수제, 서옥제), 평민(자유로운 교제를 통해 결혼)

(2) 백제인의 생활상

① **백제의 생활모습** … 언어, 풍습, 의복은 고구려와 유사, 중국과 교류하며 선진문화 수용

② **형법** … 반역 · 전쟁패배자(사형), 도둑질한 자(귀양을 보내고 2배 배상), 뇌물을 받은 관리(3배 배상, 종신금고형)

③ **귀족사회** … 왕족인 부여씨와 8성의 귀족으로 구성되어 있으며, 이들은 중국 고전과 역사서를 즐겨 읽었고 한문을 구사하며, 관청실무에 밝았고 투호 · 바둑 · 장기를 즐겼다.

(3) 신라의 골품제도와 화랑도

① **신라 사회의 특징** … 중앙집권화가 늦어 부족의 대표들이 정치하는 초기 전통을 오랫동안 유지

② **화백회의**
　㉠ **기원** : 여러 부족의 대표들이 함께 모여 정치를 운영
　㉡ **기능** : 귀족들의 왕권 견제(국왕 추대 및 폐위)

③ **골품제도** … 개인의 사회활동과 정치활동의 범위 제한, 일상생활 규제기준(가옥의 규모, 장식물, 복색, 수레 등)

④ **화랑도**
　㉠ **기원** : 원시사회의 청소년집단
　㉡ **구성** : 화랑(지도자)과 낭도 → 계층 간의 대립과 갈등을 조절, 완화
　㉢ **활동** : 전통적 사회규범, 사냥과 전쟁교육 → 협동과 단결정신, 심신 연마
　㉣ **국가조직으로 발전** : 진흥왕 때 원광의 세속 5계 → 국가가 필요로 하는 인재 양성

❸ 남북국시대의 사회

(1) 통일신라와 발해의 사회

① **통일 후 신라사회의 변화**
　㉠ **삼국통일의 사회적 기반** : 혈연적 동질성과 언어, 풍습 등 문화적 공통성
　㉡ **신라의 민족통합책** : 백제와 고구려 옛 지배층에게 신라 관등 부여, 백제와 고구려 유민들을 9서당에 편성
　㉢ **통일신라의 사회모습**
　　• 전제왕권의 강화 : 영토와 인구 증가, 경제력 향상, 진골귀족의 일부 숙청
　　• 진골귀족사회 : 중앙관청의 장관직 독점, 합의를 통한 국가중대사 결정

- 6두품의 진출 : 학문적 식견과 실무능력을 바탕으로 국왕 보좌→신분의 제약으로 높은 관직 진출에 한계
- 골품제의 변화 : 3두품에서 1두품의 구분 모호, 평민과 동등하게 간주

Point 〉 골품제도

골	성골	부모 모두 왕족	왕족
	진골	부모 중 한쪽만 왕족	
두품	6두품, 5두품, 4두품	실질 귀족	귀족
	3두품, 2두품, 1두품	점차 평민화	

② 발해의 사회구조

㉠ 지배층 : 왕족 대씨, 귀족 고씨 등 고구려계가 대부분을 구성
- 중앙과 지방의 중요관직 독점, 수도 및 큰 고을에 거주, 노비와 예속민을 거느림
- 당의 제도와 문화 수용 : 당의 과거시험인 빈공과에 응시

㉡ 피지배층 : 대부분 말갈인
- 고구려 전성기 때부터 고구려에 복속
- 발해 건국 후 일부는 지배층으로 편입, 촌락의 우두머리로 행정 보조
- 하층 촌락민은 말갈사회의 전통적인 생활모습을 그대로 유지

③ 통일신라사회의 생활

㉠ 도시의 발달
- 금성(경주) : 정치와 문화의 중심지, 대도시로 번성
- 5소경 : 과거 백제, 고구려, 가야의 지배층과 신라 귀족 거주, 지방문화의 중심지

Point 〉 5소경 : 북원경(원주), 중원경(충주), 서원경(청주), 남원경(남원), 금관경(김해)

㉡ 금성의 생활
- 시가지 모습 : 궁궐, 관청, 사원, 귀족의 저택, 민가
- 화려한 생활 : 기와지붕, 숯을 이용한 취사, 조세와 특산물, 국제무역품 소비

㉢ 귀족생활
- 금입택(저택)에서 노비와 사병 거느림, 불교 후원
- 지방의 전장(대토지)과 목장 수입으로 충당, 서민 상대 고리대업
- 수입된 사치품 선호 : 본래의 소박함과 강인함 퇴색

㉣ 평민생활 : 평민의 대부분은 자신의 토지를 경작하며 근근이 생활 유지, 가난한 농민은 귀족의 토지를 빌려 경작, 귀족의 부채 노비화

(2) 통일신라 말의 사회모순

① 통일신라 말의 사회상황

- ㉠ **백성생활 곤궁** : 귀족의 정권다툼과 대토지 소유 확대
- ㉡ **지방세력 성장** : 지방토착세력과 사원의 대토지 소유
- ㉢ **자영농 몰락** : 귀족들의 농장 확대
- ㉣ **농민부담 가중** : 중앙정부의 통치력 약화, 대토지 소유자의 조세 회피

② 사회모순의 표출

- ㉠ **호족의 등장** : 지방유력자들이 무장조직 결성
- ㉡ **정부의 대책** : 수리시설 정비, 재해가 심한 지역에 조세 면제, 농민 구휼, 해적으로부터 농민 보호(큰 효과는 거두지 못함)
- ㉢ **빈농의 몰락** : 소작농, 유랑민, 걸식, 화전, 노비로 전락
- ㉣ **농민봉기** : 중앙정부의 기강 문란, 국가재정 고갈→강압적인 조세 징수→각지에서 농민 봉기(상주의 원종과 애노의 난)

중세의 사회

02

① 고려의 신분제도

(1) 귀족

① 귀족층의 특징
- ㉠ **범위** : 왕족이나 5품 이상의 고위관료
- ㉡ **사회적 지위** : 음서나 공음전의 혜택을 받으며 고위관직 독점
- ㉢ **생활모습** : 개경에 거주, 관직을 바탕으로 토지 소유 확대
- ㉣ **계층 이동** : 죄를 지으면 형벌로 낙향→향리화, 지방향리 자제 중 과거를 통해 벼슬에 진출 →승진·혼인→귀족화

② **문벌귀족** … 가문을 통해 특권을 유지하고 왕실 등과 중첩된 혼인관계를 맺었다.

③ 귀족층의 변화
- ㉠ **무신정변** : 문벌귀족의 도태→무신들이 권력 장악
- ㉡ **권문세족** : 무신정권 붕괴 후 등장→정계요직을 장악하고 농장을 소유한 최고권력층으로서 음서로 신분을 세습하고 토지와 노비를 집적
- ㉢ **신진사대부의 성장** : 자기 재산을 토대로 과거를 통해 관계에 진출한 향리 출신으로 사전의 폐단을 지적하면서 권문세족과 대립하였고 구질서와 여러 가지 모순을 비판

❋ 고려 지배세력의 변천 ❋

구분	지배시기	학문성향	출신	관직 진출	권력 장악	경제기반	외교정책
문벌귀족	고려 전기	친유학	호족·6두품 출신의 중앙관료	음서·과거	왕실과 혼인	전시과·공음전	친송사대
권문세족	고려 후기	비유학	다양한 친원신분계층	음서	원에 충성	농장	친원
신진사대부	고려 말기	친성리학	지방향리	과거	신흥무인세력과 제휴	중소지주	친명

(2) 중류

① **중류층**
　　㉠ **구성** : 중앙관청의 서리인 잡류, 궁중실무관리인 남반, 지방행정의 실무를 담당하는 향리, 하급장교인 남반, 지방의 역(驛)을 관리하는 역리 등
　　㉡ **역할** : 통치체제의 하부구조를 맡아 중간역할을 담당→직역 세습→지급된 토지의 세습

② **호족 출신 향리** … 향촌의 호장, 부호장을 대대로 배출하는 지방의 실질적 지배층으로 통혼관계와 과거 응시에서 하위의 향리와 구별된다.

③ **말단행정직** … 남반, 군반(직업군인), 잡류(말단서리), 하층향리, 역리 등으로 직역이 세습되었고 토지를 국가에서 받았다.

(3) 양민

① **양민** … 일반 농민인 백정, 상인, 수공업자를 말한다.

② **백정**
　　㉠ 국가에 대해 고정된 직역이 없음→국가로부터 지급받은 토지가 없음
　　㉡ 자기 소유의 민전을 경작하거나 다른 사람의 토지를 빌려 경작
　　㉢ 과거 응시에 제약이 없고 전지를 받는 군인으로 선발 가능
　　㉣ 조세 · 공납 · 역의 의무

③ **특수집단민** … 양인에 비해 세금 부담 가중, 거주 이전 금지, 향 · 부곡(농업에 종사), 소(수공업과 광업에 종사), 역 · 진(육로교통과 수로교통에 종사)

(4) 천민

① **공노비** … 공공기관에 속하는 노비
　　㉠ **입역노비** : 궁중 · 중앙관청 · 지방관아에서 급료를 받고 잡역 종사
　　㉡ **외거노비** : 지방에 거주하면서 농업에 종사하고, 농경수입 중 규정된 액수를 관청에 납부하고 여분으로 생활

② **사노비** … 개인이나 사원에 예속된 노비
　　㉠ **솔거노비** : 귀족이나 사원에서 직접 부리는 노비, 잡일 담당
　　㉡ **외거노비** : 주인과 따로 살면서 농업에 종사, 일정량을 신공으로 납부, 소작 및 토지 소유 가능, 양민 백정과 비슷한 경제적 생활→지위 상승, 재산 축적 가능

③ **노비의 지위** … 재산으로 간주되어 엄격한 관리, 부모 중 한 쪽이 노비이면 자식도 노비신분 세습

❷ 백성들의 생활모습

(1) 농민의 공동조직

① 공동조직…일상 의례와 공동노동을 통해 공동체의식을 다졌다.

② 향도…불교의 신앙조직, 매향활동을 하는 무리들
  ㉠ 대규모 인력이 동원되는 불상, 석탑, 사찰 건립 때 주도적 역할
  ㉡ 후기에 이르러 마을노역·혼례·상장례·민간신앙과 관련된 마을제사 등 공동체생활을 주도
   하는 농민조직으로 발전

(2) 사회시책과 사회제도

① 사회시책
  ㉠ 사회시책의 목적 : 농민생활 안정을 통해 체제유지 도모
  ㉡ 농민 보호 : 농번기의 농민잡역 동원 금지, 재해시에 조세와 부역 면제, 법정이자율을 책정
   하여 원곡을 초과하는 이자 징수 금지
  ㉢ 권농정책 : 황무지나 진전을 개간할 경우 일정 기간 면세혜택 부여

② 여러 가지 사회제도
  ㉠ 의창 : 고구려의 진대법을 계승한 춘대추납제도로 빈민구휼제도이나 농민을 상대로 고리대를
   하기도 함
  ㉡ 상평창 : 물가조절기관(개경, 서경, 12목에 설치)
  ㉢ 의료기관 : 동·서대비원(진료 및 빈민 구휼), 혜민국(의약)
  ㉣ 구제도감, 구급도감 : 재해 발생시 백성 구제
  ㉤ 제위보 : 기금을 조성하여 이자로 빈민 구제

(3) 법률, 풍속, 가정생활

① 법률과 풍속
  ㉠ 기본법 : 중국의 당률 참작, 대부분은 관습법 따름, 지방관이 사법권 행사
  ㉡ 형벌
   • 반역죄와 불효죄는 중죄로 처벌 : 유교윤리의 확립목적, 통치질서의 안정, 대가족제도의 유
    지, 연좌법 적용(가족, 친척, 지역민까지 처벌대상이 됨)
   • 태(볼기)·장(곤장)·도(징역)·유(유배)·사(사형) 집행
   • 면제규정 : 부모상을 당하면 휴가 집행(귀향형의 경우), 형벌 집행을 보류(노부모 봉양의 경우)

ⓒ 장례와 제사 : 유교적 의례 권장(정부), 토착신앙과 융합된 불교·도교의식으로 거행(민간)
　　　ⓔ 명절 : 정월 초하루, 삼짇날, 단오, 유두, 추석 등
　② 혼인과 여성의 지위
　　　㉠ 혼인풍습 : 일부일처제, 왕실에서는 근친혼 성행
　　　ⓛ 상속 : 자녀균분상속, 아들이 없을 경우 딸이 제사를 받듦
　　　ⓒ 가족제도 : 태어난 차례대로 호적 기재, 사위의 처가입적 가능, 사위와 외손자까지 음서혜택,
　　　　여성의 재가허용 및 소생자식의 사회적 진출에 차별 없음

❸ 고려 후기의 사회 변화

(1) 무신집권기 하층민의 봉기

① 무신정변의 영향
　　㉠ 지배층의 변화 : 신분제도의 동요로 하층민에서 권력층 형성
　　ⓛ 사회의 동요 : 무신들 간의 대립과 지배체제의 붕괴 → 백성에 대한 통제력 약화, 무신들의
　　　농장확대로 수탈 강화

② 백성의 저항
　　㉠ 공주 명학소의 망이·망소이의 봉기, 운문·초전의 김사미·효심의 봉기 등
　　ⓛ 형태 : 수탈에 대한 소극적 저항에서 대규모 봉기로 발전
　　ⓒ 성격 : 왕조질서 부정, 지방관의 탐학을 국가에 호소
　　ⓔ 천민의 신분해방운동 : 최씨 정권기 만적의 봉기

(2) 몽고의 침입과 원 간섭기의 사회 변화

① 몽고의 침입
　　㉠ 몽고침입에 대항
　　　• 최씨무신정권 : 강도(강화도)로 서울을 옮기고 장기 항전 태세
　　　• 지방의 주현민 : 산성이나 섬으로 들어가 전쟁 대비
　　ⓛ 몽고군 격퇴 : 충주 다인철소, 처인 부곡의 승리
　　ⓒ 백성의 피해 : 막대한 희생, 식량 부족, 원과 강화 후 일본 원정에 동원

② 원 간섭기의 사회 변화

  ㉠ **신흥귀족층 등장** : 원 간섭기 이후 중류층 이하에서 전공을 세우거나 몽고귀족과의 혼인을 통해서 출세 → 친원세력이 권문세족으로 성장

  ㉡ **몽고풍 유행** : 원과의 교류 이후 지배층과 궁중을 중심으로 변발, 몽고식 복장, 몽고어 등이 널리 퍼짐

  ㉢ 고려인의 몽고 이주민 증가
  • 전쟁포로, 유이민, 몽고의 강요
  • 고려의 의복, 그릇, 음식 등의 풍습이 몽고에 전래

  ㉣ 원의 공녀 요구
  • 결혼도감을 통해 공녀로 공출
  • 고려와 원 사이의 심각한 사회문제로 대두

  ㉤ 왜구의 출몰
  • 14세기 중반 이후부터 침략
  • 원의 간섭 하에서 국방력을 갖추기 어려워 왜구를 효과적으로 대처하지 못함
  • 쓰시마섬을 근거로 한 왜구가 고려의 식량과 사람 약탈
  • 경상도에서부터 전라도 해안, 개경 부근까지 출몰
  • 잦은 왜구 침입에 따른 사회불안 가중, 국가적 문제로 인식 → 신흥무인세력 성장계기

근세의 사회

① 양반관료 중심의 사회

(1) 양천제도와 반상제도

① **양천제도** … 양인과 천민으로 구분하는 법제적 신분제도이다.
　㉠ **양인** : 과거에 응시하고 벼슬길에 오를 수 있는 자유민, 조세 · 국역의 의무를 지님
　㉡ **천민** : 비자유민으로 개인이나 국가에 소속되어 천역을 담당

② **반상제도의 정착** … 양반과 중인이 신분층으로 정착되어 가면서 양반과 상민 간의 차별을 두는 반상제도가 일반화되었다.

③ **신분 간의 이동**
　㉠ 양인이면 누구나 과거 통해 관직 진출이 가능
　㉡ 양반도 죄를 지으면 노비나 중인, 상민으로 전락→고려에 비해 개방된 사회이나 여전히 신분사회의 틀을 벗어나지 못함

　　　Point 〉 조선 사회의 성격 … 신분제 사회이나 고려에 비해서 개방적 사회이다(신분 이동 가능).

(2) 신분구조

① **양반** … 문반과 무반을 아우르는 명칭이었으나 양반관료체제가 정비되면서 문 · 무반의 관료와 그 가족 및 가문까지 지칭하게 됨
　㉠ 양반사대부의 신분화
　　• 문무양반만 사족으로 인정
　　• 중인층 배제 : 현직 향리층, 중앙관청의 서리, 기술관, 군교, 역리 등
　　• 서얼 배제 : 천민의 피가 섞였거나 첩에서 난 소생은 관직 진출에 제한

ⓛ 양반의 지위
　　• 정치적 : 관료층으로 국가정책 결정, 과거 · 음서 · 천거를 통해 고위관직 독점
　　• 경제적 : 지주층으로서 토지와 노비 소유
　　• 활동 : 현직 또는 예비 관료로 활동, 유학자로서의 소양과 자질 함양
　　• 특권 : 각종 국익 면제, 법률과 제도로써 신분적 특권 보장

② 중인
　　㉠ 의미
　　• 좁은 의미 : 기술관, 즉 중앙의 여러 기술관청에 소속되어 있는 역관, 의관, 율관, 산관, 화원 등
　　• 넓은 의미 : 양반과 상민의 중간계층을 의미하며 15세기부터 형성되어 조선후기에 하나의 독립된 신분층을 형성
　　㉡ 구성
　　• 중인 : 중앙과 지방관청의 서리와 향리로서 기술관은 직역 세습, 같은 신분 안에서 혼인, 관청 주변에서 거주함
　　• 서얼(중서) : 중인과 같은 신분적 처우, 문과 응시 금지, 무반직에 등용
　　㉢ 역할 : 전문기술이나 행정실무 담당, 역관은 사신을 수행하며 무역에 관여, 향리는 토착세력으로 수령을 보좌

③ 상민 … 과거응시자격은 있으나 사실상 어려웠고 군공을 세우는 등의 경우에만 신분 상승이 가능
　　㉠ 농민 : 과중한 조세 · 공납 · 부역의 의무, 향촌에서 같은 성씨끼리 집단촌 형성
　　㉡ 수공업자(공장) : 관영이나 민영수공업에 종사하며 공장세 납부
　　㉢ 상인 : 시전상인과 보부상, 국가 통제 아래 상거래에 종사하며 상인세를 납부함
　　㉣ 신량역천(身良役賤) : 양인 중에서 천역을 담당하는 계층으로 백정, 무당, 창기, 광대는 사회적으로 천시되었으나, 법제상으로는 상민에 속하였다.

④ 천민
　　㉠ 노비의 처지 : 천민의 대부분을 차지, 비자유민으로 교육과 벼슬 금지, 재산으로 취급되어 매매 · 상속 · 증여의 대상, 부모 중 한 쪽이 노비면 그 자녀도 노비
　　㉡ 노비의 구분 : 국가에 속한 공노비와 개인에 속한 사노비
　　• 공노비 : 국가에 신공을 바치거나 관청에 노동력 제공
　　• 사노비 : 주인과 함께 하는 솔거노비와 독립된 가옥에서 거주, 주인에게 신공을 바치는 외거노비
　　㉢ 기타 : 백정, 무당, 창기, 광대

② 사회정책과 사회시설

(1) 사회정책

① **목적** … 성리학적 명문론에 입각한 사회신분질서의 유지와 농민생활을 안정시키기 위해 농본정책을 실시했다.

② **배경** … 가혹한 수취체제와 관리 및 양반의 수탈로 농민이 몰락하자 국가의 안정과 재정근간을 위협하는 요소가 되어 농민생활을 안정시키기 위한 방안이 강구되었다.

(2) 사회제도

① **사회시책** … 지주의 토지겸병 억제, 농번기 잡역동원 금지, 재해시 조세감면

② **환곡제 실시** … 춘궁기에 양식과 종자를 빌려준 뒤 추수기에 회수하는 제도로, 의창에서는 원곡만 돌려받았고, 이후 상평창에서는 원곡과 함께 10분의 1의 이자를 더해서 돌려받았다.

③ **사창** … 향촌농민의 생활을 안정시켜 양반 중심의 향촌질서를 유지하기 위한 것이었다.

④ **사회시설** … 혜민국(약재 판매), 동·서대비원(서민환자 구제), 제생원(지방민의 구호 및 진료), 동·서활인서(유랑자 수용·구휼)

(3) 법률제도

① **형법** … 대명률(명의 기본법전)에 의거하여 적용하였다.

② **민법** … 관찰사와 수령 등 지방관이 관습법에 따라 처리하였다.

③ **상속** … 종법에 따라 이루어짐, 제사와 노비 상속 중요시, 물건 및 토지소유권 관념 발달

④ **사법기관**
ㄱ **중앙** : 사헌부·의금부·형조(관리의 잘못 및 중대사건 재판), 한성부(수도 치안 담당), 장례원(노비관련문제 처리)
ㄴ **지방** : 관찰사와 수령이 사법권 행사

⑤ **재심청구** … 상부관청에 소송 제기, 신문고·징으로 직접 호소(일반적으로 시행되지 않음)

❸ 향촌사회의 조직과 운영

(1) 향촌사회의 모습

① 향촌의 편제
  ㉠ 향 : 행정구역상 군현의 단위를 말하며 전국을 8도로 나누어 그 아래 부, 목, 군, 현을 두어 각각 중앙에서 지방관을 파견
  ㉡ 촌 : 촌락이나 마을을 의미하며 면·리를 설치했으나 지방관은 파견하지 않음

② 향촌자치 … 유향소(풍속교정기구), 경재소(유향소 통제, 중앙과 지방의 연락업무, 수령 견제)

③ 향약의 보급 … 지방사족은 그들 중심의 향촌사회 운영질서를 강구하고 향약의 보급을 통해 면리제와 병행된 향약조직을 형성해 나갔다. 향약은 중종 때 조광조에 의하여 처음 시행된 이후 전국적으로 확산되었으며, 군현 내에서 지방사족의 지배력 유지수단이 되었다.

(2) 촌락의 구성과 운영

① 촌락 … 농민생활 및 향촌 구성의 기본단위로 자연촌으로 존재하면서 동·리로 편제된 조직이다.
  ㉠ 면리제 : 자연촌 단위의 몇 개 리를 면으로 통제
  ㉡ 오가작통제 : 다섯 집을 하나의 통으로 묶고 통수가 통 내를 관장

② 촌락의 신분 분화
  ㉠ 반촌 : 주로 양반 거주, 친족·처족·외족의 동족으로 구성→18세기 이후 동성촌락으로 발전
  ㉡ 민촌 : 평민과 천민으로 구성, 지주의 소작농으로 생활

③ 촌락공동체
  ㉠ 사족 : 동계·동약으로 촌락민들에 대한 지배력을 신분적·사회경제적으로 강화하고자 함
  ㉡ 일반 백성 : 향도계·동린계·두레·향도 등 자생적 생활문화조직을 형성

④ 촌락의 풍습
  ㉠ 석전(돌팔매 놀이) : 상무정신 함양, 국법으로 금지하였으나 민간에서 전승
  ㉡ 향도계·동린계 : 양반들이 음사라 규정, 농민주체의 마을축제에서 장례 도와주는 기능 전환

④ 성리학적 사회질서의 강화

(1) 예학과 족보의 보급

① **예학** … 성리학적 도덕윤리 강조, 신분질서의 안정 추구, 사림의 향촌사회에 대한 지배력 강화, 정쟁의 구실로 이용, 양반 사대부의 신분적 우월성 강조, 가족과 친족공동체의 유대, 문벌의 형성

② **보학** … 가족의 내력을 기록하고 암기하는 것, 종족 내부의 결속 다짐, 다른 종족이나 하급신분에 대한 우월의식 고취, 결혼상대나 붕당구별의 자료, 양반문벌제도의 강화에 기여

(2) 서원과 향약

① **서원** … 선현의 제사와 교육, 유교를 보급하고 향촌사림 결집, 지방사림의 지위 강화에 기여

② **향약** … 전통적 공동조직과 미풍양속을 계승하면서, 삼강오륜을 중심으로 한 유교윤리를 가미하여 향촌 교화 및 질서 유지에 맞게 구성한 것
　㉠ **역할** : 조선 사회의 풍속 교화, 향촌사회의 질서 유지, 치안 담당
　㉡ **성격** : 사림의 지방자치 구현, 농민통제력 강화
　㉢ **문제점** : 토호와 향반이 주민들을 위협·수탈하는 배경을 제공하였고, 향약간부들의 갈등으로 오히려 풍속과 질서를 해치는 경우 발생

04 사회의 변동

① 사회구조의 변동

(1) 신분제의 동요

① **조선의 신분제** … 법제적으로 양천제, 실제는 양반·중인·상민·노비의 네 계층으로 분화, 성리학은 신분제를 정당화하는 이론을 제공

② **양반층의 분화** … 붕당정치의 변질(양반 상호 간의 정치적 갈등), 일당전제화 전개(다수의 양반 몰락), 몰락양반은 향반이나 잔반으로 전락

③ **신분별 구성비의 변화** … 부를 축적한 농민들이 양반신분을 사거나 족보를 위조하는 경우가 빈번히 발생하여 양반수는 증가하고 상민과 노비수는 점차 감소되었다.

(2) 중간계층의 신분상승운동

① 서얼
    ㉠ **처지** : 성리학적 명분론에 의해 사회활동이 제한되어 불만이 고조
    ㉡ **관직진출** : 임진왜란 이후 차별 완화, 납속책과 공명첩을 통해 관직에 진출
    ㉢ **신분상승운동** : 집단상소를 통해 동반이나 홍문관 같은 청요직 진출 허용을 요구하여 정조 때 규장각 검서관으로 진출

② 중인
    ㉠ **처지** : 기술직·이서로서 행정실무 담당, 고급관료 진출 제한
    ㉡ **신분 상승 추구** : 축적한 재산과 실무경력을 바탕으로 소청운동 전개
    ㉢ **활동** : 서학 등 외래문물 수용을 주도, 성리학적 가치체계에 도전, 새로운 사회의 수립을 추구

(3) 노비의 해방

① 노비신분의 변화

    ㉠ 신분 상승 : 군공과 납속을 통해 자신의 신분을 개선

    ㉡ 공노비 : 입역노비에서 신공을 바치는 납공노비로 전환

    ㉢ 종모법의 시행 : 아버지가 노비라도 어머니가 양민이면 그 자식은 양민으로 삼음

② 도망노비의 증가

    ㉠ 배경 : 신분의 속박으로부터 탈피→임노동자, 머슴, 행상 등으로 생계 유지

    ㉡ 노비의 부담 증가 : 도망노비의 신공을 남아 있는 노비에게 부과

    ㉢ 정부대책 : 신공의 부담을 경감하거나 도망노비를 색출하였으나 성과를 거두지 못함

③ 공노비 해방 … 노비 도망과 신분 상승으로 공노비의 노비안이 유명무실해지자 순조 때 중앙관서의 노비 66,000여명을 해방시키기도 하였다.

④ 노비제의 혁파 … 사노비에 대한 가혹한 수탈과 사회적 냉대로 도망이 일상화되어, 갑오개혁 때 노비제를 폐지했다.

(4) 가족제도의 변화와 인구의 변동

① 가족제도의 변화

    ㉠ 조선 중기 : 남귀여가혼, 자녀균분상속, 제사의 분담

    ㉡ 17세기 이후 : 성리학적 의식과 예절 발달, 부계 중심의 가족제도 확립, 친영제도 정착, 장자 중심의 제사와 상속제 확산

    ㉢ 조선 후기 : 부계 중심의 가족제도 강화, 아들이 없을 경우 양자입양 일반화, 부계 위주의 족보 편찬, 동성마을 형성, 종중의식 확산

② 가족윤리 … 효와 정절 강조, 과부의 재가 금지, 효자와 열녀 표창

③ 혼인풍습 … 일부일처제가 기본이었으나 남자의 축첩은 허용, 서얼의 차별, 혼사는 가장이 결정하였는데, 법적 혼인연령은 남자 15세, 여자 14세

④ 인구의 변동 … 호구조사(국가 운영에 필요한 인적 자원 파악), 호적대장 작성(각 군현의 인구수를 근거로 해당 지역의 공물과 군역을 부과하였는데 남성들만 기록하고 있어 실제 인구수와는 많은 차이가 있음)

❷ 향촌질서의 변화

(1) 양반의 향촌 지배 약화

① 향촌사회의 변화
- ㉠ 농촌사회 분화, 신분제 붕괴, 양반계층의 변화 → 양반계층의 구성 복잡화, 사족 중심의 향촌질서 변화
- ㉡ 평민과 천민 중 일부가 부농층으로 성장하거나 양반 중에 전호나 임노동자로 전락하는 경우 발생

② 양반층의 동향
- ㉠ 족보 제작, 청금록과 향안 작성 → 향약 및 향촌자치기구의 주도권 장악
- ㉡ 거주지 중심으로 촌락 단위의 동약 실시, 족적 결합 강화, 동족마을 이루고 문중 중심으로 서원과 사우 설립
- ㉢ 수령이나 중앙권력과 연결하여 자기 지위를 유지

③ 향촌지배력의 변화
- ㉠ **부농층의 도전** : 관권과 결탁, 향안에 참여, 향회 장악
- ㉡ **향리세력 강화** : 관권을 실질적으로 장악
- ㉢ **향회의 축소** : 수령의 조세징수 자문기구로 전락

(2) 부농층의 대두

① **부농층의 등장** … 경제적 능력으로 납속이나 향직 매매를 통해 신분을 상승시키고 향임을 담당하여 양반 역할을 대체하였다.

② **부농층의 동향** … 부농층의 경제적 욕구와 재정위기를 타개하고자 했던 정부의 이해가 일치하여 정부는 이들을 적극 활용하고자 하였다.
- ㉠ **향임 담당** : 정부의 부세제도 운영에 적극 참여
- ㉡ **지위 확보** : 수령이나 기존 향촌세력과 타협하여 상당한 지위를 확보

③ 농민층의 변화

(1) 농민층의 분화

① 분화배경 … 양 난 이후 기존 사회체제가 동요되어 새로운 사회질서가 모색되었다.

② 조선후기 농민 구성
　㉠ 상층(중소지주층) : 자기 소유의 토지를 다른 사람에게 빌려 주어 소작제로 경영하여 윤택한 생활을 하는 계층
　㉡ 대다수의 농민 : 자영농, 소작농

③ 농민의 사회적 현실 … 여러 가지 의무 부과, 호패법으로 이동 억제, 토지에 묶여 한 곳에 정착하여 자급자족적인 생활

④ 농민층의 분화 … 농업 경영을 통하여 부농으로 성장하거나 상공업으로 생활을 영위하기도 했으며, 도시나 광산의 임노동자가 되기도 하였다.

(2) 지주와 임노동자

① 지주 … 대부분 양반
　㉠ 상품화폐경제의 발달과 함께 이윤 추구가 경제적 욕구를 자극, 광작 하는 대지주가 많이 등장
　㉡ 부농층 등장
　　• 부의 축적 : 스스로 농업에 종사하면서 농지의 확대, 영농방법의 개선 등을 통해 부를 축적
　　• 양반신분 획득 : 재력을 바탕으로 공명첩 매입, 족보 위조→군역 면제, 지주층의 수탈 회피, 경제활동의 각종 편의 제공, 향촌사회에서의 영향력 강화

② 임노동자 … 토지에서 밀려난 다수의 농민
　㉠ 부역제의 해이 : 17~18세기 국가가 필요로 하는 노동력 동원이 곤란해지면서 점차 임노동자를 고용해야 했으며, 성 쌓기와 도로공사에 인부를 고용
　㉡ 품팔이 노동력 : 부농층이 1년 단위로 임노동자 고용

④ 사회 변혁의 움직임

(1) 사회 불안의 심화와 예언사상의 대두

① 사회 불안의 심화
  ㉠ 사회의 동요
    • 신분제의 동요 : 양반 중심의 지배체제에 위기를 가져옴
    • 농민경제 파탄 : 지배층과 농민층의 갈등 심화, 국가재정 악화
    • 농민의식의 향상 : 적극적인 항거운동 발생
  ㉡ 농민생활의 궁핍
    • 정치기강 문란 : 탐관오리의 탐학과 횡포가 날로 심화
    • 재난과 질병 : 수해와 콜레라로 굶주려 떠도는 백성 속출
  ㉢ 민심의 불안
    • 비기와 도참설의 유행, 서양 이양선의 출몰
    • 도적의 창궐 : 화적의 지방 토호나 부상들을 공격, 수적들의 조운선과 상선의 약탈

② 예언사상의 대두
  ㉠ 예언사상의 유행 : 비기 · 도참을 이용하여 말세의 도래, 왕조의 교체 및 변란 등을 예고
  ㉡ 무격신앙 · 미륵신앙 : 현세에서 얻지 못하는 복을 미륵신앙에서 해결하려 함, 미륵불을 자처하며 서민을 현혹하는 무리 등장

(2) 천주교의 전파

① 전래 … 17세기에 중국 베이징의 천주당을 방문한 우리나라 사신들에 의해 서학으로 소개되었다.

② 초기활동 … 18세기 후반 남인계열의 실학자들이 천주교 서적을 읽고 신앙생활을 하였으며, 이승훈이 베이징에서 영세를 받고 돌아온 이후 신앙활동이 더욱 활발해졌다.

③ 천주교 신앙의 전개와 박해
  ㉠ 초기 : 천주교 유포에 방관하다 조상에 대한 제사 거부, 양반 중심의 신분질서 부정, 국왕에 대한 권위 도전을 이유로 사교로 규정
  ㉡ 정조 때 : 시파의 집권으로 천주교에 관대
  ㉢ 순조 때 : 노론 강경파인 벽파의 대탄압(1801) → 실학자와 양반계층의 교회 이탈
  ㉣ 세도정치기 : 탄압 완화 → 백성들에게 전파, 조선교구 설정, 서양신부의 포교

(3) 동학의 발생

① **창시** … 1860년 경주의 몰락양반 최제우가 창시하였다.

② **교리와 사상**
   ㉠ 교리 : 유불선을 바탕으로 주문과 부적 등 민간신앙요소들이 결합
   ㉡ 주장 : 사회모순 극복, 일본과 서양 국가의 침략 배제
   ㉢ 시천주(侍天主)와 인내천사상 : 신분 차별과 노비제도 타파, 여성과 어린이 존중 추구

③ **정부의 탄압** … 조선의 지배층은 신분질서를 부정하는 동학을 위험시하여 세상을 어지럽히고 백성을 현혹한다는 이유로 최제우를 처형하였다.

④ **교세 확장** … 최시형은 교세를 확대하면서 동경대전과 용담유사를 펴내어 교리를 정리하는 한편 교단조직을 정비하였다.

(4) 농민의 항거

① **배경** … 사회불안이 고조되어 유교적 왕도정치가 퇴색되고 탐관오리의 부정과 탐학은 끝이 없었으며, 삼정의 문란으로 중앙권력과 연결된 수령의 부정이 극에 달했다.

② **농민의 몰락** … 농민들은 농토를 버리고 유랑민, 화전민, 도적으로 전락, 지배층에 적극적으로 대응

③ **농민의 항거** … 소청, 벽서, 괘서의 형태로 나타나던 농민들의 항거는 농민봉기로 변화되어 갔다.

④ **홍경래의 난**(1811)
   ㉠ 중심세력 : 몰락양반 홍경래의 지휘 아래 영세농민 · 중소상인 · 광산노동자 등이 합세
   ㉡ 경과 : 가산 봉기 → 선천 · 정주 점거 → 한때 청천강 이북 지역 장악 → 5개월 만에 평정
   ㉢ 영향 : 사회 불안으로 농민봉기가 계속되었으나 관리들의 부정과 탐학은 시정되지 않음

⑤ **임술농민봉기**(1862)
   ㉠ 발생 : 진주에서 시작되어 탐관오리와 토호의 탐학에 저항, 한때 진주성 점령
   ㉡ 확대 : 함흥에서 제주까지 전국적으로 농민항거 발생
   ㉢ 영향 : 농민의 사회의식 성장, 양반 중심의 통치체제 붕괴

1 다음 중 화백제도에 관한 설명으로 옳지 않은 것은?

① 그 대표인 상대등이 의장이 되었다.

② 회의 장소는 소도를 중심으로 하였다.

③ 회의에서는 만장일치제의 가결을 원칙으로 하였다.

④ 본래 6촌의 부족사회의 잔재로서 후에 귀족회의, 중신회의로 변질되었다.

> **Tip 》** ② 화백회의는 청송산, 피전, 오지산, 금강산 등 경주 주위의 네 곳에 회의장소를 두고 4영지라 하여 신성시하였으며, 소도는 삼한시대의 정치적 지배력이 미치지 않는 신성지역이었다.

2 다음을 통해 알 수 있는 단체의 기능으로 옳은 것은?

사군이충, 사친이효, 교우이신, 임전무퇴, 살생유택

① 계급 간의 갈등을 조정하고 완화시켰다.

② 귀족 연합의 성격을 반영하고 있다.

③ 왕권과 귀족세력을 조화시켰다.

④ 유학이 종교적·정치적으로 지배하게 되었다.

> **Tip 》** 제시된 내용은 6세기 신라 진흥왕 때에 원광법사가 화랑에게 내린 '세속오계'에 관한 것이다. 화랑은 신라의 대표적인 무사집단으로 그 구성원은 귀족에서 평민에 이르기까지 다양했기 때문에 계급 간의 갈등을 조정하는 역할을 담당하였다. 또한 풍류도를 조화시켜 산천을 주유하며 심신연마와 무예연마를 하여 진흥왕의 영토확장에 결정적인 기여를 하였고 이후 신라의 삼국통일의 중요한 기반이 되었다.
> ④ 유학은 조선시대에 와서야 종교적·정치적으로 활성화되었다.

Answer 》 1.② 2.①

3 (가), (나) 사건이 일어난 시기의 국왕에 대한 설명으로 옳은 것은?

> (가) 감은사 앞바다에 떠다니는 섬에서 대나무를 잘라다가 만파식적이라는 피리를 만들었는데 이 피리를 불면 오던 비가 가라앉고 구름이 걷혔다고 한다. 이는 신라의 국태안민을 바라고 왕권의 안정을 도모하려는 염원에서 나온 이야기이다.
>
> (나) 겨울에 왕이 사냥을 나갔다가 길거리에서 주저앉아 울고 있는 자에게 그 이유를 물으니, 한 줌의 양식도 없어 겨울을 보낼 것이 걱정이라 하여 왕이 먹을 것과 입을 것을 주어 달래고 해마다 봄 3월부터 가을 7월까지 관곡을 내어 백성의 가구의 다소에 따라 진대(賑貸)함에 차등을 두고, 겨울 10월에 이르러 도로 거둬들이게 법규를 만드니 모든 사람이 크게 기뻐하였다.

① (가)-삼국 통일을 이룩하였다.
② (가)-최초의 진골 출신의 왕으로 비담의 반란을 진압하였다.
③ (나)-을파소를 재상에 임명하고 부자상속제를 시행하였다.
④ (나)-태학을 설립하여 상류층 자제를 교육하였다.

> **Tip** ⟫⟫ (가)는 신라의 신문왕(7C) 때의 일이고 (나)는 고구려의 고국천왕 때(2C)의 일이다. 고국천왕은 재상 을파소의 건의에 따라 춘대추납의 빈민책인 진대법을 시행하였다. 진대법은 관곡을 대여하는 제도로서, 빈민 구제 및 채무 노비화 방지 목적으로 실시하였다.
> ③ 고국천왕 때 형제상속제에서 부자상속제로 바뀌었으며 이는 계루부의 왕권강화를 의미한다.
> ① 삼국통일을 이룩한 왕은 문무왕이다.
> ② 최초의 진골 출신의 왕으로 비담의 반란을 진입한 자는 무열왕이다.
> ④ 태학을 설립하여 상류층 자제를 교육한 것은 소수림왕의 업적이다.

4 다음 중 신라에서 씨족사회의 전통을 계승·발전시킨 제도를 골라 묶은 것은?

> ⊙ 화랑도 　　　　　　　　　　　ⓒ 골품제도
> ⓒ 화백제도 　　　　　　　　　　ⓔ 집사부

① ⊙ⓒ 　　　　　　　　　　　　② ⊙ⓒ
③ ⓒⓒ 　　　　　　　　　　　　④ ⓒⓔ

> **Tip** ⟫⟫ 화백은 씨족회의에서 유래하였고, 화랑도는 씨족사회의 청소년집단에서 유래하였다.

5 다음 중 고구려 사회에 대한 설명으로 옳지 않은 것은?

① 고구려는 왕족인 고씨와 5부 출신 귀족들이 연합하여 정치를 주도하였다.

② 족장이나 성주들은 사병을 거느렸다.

③ 반역자나 절도자는 사형에 처하였다.

④ 국가에서 가난한 농민들을 구제하기 위한 진대법을 실시하였다.

> **Tip** 》》 ③ 반역자는 화형이나 참형, 살인자와 패전자는 사형, 절도자는 12배 배상, 소나 말을 죽인 자는 노비로 삼았다.

6 발해의 사회에 대한 설명으로 옳지 않은 것은?

① 상층사회를 중심으로 당의 제도를 수용하였다.

② 말갈인의 일부도 지배층에 포함되었다.

③ 전통적인 말갈인의 내부조직은 해체되었다.

④ 주된 지배계층은 고구려계 사람들이었다.

> **Tip** 》》 발해 사회의 이중구조
> ⊙ **상층사회**: 당의 제도를 받아들여 질서정연한 지배체제를 형성하였다(당의 관제, 지방제도, 학술, 종교 등을 도입).
> ⓛ **하층사회**: 전통적인 말갈사회의 내부조직을 그대로 보존하였다(만주족의 부족적 전통과 관습을 유지).

7 고구려와 백제의 형법에서 사형에 처할 정도로 엄하게 다스렸던 범죄는?

① 절도죄   ② 뇌물죄

③ 상해죄   ④ 반역죄

> **Tip** 》》 고구려에서는 반역죄와 반란자는 화형 후 참수하고 가족은 노비화하였고, 백제에서는 사형에 처했다.

Answer 》》   3.③ 4.② 5.③ 6.③ 7.④

8 다음 내용과 관계 깊은 것은?

> 고구려에서는 국가가 가난한 농민을 구제하기 위한 시책으로서 춘궁기에 곡식을 빌려 주었다가 추수한 뒤에 갚게 하였다.

① 진대법 ② 의창
③ 상평창 ④ 사창

> Tip 》 ① 진대법은 고구려 고국천왕 때에 재상 을파소에 의해 제창되어 실시된 빈민구제제도이다. 이 제도는 토지를 잃고 몰락하는 농민을 구제하고, 귀족의 고리대업에 의해 노비로 전락하는 농민들을 없애기 위해 실시한 춘대추납(春貸秋納)의 농민구제시책이었다. 이 제도는 고려시대의 의창, 조선시대의 환곡제도로 이어졌다.
> ③ 상평창은 고려시대 물가조절기구로서 개경, 서경과 12목에 설치하여 곡식과 베의 값이 내렸을 때 사들였다가, 값이 오르면 싸게 내다 팔아서 물가안정을 도모한 기구였다.

9 신라 하대의 지방호족에 대한 설명으로 옳지 않은 것은?

① 교종의 권위에 도전한 선종의 등장에 주된 역할을 하였다.
② 6두품과 연결하여 새로운 사회를 건설하려 하였다.
③ 지방에 학교를 설치하여 학문보급에 힘썼다.
④ 호족들과 농민들의 생활에는 별 차이가 없었다.

> Tip 》 ④ 지방호족들은 광대한 토지와 백성을 지배할 수 있는 지방의 군사권과 징세권을 가지고 있었으며, 이로 인해 중앙권력의 지배에서 이탈하려는 현상도 나타나게 되었다. 반면 농민들은 귀족들의 향락생활과 수취로 인해 몰락하거나, 초적의 무리가 되어 도적이 되는 등 피폐한 생활을 이어가게 되었다.

10 다음 중 화랑도의 사회적 기능에 대한 설명으로 옳은 것은?

① 능력 중심으로 관리를 선발하였다.
② 지방세력의 성장을 억제하는 효과를 가져왔다.
③ 계급 간의 대립과 갈등을 조절·완화하는 구실을 하였다.
④ 집단 간의 부정을 막고 집단의 단결을 강화하는 구실을 하였다.

> Tip 》 귀족의 자제 중에서 선발된 화랑을 지도자로 삼고, 귀족은 물론 평민까지 망라한 많은 낭도들이 그를 따랐다. 여러 계층이 같은 조직에서 일체감을 갖고 활동함으로써 계층 간의 갈등을 조절·완화하는 구실을 하였다.

11 다음과 관련된 신분은?

> • 신라 중대 : 전제왕권 강화에 기여
> • 신라 하대 : 사회의 폐단 시정 노력
> • 고려 초기 : 새 사회 건설의 방향 제시

① 성골   ② 진골
③ 6두품   ④ 5두품

> **Tip** 》 6두품은 신분상의 제약으로 높은 관직에 오를 수는 없었지만 국왕의 정치적 조언자로서 새로운 시대를 열어갈 이념적 기반 및 새로운 사회건설을 위한 방향을 제시하였다.

12 초기 읍락사회의 신분제도에 관한 설명으로 옳지 않은 것은?

① 가, 대가로 불린 자들이 읍락을 지배하였다.
② 하호는 농업에 종사하는 사람들로 천민대우를 받았다.
③ 경제적으로 부유한 호민들이 하급관리가 되는 경우도 있었다.
④ 정복전쟁이 전개되는 가운데 지배층 사이에 위계서열이 만들어 졌다.

> **Tip** 》 ② 초기 국가의 읍락에는 경제적으로 부유한 호민과 그 아래에 하호가 있었는데, 하호는 농업에 종사하는 평민을 말한다.

13 다음 중 삼국시대의 노비에 대한 설명으로 옳은 것은?

① 평민처럼 정상적인 가족을 구성할 수 있었다.
② 나라에서 부과하는 조세를 납부하고, 노동력을 징발당하였다.
③ 엄한 율령체제는 이들을 다스리기 위해 마련된 것이다.
④ 전쟁이나 채무, 형벌 등이 노비로 전락하게 된 중요한 요인이었다.

> **Tip** 》 삼국시대의 노비는 왕실과 귀족 및 관청에 예속되어 신분이 자유롭지 못하였으며 대개 전쟁 포로나 형벌, 채무로 노비가 되었다.

Answer 》》 8.① 9.④ 10.③ 11.③ 12.② 13.④

14 다음에서 신라 말기의 사회모습을 바르게 설명한 것으로 골라 묶으면?

> ㉠ 지방행정력이 약해지자 많은 농민들이 조세를 부담하지 않았다.
> ㉡ 귀족들의 정권 다툼과 대토지 소유 확대로 백성들의 생활이 곤궁해졌다.
> ㉢ 지방의 토착세력과 사원들은 대토지를 소유하면서 유력한 세력으로 성장해 갔다.
> ㉣ 지방의 자영농들은 중앙정부의 통제력이 약해진 틈을 타서 토지 소유를 확대하였다.

① ㉠㉡   ② ㉡㉢

③ ㉡㉣   ④ ㉢㉣

> **Tip 》** ㉠ 중앙정부의 통치력 약화로 대토지 소유자들은 세금을 부담하지 않는 대신 농민들이 더 많은 조세를 감당하게 되었다.
> ㉣ 지방의 자영농들은 귀족들의 농장이 확대되면서 몰락해갔다.

15 고려시대의 과거제도에 대한 설명으로 옳지 않은 것은?

① 음서 제도가 발달하였다.

② 광종이 최초로 시행하였다.

③ 기술관을 뽑는 잡과가 있었다.

④ 장군은 무과를 통해 선출하였다.

> **Tip 》** 고려시대의 과거제도 … 초기의 과거시험은 제술과·명경과·잡과를 두었으며, 1136년(인종 14)에 이르러 정비되었다. 제술과와 명경과는 문관 등용시험이었으나, 제술과를 더욱 중요시하였다. 고려시대를 통하여 제술과의 합격자 수가 6,000여 명이나 되는데 비해 명경과 합격자는 450명 정도인 것으로도 알 수가 있다. 이 점은 당시의 귀족들이 경학보다 문학을 숭상했음을 이해할 수 있다. 그리고 잡과는 위의 양과 보다 그 격이 낮았다.
> 이 밖에 승과가 있었으며, 무신의 등용을 위한 무과는 1390년(공양왕 2)에 실시하였기 때문에 고려시대에는 영향을 주지 못하여 거의 없었다. 과거의 응시자격은 양인 이상이면 응시할 수 있었다. 그러나 천민이나 승려의 자식은 응시할 수 없었다. 양인 이상은 응시할 수 있었다고 하지만 농민은 사실상 응시하지 못하였다.

16 다음 자료에서 알 수 있는 고려 사회의 모습으로 옳지 않은 것은?

> 손변이 경상도의 안찰사가 되었는데, 그 고을에 남동생과 누이가 재산문제로 송사를 벌이고 있었다. 손변이 이 송사를 듣고 이르기를 "자식에 대한 부모의 마음은 균등한데 어찌 장성하여 결혼한 딸에게는 후하고, 어미 없는 아들에게는 박하겠는가? 어린아이가 의지할 자는 누이였으니 만일 누이와 균등하게 재산을 물려주면 동생을 사랑함이 덜하여 잘 양육하지 않을까 염려한 것이다. 따라서 아버지는 성장하게 되면 물려줄 옷과 관을 갖추어 입고서 상속의 몫을 찾기 위한 탄원서를 제출할 수 있도록 종이와 붓 등을 유산으로 남겨준 것이다."라고 하니, 누이와 남동생이 서로 부여잡고 울었다.

① 여성도 호주가 될 수 있었다.

② 일부일처제를 원칙으로 한다.

③ 재산을 상속할 때, 균분 상속이 원칙이었다.

④ 여성에게 재혼을 금지하고 수절을 강요하였다.

> **Tip》》** 자녀간의 균분상속에 관한 「고려사」에 나온 자료이며, 자녀간의 균분상속은 곧, 그에 따른 의무도 균등하였음을 의미한다.
> ④ 여성에게 재혼을 금지하고 수절을 강요한 것은 조선시대이다.

17 고려시대의 신분구조에서 농민, 상인, 수공업자는 어느 신분에 해당하는가?

① 귀족

② 중류층

③ 양인

④ 천민

> **Tip》》** 고려시대 신분구조
> ㉠ **귀족**: 왕족, 문벌이 좋은 5품 이상의 고위관리
> ㉡ **중류층**: 하급관리, 서리(중앙관청의 실무 관리), 남반(궁중관리), 향리(지방행정의 실무 담당), 하급장교
> ㉢ **양인**: 농민, 상인, 수공업자
> ㉣ **천민**: 노비, 향·소·부곡민, 화척(도살업자), 진척(뱃사공), 재인

Answer 》》 14.② 15.④ 16.④ 17.③

18 이자겸의 난과 묘청의 서경천도운동이 일어났을 당시 고려의 상황으로 적절하지 못한 것은?

① 고려가 금나라와 형제 맹약을 맺은 데 대한 불만이 상당하였다.

② 백성들은 권세가들에게 토지를 빼앗겨 생계가 어려웠다.

③ 이자겸의 난과 묘청의 난을 겪으면서 왕권은 강해졌다.

④ '개경은 지덕이 쇠하여 수도로서 적합하지 않으니 도읍을 옮겨야 한다.'는 풍수지리설이 성행하였다.

> **Tip ≫** 고려의 사회상황
> ㉠ 고려 중기부터 세력을 가진 문벌귀족의 정권 장악으로 인한 불안한 정치현상 팽배
> ㉡ 문벌귀족의 전시과 및 고리대를 통한 토지 약탈 등 경제적 기반 조성으로 백성들 생활 궁핍
> ㉢ 백성들의 조세 부담 증가 및 유민 현상 발생
> ㉣ 풍수지리설 성행

19 묘청의 서경천도운동에 대한 설명으로 옳은 것은?

① 신라 계승이념을 강조하고 있었다.

② 유교정치사상의 영향을 받았다.

③ 문벌귀족은 북진정책에 적극적이었다.

④ 칭제건원과 금국정벌을 주장하였다.

> **Tip ≫** 이자겸의 난 이후 왕권이 약화되고 궁궐이 소실되자 서경길지론이 대두되었다. 이에 묘청, 정지상으로 대표되는 서경파들이 서경천도운동을 일으켰다. 서경천도운동은 풍수지리설과 불교의 영향을 받아 칭제건원과 금국정벌을 주장하였다.

20 다음 중 권문세족과 신진사대부에 대한 설명으로 옳은 것은?

① 권문세족은 친명적 성격이 강하였다.

② 신진사대부들은 주로 음서로 관계에 진출하였다.

③ 신진사대부들은 민본주의에 입각한 왕도정치를 구현하려 하였다.

④ 권문세족은 성리학을 적극적으로 수용하여 사회를 개혁하려 하였다.

Tip ≫ 권문세족과 신진사대부

구분	권문세족	신진사대부
출신배경	중앙귀족	향리, 하급관리
정계진출	음서(가문 중시), 도평의사사	과거(능력 본위)
정치	신분제에 기초한 유교적 정치질서 중시	행정실무 담당(왕도정치, 민본주의)
경제	재경부재지주	재향중소지주
학문	훈고학	성리학
외교	친원세력	친명세력
불교	옹호	배척
성향	보수적	진취적

21 고려시대 사회신분인 중간계층에 속하는 것은?

① 왕족, 관료

② 농민, 상인

③ 서리, 향리

④ 진척, 재인

Tip ≫ 고려의 신분구조

㉠ 지배계층
- 귀족 : 왕족, 문무 고위관료
- 중류층 : 서리(중앙하급관리), 향리(지방행정 담당), 남반(궁중관리), 하급장교 등

㉡ 피지배계층
- 양인 : 농민, 상인, 수공업자
- 천민 : 공·사노비, 향·소·부곡민, 화척(도살업자), 진척(뱃사공), 재인(광대) 등

Answer ≫ 18.③ 19.④ 20.③ 21.③

22 고려시대 지배계층의 변천과정을 옳게 나열한 것은?

① 호족→문벌귀족→무신→권문세족→신진사대부
② 권문세족→신진사대부→무신→문벌귀족→호족
③ 문벌귀족→권문세족→무신→호족→신진사대부
④ 신진사대부→호족→무신→권문세족→문벌귀족

> **Tip 》》** 고려시대 지배세력의 변천과정 … 호족세력(고려 초기) → 문벌귀족(성종 이후) → 무신세력(무신 집권기) → 권문세족(원 간섭기) → 신진사대부(공민왕 이후)

23 고려시대 여성의 지위를 바르게 설명한 것은?

① 여자는 호주가 될 수 없었다.
② 여성의 재가가 비교적 자유로웠다.
③ 여성의 사회 진출에는 제한이 없었다.
④ 가정에서 여성의 지위는 남성보다 높았다.

> **Tip 》》** ① 고려시대에는 여성의 지위가 비교적 높았다. 여자도 호주가 될 수 있었고, 호적에서 자녀 간에 차별을 두지 않고 연령순으로 기록하였다.
> ② 여성의 재가가 비교적 자유로웠다. 또 남편이 먼저 죽으면 재산의 분배권을 아내가 가지기도 하였다.
> ③④ 여성의 사회 진출에는 제한이 있었지만, 가정생활이나 경제 운영에서는 여성의 지위가 남성과 거의 대등한 위치에 있었다.

24 고려 후기 신진사대부에 대한 특징으로 옳은 것은?

① 성리학 수용　　　　　　　　② 농장 등 대토지 소유
③ 친원파세력　　　　　　　　④ 음서에 의한 관직 진출

> **Tip 》》** 신진사대부들은 유교적 소양이 높았으며, 이들의 대부분은 지방의 중소지주 출신이었다. 이들은 불법적인 방법으로 대토지를 소유하고 있던 권문세족에 대항하여 사전(私田) 폐지 등의 개혁을 주장하였다. 또한 성리학을 수용함으로써 권문세족의 친원적이고 친불교적인 성향에 반대하는 입장을 취하였다.
> ②③④ 권문세족의 특징에 해당한다.

25 다음의 사회시설기관의 기능은?

• 의창	• 제위보
• 구제도감	• 구급도감

① 빈민구제   ② 고리대업
③ 의료기관   ④ 물가조절

    Tip 》》 제시된 사회시설들은 빈민구제기관들이다.

26 고려시대의 풍습에 관한 설명으로 옳지 않은 것은?

① 고려 전기에는 근친혼 내지 동성혼이 금지되었다.
② 팔관회는 토착신앙과 불교가 융합된 국가의 제전이었다.
③ 결혼은 일부일처제가 원칙이었다.
④ 상장제례에는 토착신앙과 결합된 불교 · 도교의식이 거행되었다.

    Tip 》》 ① 고려 전기에는 근친혼 내지 동성혼이 성행하였으나, 후기에는 유교의 영향으로 동성불혼
            의 원칙이 세워져 이에 대한 금지령이 여러 번 내려졌다.

27 원 간섭기의 고려시대 사회모습으로 옳지 않은 것은?

① 유교적인 소양이 높고 행정실무에 밝은 신진사대부가 신흥 귀족층으로 성장하게 되었다.
② 원나라와의 교류로 지배층과 궁중을 중심으로 변발, 몽고식 복장 등이 유행하였다.
③ 고려의 몽고이주민 증가로 이들에 의해 고려의 의복, 음식 등의 풍습이 몽고에 전해졌다.
④ 결혼 도감을 통해 공녀로 공출되었고 이것은 고려와 원나라 사이의 갈등을 야기시켰다.

    Tip 》》 ① 원나라 간섭기에는 권문세족이 신흥 귀족층으로 성장하게 되었다.
        ※ 고려시대 귀족층의 변화
          호족세력(고려 초기) → 문벌귀족(성종 이후) → 무신세력(무신집권기) → 권문세족(원 간섭
          기) → 신진사대부(공민왕 이후)

Answer 》》   22.① 23.② 24.① 25.① 26.① 27.①

28 다음에서 설명하는 고려 말기의 세력집단은?

> • 지방의 중소지주층이나 향리 출신이 많았다.
> • 성리학을 공부하여 과거를 통해 중앙관리로 진출하였다.
> • 불교의 폐단을 지적하여 사회개혁을 적극적으로 주장하였다.

① 문벌귀족　　　　　　　　　　② 무신
③ 권문세가　　　　　　　　　　④ 신진사대부

> **Tip》》** 신진사대부… 권문세족에 도전하는 고려 후기의 새로운 사회세력으로 유교적 소양이 높고, 행정실무에도 밝은 학자 출신 관료이다.
> ㉠ 출신배경 : 하급관리
> ㉡ 정치적 기반 : 과거로 관직 진출(행정적 관료)
> ㉢ 경제적 기반 : 지방의 중소지주
> ㉣ 사상적 경향 : 성리학 수용(진취적) → 불교의 폐단 지적, 적극적 사회개혁 주장
> ㉤ 대외정책 : 친명외교

29 조선시대 정부가 농민의 토지 이탈을 억제하기 위하여 실시했던 제도는?

① 사창제　　　　　　　　　　② 호패법
③ 환곡제　　　　　　　　　　④ 상평창

> **Tip》》** ② 신분에 관계없이 16세 이상의 남자가 차던 직사각형의 패[성명·나이·난 해의 간지(干支)를 새기고 관아의 낙인이 찍힘]로 조선시대 때 농민의 토지 이탈을 방지하기 위하여 실시한 농민통제제도이다.

30 다음 중 조선 초기의 노비에 대한 설명으로 옳지 않은 것은?

① 천인신분의 대부분을 차지하였다.
② 매매, 상속, 증여의 대상이 되었다.
③ 혼인을 하여 가정을 이룰 수 있었다.
④ 전세, 공납, 군역의 의무를 부담하였다.

> **Tip》》** ④ 상민에 대한 내용이다.

31 조선시대의 가족제도에 대한 설명으로 옳은 것은?

① 법적 혼인 나이는 남·여 모두 20세 이상이다.

② 여성의 재가는 비교적 자유로웠다.

③ 여성도 호주가 될 수 있었다.

④ 서얼은 사회적으로 많은 제한을 받았다.

> **Tip** >>> ① 남자는 16살, 여자는 14살 이상이면 혼인이 가능하였다.
> ② 유교적 영향과 정절이 강조되었던 시대이므로 재가는 자유롭지 못하였다.
> ③ 여성에 대한 차별이 심하였기 때문에 호주가 될 수는 없었다.

32 조선시대 향촌사회에 대한 설명으로 옳지 않은 것은?

① 향·소·부곡이 면·리제로 개편되었다.

② 특수마을로 진촌, 역촌, 원촌 등이 있었다.

③ 농민은 자유로이 이주가 허용되었다.

④ 읍내는 소도시적 규모였으며 향리, 수공업자, 상인 등 여러 계층이 섞여 살았다.

> **Tip** >>> 조선의 향촌조직은 향·소·부곡이 자연촌의 성장으로 면·리제로 개편되었으며, 고을을 읍 내와 주변지역으로 나누어 읍내는 관청이 소재하고 소도시적 규모를 갖추었으며, 향리·관 속·상인·수공업자 등의 여러 계층이 혼합거주하였다. 양반은 거주이전이 자유로웠으나 농 민은 이주가 제한되었으며, 특수마을로 역촌·진촌·원촌·어촌·점촌 등이 있었다.

33 조선시대 향약에 관한 설명으로서 적절치 못한 것은?

① 조광조와 같은 사림파들이 널리 보급하고자 힘썼다.

② 중앙집권적 정치체제를 강화하고자 국가적으로 실시되었다.

③ 사림파의 향촌 기반으로서 농민들에 대한 강한 영향력을 가지는 것이다.

④ 향규, 계와 같은 전통적인 향촌규약에 유교윤리를 포함하여 발전시킨 것이다.

> **Tip** >>> ② 향약은 향촌 양반들이 향촌 주민을 통제하기 위해 실시된 것으로 백성의 유교적 교화에 이바지하였다.

Answer >>> 28.④ 29.② 30.④ 31.④ 32.③ 33.②

34 다음의 제도를 실시한 공통적인 목적은?

• 의창	• 상평창	• 환곡

① 국방력 강화　　　　　　　　　② 농민생활 안정
③ 민족문화 발달　　　　　　　　　④ 예술활동 장려

Tip 》 농민생활의 안정을 위해 실시했던 제도
　　㉠ 의창 : 고려 성종 때 빈민을 구제하기 위한 춘대추납의 빈민구제기관이다.
　　㉡ 상평창 : 고려 성종 때 개경, 서경, 12목에 설치한 물가조절기관이다.
　　㉢ 환곡 : 조선시대 때 빈민의 구휼을 위해 봄에 곡식을 내어주고, 가을 추수기에 1할의 이
　　　　자를 붙여 회수하던 제도로 원래 의창의 소관이었으나, 16세기에 원곡이 부족하여 유명
　　　　무실하게 되자 상평창에서 이를 대신하였다.

35 조선 초기의 사회신분제도에 대한 설명으로 옳은 것은?

① 甲은 아버지가 노비여서 군역의 의무를 져야 했다.
② 乙은 농민이어서 과거에 응시할 수 없었다.
③ 丙은 국가의 허가 없이도 보부상으로 활동이 가능했다.
④ 정승의 자제인 丁은 문음의 혜택으로 관리가 되었다.

Tip 》 ① 부모 중 한쪽이 노비이면 자식도 노비가 되었으며, 노비는 자유민으로서의 혜택이 없었
　　　기에 군역의 의무는 지지 않았다.
　　② 농민은 법적으로 출세에 제한이 없어 과거에 응시가 가능하였으나, 실제로는 교육의 기
　　　회가 드물었기 때문에 과거의 응시가 어려웠다.
　　③ 조선의 억상정책으로 상업 및 수공업은 발달이 미약하였고, 보부상이나 시전상인이 되고
　　　자 할 때에는 필히 국가에 신고해야만 했다.

36 조선시대의 사회에 대한 설명으로 옳지 않은 것은?

① 유교의 가부장적 원리가 점차 보편화되었다.

② 양반 중심의 지배질서와 가족제도에 종법사상이 응용되었다.

③ 유교의 덕치주의와 민본사상을 바탕으로 왕도정치를 구현하려 하였다.

④ 유교의 강조로 불교, 도교, 토속신앙 등이 점차 자취를 감추었다.

> **Tip** ≫ ④ 서민층에서는 불교와 도교, 토속신앙 등과 밀착되어 있어 지배층에서는 지나친 미신행위를 막으면서 제사규범을 유교적으로 개편하려 하였다.

37 다음 중 조선의 외거노비에 대한 내용으로 옳은 것은?

① 주로 공노비로 구성되었다.

② 주인에게 매년 일정한 기간 동안 노동력을 봉사해야 했다.

③ 부곡에 집단적으로 거주했다.

④ 실제 생활에서는 양인 농민인 전호와 생활이 비슷했다.

> **Tip** ≫ 외거노비 … 독립된 가정을 이루고 재산도 소유할 수 있었으며, 납속책·속오군 등으로 양인으로 승격되는 경우가 많았다.

38 다음은 우리나라 농촌 사회의 여러 조직이다. 이에 대한 설명으로 옳은 것은?

㉠ 향약, 동약	㉡ 향도, 두레, 계

① ㉠은 정부에서 조직한 향촌규약이다.

② ㉠은 훈구세력이 강화되면서 나타났다.

③ ㉡은 사림세력의 성장에 따라 나타났다.

④ ㉠은 양반 중심, ㉡은 농민 중심의 조직이었다.

> **Tip** ≫ ㉠ 양반 지주층이 향촌 사회를 통제하면서 농민생활을 안정시키고자 운영하였다.
> ㉡ 농민이 중심이 된 향촌의 자치적인 촌락공동체 조직이다.

Answer ≫ 34.② 35.④ 36.④ 37.④ 38.④

39 조선시대의 법률에 관한 설명으로 옳지 않은 것은?

① 형법은 경국대전에 의해 이루어졌다.

② 지방은 관찰사나 수령이 사법권을 행사하였다.

③ 민법의 운영은 종법에 의하였다.

④ 반역죄와 강상죄는 연좌제가 적용되었다.

> **Tip》》** ③ 민법의 운영은 주로 관습에 의해 처리되었다.

40 다음 중 서원에 대한 설명으로 옳지 않은 것은?

① 국가로부터 토지와 노비를 받는 관학기관이었다.

② 지방문화의 발전과 확대에 기여하였다.

③ 학파 및 당파의 결속을 강화하는 구실을 하였다.

④ 선현을 제사하고 유생들이 학문을 논하는 기관이었다.

> **Tip》》** ① 서원은 중종 38년 풍기군수 주세붕이 고려 유신 안향을 모시기 위해 세운 백운동 서원이 효시이다. 사액서원의 경우 서적, 토지, 노비 등을 주는 것이 관례이지만, 이것은 양반들 스스로 조직한 것이지 관학기관은 아니었다.

41 다음 중 조선시대의 중인에 관한 설명으로 옳은 것은?

> ㉠ 과거, 음서, 천거를 통해 관직에 진출하였다.
> ㉡ 주로 전문기술이나 행정실무를 담당하였다.
> ㉢ 지방에 파견되어 향촌사회를 지배하기도 하였다.
> ㉣ 양반과 상민의 중간신분계층이라는 의미를 갖고 있다.

① ㉠㉡   ② ㉡㉢

③ ㉡㉣   ④ ㉢㉣

> **Tip》》** ㉠㉢ 양반에 대한 설명이다.

42 다음 자료가 발행된 시기에 대한 설명으로 옳지 않은 것은?

> 이름을 적는 칸이 비워져 있는 관직 임명장으로, 양 난 이후 정부가 부족해진 재정을 메우기 위해 발행하였다.

① 노비들은 집단 상소 운동을 벌였다.

② 양반의 족보나 호족을 위조하는 행위도 만연했다.

③ 상민의 수가 줄고 양반의 수가 크게 증가하였다.

④ 노비들은 군공과 납속을 통해 신분이 점차 해방되었다.

> **Tip 》** 공명첩은 정부가 양 난 이후 부족해진 재정을 메우기 위해 명예직 벼슬을 주던 관직 임명장이다. 노비들은 군공(전쟁에서 세운 공적)과 납속(국가 재정을 위해 돈이나 곡식을 받고 신분적 혜택을 부여한 정책)을 통해 신분 해방이 되었다.
> ① 상소는 중인과 양반들만 올릴 수 있었다.

43 동학농민운동에 대한 설명으로 옳지 않은 것은?

① 정부는 집강소를 설치하여 개혁을 추진하였다.

② 일본 또한 텐진 조약을 구실로 군대를 파병하였다.

③ 2차 봉기는 척왜를 내세워 반 외세적 성격을 띠었다.

④ 1차 봉기는 폐정 개혁 보국안민 등 반 봉건적 성격을 내세웠다.

> **Tip 》** ① 농민들은 호남지방의 각 군현에 농민자치기구인 집강소를 설치하여 폐정 개혁을 추진하였다.

44 다음 중 조선 후기 천주교에 대한 설명으로 옳은 것은?

① 서양 선교사들의 입국을 계기로 전파되기 시작하였다.

② 학문적 연구가 이루어진 후에 신앙운동으로 발전하였다.

③ 처음에는 천민과 노비들이 믿기 시작하였다.

④ 평등사상을 바탕으로 조선 왕조를 부정하는 혁명사상을 전파하였다.

> **Tip 》** 우리나라의 천주교는 서학으로 소개되었다가 나중에 신앙으로 받아들여졌으며, 전례문제로 인해 정부의 탄압을 받았다. 천주교는 처음에 일부 실학자들에 의해 받아들여졌으며, 나중에는 일반 백성들에게 널리 포교되었다.

Answer 》 39.③ 40.① 41.③ 42.③ 43.① 44.②

45 다음은 조선 후기 신분별 인구변동을 보여주는 도표이다. ㈀에 해당되는 신분은?

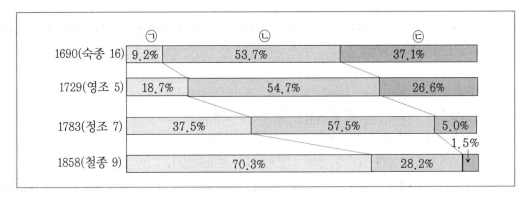

	㈀	㈁	㈂
1690(숙종 16)	9.2%	53.7%	37.1%
1729(영조 5)	18.7%	54.7%	26.6%
1783(정조 7)	37.5%	57.5%	5.0%
1858(철종 9)	70.3%	28.2%	1.5%

① 양반　　　　　　　　　　　② 중인
③ 상민　　　　　　　　　　　④ 노비

Tip 》》 조선 후기는 양반층이 늘어나고, 상민의 양반신분 획득으로 상민층이 감소하였으며, 노비들도 군공, 납속 등으로 상민층으로 신분이 상승되기도 하였다. 또한 국가에서는 상민층이 감소하여 국방상·재정상 문제가 발생하였기에 노비를 해방시켜 상민이 될 수 있도록 하여 노비층의 감소도 불러오게 되었다.

46 다음에서 조선 후기 근대지향적 움직임에 해당하는 것들로만 바르게 짝지어진 것은?

㈀ 농민의식의 향상
㈁ 봉건적 신분구조의 붕괴
㈂ 영농기술의 개발과 경영의 합리화로 농업생산력 증가
㈃ 새로운 사회변동으로 성리학이 사회개혁과 발전방향 제시
㈄ 붕당정치에서 세도정치로 이행되면서 근대지향적 움직임 수용

① ㈀㈁㈂　　　　　　　　　　② ㈀㈁㈃
③ ㈀㈁㈄　　　　　　　　　　④ ㈁㈂㈃

Tip 》》 ㈃ 성리학과 같은 전통사회의 질서와 가치규범에 도전하여 천주교나 실학사상 등 지배체제의 모순을 해결하기 위한 진보적 사상이 제시되었다.
㈄ 폐단을 노출한 붕당정치는 세도정치로 이어져 행정기강과 수취체제의 문란으로 농민이 도탄에 빠지는 등 정치면에서는 근대지향적 움직임을 보이지 못하고 있었다.

47 조선 후기의 신분제의 변화와 관련된 현상으로 바르게 설명한 것은?

① 서얼들은 신분 상승이 불가능하였다.

② 노비들은 신분 상승의 기회가 없었다.

③ 양반층의 몰락으로 양반의 수가 많이 줄었다.

④ 합법적으로 신분 상승의 기회를 주기도 하였다.

> **Tip** ≫ ① 서얼이나 중인계층의 신분상승욕구도 고조되어 서얼들은 영·정조시대의 개혁분위기에 편승하여 신분 상승을 위한 소청운동을 전개하여 이덕무, 유득공, 박제가 등의 서얼 출신들이 규장각의 검서관에 기용되기도 하였다.
> ② 군공이나 납속 등으로 노비가 상민으로 신분이 상승되는 등 신분 간의 계층 이동이 점점 진행되었다.
> ③ 붕당정치의 폐해로 양반의 자기 도태가 가속화되어감에도 불구하고 양반의 숫자는 오히려 늘어나, 양반의 사회적 권위가 하락하게 되었다.
> ④ 조선 후기에는 왜란과 호란을 겪으면서 신분제의 변동이 두드러지게 되었다. 전쟁중 공명첩이나 납속 등으로 양반의 신분을 사서, 양반으로 신분을 상승하는 상민층이 적지 아니하였다. 농업기술의 발달로 부농으로 성장한 농민들 중엔 족보를 매입 또는 위조하여 양반으로 신분 상승을 추구하였다.

48 다음 조선 후기 사회의 동요 속에서 나타난 결과의 공통적인 성격으로 옳은 것은?

• 소청운동	• 벽서사건
• 항조운동	• 민란

① 잔반들이 정권을 장악하고자 한 것이다.

② 서얼들이 지위를 향상시키고자 한 것이다.

③ 농민들이 현실문제를 타개하고자 한 것이다.

④ 노비들이 신분을 해방시키고자 한 것이다.

> **Tip** ≫ 세도정치로 인해 삼정의 문란, 정치의 혼란이 일어나면서 농촌사회는 극도로 피폐해졌다. 이에 농민들은 모순을 타파하고자 그 대응책으로 소청운동, 벽서운동, 항조운동, 민란을 일으키게 되었다.

Answer ≫ 45.① 46.① 47.④ 48.③

49 지배층의 모순에 저항한 민중항거 중 19세기 세도정치시기에 일어난 것은?

① 만적의 난   ② 공주 명학소의 난

③ 임꺽정의 난   ④ 임술농민봉기

> **Tip 》》** 19세기 세도정치시기 하에서는 정치와 삼정이 문란해지면서 농촌사회가 극도로 피폐해졌다. 국가기강이 해이해진 틈을 타서 탐관오리들은 권력을 남용해 사리사욕을 채우기에 바빴다. 이러한 상황에서 더 이상 정부에 희망을 가질 수 없게 되자, 마침내 농민들이 전국적으로 봉기하였는데, 이를 임술농민봉기라고 한다.
> ①② 고려 무신집권기에 발생한 난이다.
> ③ 16세기에 일어난 일이다.

50 19세기 전반기의 신분제도에 대한 설명으로 옳은 것은?

① 공노비와 사노비가 국가에 의해 해방되었다.

② 특권 양반신분이 새롭게 형성되었다.

③ 생산활동이 중시되어 상민층이 크게 늘어났다.

④ 경제적인 부가 신분의 이동에 큰 역할을 하였다.

> **Tip 》》** 조선 초기의 양천제는 사림이 성장하던 16세기경부터 양반, 중인, 상민, 노비로 분화되어 유지되다가 19세기를 전후해서 양반의 인구가 점차 늘고, 상민과 노비의 인구가 줄어드는 경향을 보였는데, 이러한 현상에 결정적인 역할을 한 것은 경제적인 부였다. 즉, 부유한 농민이 납속에 의한 합법적인 방법으로 양반신분을 사거나 족보를 위조하는 경우가 대표적이다.

51 다음 중 조선 후기 서얼과 중인의 변화에 대한 설명으로 옳지 <u>않은</u> 것은?

① 중인은 소청운동을 통하여 자신들의 지위를 개선하려 하였다.

② 서얼과 중인은 성리학적 명분론을 지켜나가는 데 있어서 양반층과 입장을 같이 하였다.

③ 서얼 중에서 규장각 검서관으로 기용되는 사람도 있었다.

④ 중인 중 일부는 재력을 축적하고 전문적 실무능력을 토대로 두각을 나타내기도 하였다.

> **Tip 》** ② 중인이나 서얼들은 서학을 비롯한 외래문화 수용에 있어서 선구적 역할을 수행하여 성리학적 가치체계에 도전하는 새로운 사회의 수립을 추구하였다.

Answer 》》 49.④ 50.④ 51.②

민족문화의 발달

고대의 문화

01

① 학문과 사상

(1) 한자의 보급과 교육

① 한자의 사용 … 철기시대부터 지배층이 사용하였다(붓 발견).

② 한학의 발달 … 한자의 뜻과 소리를 빌려 우리말로 기록하는 이두와 향찰을 만들어 사용함으로써 한문의 토착화가 이루어졌으며 한문학이 보급되어 갔다.

③ 교육기관의 설립
   ㉠ 고구려 : 태학(수도) – 유교경전 · 역사서 교육, 경당(지방) – 한학 · 무술교육
   ㉡ 백제
   • 5경박사 · 의박사 · 역박사(유교경전과 기술학 교육)
   • 북위에 보낸 국서는 세련된 한문 문장으로 쓰여짐
   • 사택지적비문 : 백제 귀족인 사택지적이 불당을 세운 내력을 기록하고 있음
   ㉢ 신라 : 임신서기석에서 청소년들이 유교경전을 학습했다는 사실을 알 수 있음

④ 유학의 보급
   ㉠ 삼국시대 : 도덕규범(충 · 효 · 신)의 장려
   ㉡ 통일신라
   • 국학(신문왕) : 논어와 효경 등 유교경전을 교육함으로써 충 · 효 일치의 윤리 강조
   • 독서삼품과(원성왕) : 학문과 유학의 보급에 기여
   ㉢ 발해 : 주자감(유교경전의 교육)

(2) 역사 편찬과 유학의 보급

① 삼국시대
   ㉠ 고구려 : 유기, 신집 5권(이문진, 영양왕)
   ㉡ 백제 : 서기(고흥, 근초고왕)
   ㉢ 신라 : 국사(거칠부, 진흥왕)

② 통일신라

    ㉠ 김대문 : 화랑세기 · 고승전 · 한산기 등을 저술 → 신라의 문화를 주체적으로 인식

    ㉡ 6두품 유학자 : 도덕적 합리주의 제시, 강수(외교문서), 설총(이두, 화왕계)

    ㉢ 도당 유학생 : 김운경, 최치원(개혁안 제시, 계원필경, 불교 · 도교에도 조예)

③ 발해 … 당에 유학생을 파견하였고 그 중에는 당의 빈공과에 급제한 사람도 있었다.

(3) 불교의 수용

① 불교의 전래 · 공인 … 삼국은 중앙집권국가체제를 정비할 무렵 불교를 수용하였다.

    ㉠ 고구려 : 소수림왕 때 중국의 전진에서 수용

    ㉡ 백제 : 침류왕 때 동진에서 수용

    ㉢ 신라 : 고구려를 통하여 전래되었으나 1세기 가까운 민간전승을 거쳐 법흥왕 때 국가적으로 공인

② 역할

    ㉠ 새로운 국가정신의 확립에 기여

    ㉡ 강화된 왕권을 이념적으로 뒷받침(신라의 불교식 왕명, 세속 5계)

    ㉢ 선진문화도 폭넓게 수용되어 새로운 문화 창조

③ 신라의 불교

    ㉠ 업설 : 왕즉불사상(왕권의 정당화, 지배층의 특권 강화)

    ㉡ 미륵불신앙 : 불국토사상(화랑제도의 정신적 기반)

④ 도교

    ㉠ 산천 숭배와 신선사상과 결합하여 귀족사회에 전래

    ㉡ 고구려 : 사신도

    ㉢ 백제 : 산수무늬벽돌, 백제금동대향로

(4) 불교사상의 발달

① 통일신라 … 불교사상에 대한 본격적 이해기반 확립

    ㉠ 원효 : 불교의 사상적 이해기준 확립(금강삼매경론, 대승기신론소), 종파 간의 사상적 대립 극복 · 조화(십문화쟁론 – 일심사상), 불교의 대중화(아미타신앙)

    ㉡ 의상 : 화엄사상 정립(화엄일승법계도), 관음신앙(현세에서 고난 구제)

    ㉢ 혜초 : 인도로 구법(求法), 왕오천축국전 저술

② 발해 … 왕실과 귀족 중심으로 성행하였으며, 문왕은 스스로를 불교적 성왕으로 일컫기도 하였다.

(5) 선종과 풍수지리설

① 선종 … 통일 전후에 전래되어 신라말기에 유행
  ㉠ 성격 : 불립문자(不立文字)·견성성불(見性成佛) → 실천적 경향
  ㉡ 선종 9산의 개창 : 호족세력과 결합하여 각 지방에 근거지를 둠
  ㉢ 영향 : 지방문화 역량의 증대, 고려사회 건설의 사상적 바탕
② 풍수지리설 … 신라말기의 선종 승려 도선이 전래
  ㉠ 성격 : 인문지리적 학설(도읍, 주택, 묘지 등 선정), 도참신앙과 결합
  ㉡ 영향 : 지방의 중요성을 자각하는 계기가 되어 국토를 지방 중심으로 재편성하려는 주장으로
    까지 발전하여 신라 정부의 권위가 약화

❷ 과학기술의 발달

(1) 천문학과 수학

① 천문학의 발달 … 천체관측을 중심으로 발달, 농경과 밀접한 관련이 있음을 인식하고 왕의 권위
  를 하늘과 연결시키려 하였기 때문임, 고구려(천문도, 고분벽화), 신라(첨성대, 천문현상 관측)
② 수학의 발달 … 조형물을 통해 수학이 높은 수준으로 발달했음을 알 수 있음, 고구려(고분의 석
  실·천장의 구조), 백제(정림사지 5층 석탑), 신라(황룡사 9층 목탑, 석굴암의 석굴 구조, 불국
  사 3층 석탑·다보탑)

(2) 목판인쇄술과 제지술의 발달

① 배경 … 불교문화의 발달에 따른 불경의 대량인쇄를 위해 목판인쇄술과 제지술이 발달하였다.
② 무구정광대다라니경 … 세계에서 가장 오래된 목판인쇄물로서 닥나무로 만들어져서 품질이 뛰어나다.

(3) 금속기술의 발달

① 고구려 … 우수한 철제무기와 도구 등이 출토되었고, 고분벽화에는 철을 단련하고 수레바퀴를
  제작하는 기술자의 모습이 묘사되어 있다.
② 백제 … 금속기술이 발달하였는데 칠지도는 강철로 만든 우수한 제품이며, 백제금동대향로는 금
  속공예기술이 뛰어났음을 보여 주는 걸작품이다.

③ 신라 … 금세공기술이 발달(금관, 금속주조기술 발달)하였는데 성덕대왕 신종은 아연이 함유된 청동으로 만든 것으로, 신비한 종소리는 당시 신라의 금속주조기술이 뛰어났음을 보여 주고 있다.

(4) 농업기술의 혁신

① 철제 농기구의 보급으로 농업생산력이 증가하였으며, 이는 중앙집권적 귀족국가 발전의 경제적 기반이 되었다.

② 농업기술의 혁신 … 쟁기, 호미, 괭이 등의 농기구 사용으로 농업이 크게 발전
  ㉠ 고구려 : 쟁기갈이가 일찍부터 시작되었고 지형과 풍토에 맞는 보습을 사용
  ㉡ 백제 : 수리시설을 만들고 철제 농기구를 개량하여 논농사를 발전시킴
  ㉢ 신라 : 5 ~ 6세기경 우경의 보급이 확대됨

③ 고대인의 자취와 멋

(1) 고분과 고분벽화

① 고구려
  ㉠ 초기 : 돌무지무덤 – 장군총(화강암 사용, 계단식)
  ㉡ 후기 : 굴식 돌방무덤(내부에 벽화, 만주 집안, 평안도 용강, 황해도 안악 등에 분포) – 무용총(사냥 그림), 강서대묘(사신도), 쌍영총, 각저총(씨름도) 등

② 백제
  ㉠ 한성시기 : 돌무지무덤(고구려초기의 고분과 유사) – 서울 석촌동
  ㉡ 웅진시기 : 굴식 돌방무덤, 벽돌무덤(무령왕릉 – 중국 남조 영향, 금관장식, 지석 발견)
  ㉢ 사비시기 : 능산리 굴식 돌방무덤(세련된 건축기술과 사신도벽화)

③ 신라 … 돌무지덧널무덤(천마총 – 천마도)을 많이 만들었으며 삼국통일 직전에는 굴식 돌방무덤도 만들었다.

④ 통일신라 … 돌무지덧널무덤에서 굴식 돌방무덤으로 바뀌었고, 불교의 유행으로 화장이 유행하였으며, 무덤의 봉토 주위를 둘레돌로 두르고 12지신상을 조각했다.

⑤ 발해
  ㉠ 정혜공주묘 : 굴식 돌방무덤으로 모줄임 천장구조가 고구려고분과 닮았음
  ㉡ 정효공주묘 : 묘지와 벽화 발굴

(2) 건축과 탑

① 삼국시대
- ㉠ 궁궐 건축 : 안학궁(장수왕, 평양) - 고구려 남진정책의 기상 반영
- ㉡ 사원 건축 : 황룡사(신라 진흥왕, 팽창의지 반영), 미륵사(백제 무왕, 백제의 중흥 반영)
- ㉢ 가옥 건축 : 고구려의 고분벽화에 그 구조가 일부 보임
- ㉣ 성곽 축조 : 방어를 위해 축조(산성)
- ㉤ 탑
  - 고구려 : 주로 목탑 건립(남아 있는 것이 없음)
  - 백제 : 익산 미륵사지석탑(목탑형식의 석탑), 부여 정림사지 5층 석탑
  - 신라 : 황룡사 9층 목탑(몽고 침입 때 소실), 분황사탑(벽돌모양 석탑)

② 통일신라시대
- ㉠ 건축 : 궁궐과 가옥은 남아 있는 것이 거의 없음, 불국사, 석굴암, 안압지(인공연못)
- ㉡ 탑 : 목탑과 전탑양식 계승, 발전→2중 기단 위에 3층 석탑 유행(감은사지 3층 석탑, 불국사 3층 석탑, 양양 진전사지 3층 석탑)
- ㉢ 승탑과 탑비 : 신라 말기 선종의 유행과 관련하여 신라 말기 지방호족의 정치적 역량 성장반영

③ 발해
- ㉠ 상경의 궁성 : 외성과 주작대로(당의 장안성 모방), 내성에는 여러 개의 궁전 건축
- ㉡ 절터 : 조화롭고 웅장함

(3) 불상조각과 공예

① 삼국시대
- ㉠ 고구려 : 연가 7년명 금동여래입상(중국 북조 영향, 강인한 인상과 은은한 미소)
- ㉡ 백제 : 서산 마애삼존불상(온화한 미소)
- ㉢ 신라 : 경주 배리석불입상(은은한 미소)

② 통일신라
- ㉠ 석굴암의 본존불과 보살상 : 사실적인 조각, 불교의 이상세계 구현
- ㉡ 조각 : 태종 무열왕릉비의 받침돌, 불국사 석등, 법주사 쌍사자 석등
- ㉢ 공예 : 상원사종, 성덕대왕신종(비천상, 국왕의 권위 과시)

③ 발해
- ㉠ 불상 : 흙을 구워 만든 불상과 부처 둘이 앉아 있는 불상(고구려양식 계승)
- ㉡ 조각 : 벽돌과 기와무늬(고구려의 영향), 석등(팔각기단)
- ㉢ 공예 : 자기(독자적 양식, 당에 수출)

❹ 일본으로 건너간 우리 문화

(1) 삼국문화의 일본 전파

① **백제** … 아직기(4세기에 일본의 태자에게 한자를 가르침), 왕인(천자문과 논어를 가르침), 노리사치계(6세기경 불경과 불상을 전함, 그 결과 일본은 고류사 미륵반가사유상과 호류사 백제관음상을 만들 수 있었음), 5경박사, 의박사, 역박사, 화가, 공예 기술자가 파견 목탑이 건립 · 백제가람양식 생겨남

② **고구려** … 담징(종이와 먹의 제조방법 전하고 호류사의 벽화를 그림), 혜자(쇼토쿠 태자의 스승이 됨), 혜관(불교 전파에 큰 공 세움)

③ **신라** … 축제술(한인의 연못)과 조선술을 전해주었다.

④ **영향** … 야마토정권과 아스카문화의 형성에 큰 영향을 주었다.

(2) 일본으로 건너간 통일신라문화

① **통일신라문화의 일본 전파** … 일본에서 파견한 사신을 통해 이뤄졌다.

② **불교 · 유교문화 전파** … 원효 · 강수 · 설총이 발전시킨 불교와 유교문화는 일본 하쿠호문화의 성립에 기여했고, 특히 심상에 의해 전해진 화엄사상은 일본 화엄종을 일으키는 데 많은 영향을 끼침

중세의 문화

① 유학의 발달과 역사서의 편찬

(1) 유학의 발달

① 초기의 유학 … 자주적 · 주체적인 특성을 지녔고 유교주의적 정치와 교육의 기틀이 마련되었다.
  ㉠ 태조 : 신라 6두품 계열의 유학자들이 활약
  ㉡ 광종 : 과거제도가 실시되어 유학에 능숙한 관료들이 등용
  ㉢ 성종 : 최승로의 시무 28조가 채택되어 유교정치사상이 정립

② 중기의 유학 … 문벌귀족의 발달과 함께 보수적 성격으로 바뀌어 갔다.
  ㉠ 최충 : 9재학당(사학) 설립, 훈고학적 유학에 철학적 경향을 가미
  ㉡ 김부식 : 보수적 · 현실적 성격의 유학을 대표함

③ 무신정변 이후 … 문벌귀족세력의 몰락으로 유학이 쇠퇴하였다.

(2) 교육기관

① 초기(성종)
  ㉠ 지방교육 : 향교 설치(지방관리와 서민의 자제 교육)
  ㉡ 국자감 정비
    • 유학부 : 국자학 · 태학 · 사문학, 문무관 7품 이상 관리의 자제 입학
    • 기술학부 : 율학 · 서학 · 산학, 8품 이하 관리나 서민의 자제 입학

② 중기
  ㉠ 사학의 융성 : 최충의 9재학당 등 사학 12도가 융성하자 국자감의 관학교육이 위축
  ㉡ 관학진흥책(국자감 강화) : 서적포(도서출판) 설치, 7재(전문강좌) 개설, 양현고(장학재단) 설치, 청연각(도서관 겸 학문연구소) 설치, 경사 6학 정비

③ 후기

　　㉠ 섬학전(교육재단) 설치

　　㉡ 국자감 : 성균관으로 개칭(문묘 건립)

　　㉢ 공민왕 : 성균관을 순수 유교교육기관으로 개편

(3) 역사서의 편찬

① 배경 … 유학이 발달하고 유교적인 역사서술체계가 확립되어 많은 역사서가 편찬되었다.

② 초기 … 태조부터 목종에 이르는 7대 실록을 현종 때 편찬하기 시작하여 덕종 때 완성하였으나, 오늘날 전하지 않고 있다.

③ 중기 … 인종 때 김부식 등이 왕명을 받아 삼국사기를 편찬하였는데, 삼국사기는 현존하는 우리 나라 최고의 역사서로서 유교적 합리주의 사관에 기초하여 기전체로 서술되었다.

④ 무신정변 이후 … 민족적 자주의식 · 전통문화를 이해하려는 경향이 대두되었다.

　　㉠ 해동고승전(각훈) : 삼국시대 승려 30여명의 전기 수록

　　㉡ 동명왕편(이규보) : 영웅 서사시, 고구려의 전통을 노래

　　㉢ 삼국유사(일연) : 불교사를 중심으로 서술, 고유문화 · 전통 중시, 단군을 민족의 시조로 의식

　　㉣ 제왕운기(이승휴) : 단군부터 서술, 우리 역사를 중국과 대등하게 파악

⑤ 후기

　　㉠ 신진사대부의 성장 및 성리학의 수용과 더불어 정통의식과 대의명분을 강조하는 성리학적 유교관이 대두되기 시작함

　　㉡ 사략(이제현) : 개혁을 단행하여 왕권을 중심으로 국가질서를 회복하려는 의식이 반영됨

(4) 성리학의 전래

① 성리학 … 송의 주희가 완성, 인간의 심성과 우주의 원리문제를 철학적으로 규명하는 신유학(훈고학이나 사장 중심의 유학 극복)

② 전래 … 충렬왕 때 안향이 소개 → 백이정이 원에서 수용 → 이제현 · 박충좌 → 이색 → 정몽주 · 권근 · 정도전에 의해 발전되었다.

③ 영향

　　㉠ 신진사대부의 수용 : 현실사회의 모순을 시정하기 위한 개혁사상으로 성리학을 수용

　　㉡ 일상생활에 관계되는 실천적 기능 강조 : 소학과 주자가례를 중시(유교적인 생활관습 시행)

　　㉢ 권문세족과 불교 비판 : 불교의 폐단을 비판(정도전, 불씨잡변)

　　㉣ 국가사회의 지도이념 : 불교 → 성리학

❷ 불교사상과 신앙

(1) 불교정책

① 태조
- ㉠ 불교를 적극 지원하는 한편, 유교이념과 전통문화도 함께 존중
- ㉡ 훈요 10조 : 불교 숭상, 연등회·팔관회 개최할 것을 당부

② 광종 ··· 승과제도 실시, 국사·왕사(왕실의 고문)제도를 두어 왕실의 고문역할을 맡도록 함

③ 사원 ··· 국가의 토지를 지급하고 승려에게 면역의 혜택을 부여했다.

(2) 불교통합운동과 천태종

① 화엄종·법상종의 발달 ··· 왕실과 귀족의 지원을 받는 큰 사원이 세워져 불교가 번창하였다.

② 천태종 창시
- ㉠ 대각국사 의천의 교단통합운동 : 화엄종을 중심으로 교종 통합, 선종을 통합하기 위해 국청사를 창건하여 천태종을 창시
- ㉡ 교관겸수(敎觀兼修) 제창 : 이론과 실천의 양면 강조

③ 한계 ··· 불교의 폐단을 시정하는 대책이 미흡, 귀족 중심의 불교가 지속되었다.

(3) 결사운동과 조계종

① 무신정변 이후 불교계의 변화 ··· 지눌의 수선사 결사운동(송광사), 요세의 백련결사 제창(강진 만덕사) 등 불교계에서도 본연의 자세 확립을 주장하는 새로운 종교운동인 결사운동이 전개되었다.

② 조계종의 성립
- ㉠ 보조국사 지눌 : 조계종 중심의 선·교 통합운동
- ㉡ 돈오점수(頓悟漸修)·정혜쌍수(定慧雙修) 제창 : 참선(선종)과 지혜(교종)를 함께 수행
- ㉢ 불교개혁운동 : 독경, 선 수행, 노동 강조
- ㉣ 성격 : 선종 중심으로 교종을 포용하여 고려 불교가 지향하던 선·교일치사상 완성

③ 혜심 ··· 유·불사상의 일치설을 주장하며 심성의 도야를 강조하여 장차 성리학을 수용할 수 있는 사상적 토대를 마련하였다.

④ 불교의 세속화 ··· 원 간섭기에 들어서자 불교계는 다시 폐단을 드러내었는데, 사원은 막대한 토지를 소유하고 상업에 관여하여 부패가 심하였고, 이에 교단을 정비하려는 보우 등의 노력도 실패로 돌아갔다. 이에 성리학을 사상적 배경으로 대두한 신진사대부들은 불교계의 사회·경제적인 폐단을 크게 비판하였다.

(4) 대장경 간행

① **초조대장경** … 현종 때 거란 퇴치를 염원하며 대장경을 간행했으나 몽고 침입으로 불타 버리고 인쇄본 일부가 남았다.

② **속장경(의천)** … 신편제종교장총록을 만들고 교장도감을 설치하여 10여년에 걸쳐 신라인의 저술을 포함한 4,700여권의 전적을 간행하였는데, 몽고 침입으로 소실되었다.

③ **재조대장경(팔만대장경)** … 부처의 힘으로 몽고 침입을 극복하고자 대장도감을 설치하여(최우) 16년 만에 재조대장경을 간행하였는데, 현재까지 합천 해인사에 8만매가 넘는 목판이 모두 보존되어 있어 팔만대장경이라고 부른다.

(5) 도교와 풍수지리설

① **도교의 발달** … 불로장생과 현세구복을 추구하여, 초제가 성행하고 도교사원을 건립하여 국가의 안녕과 왕실의 번영을 기원, 민간신앙으로 전개되는 한계

② **풍수지리설** … 도참사상이 가미되어 크게 유행
  ㉠ 서경길지설 : 서경 천도와 북진정책의 이론적 근거가 되었고, 개경세력과 서경세력의 정치적 투쟁에 이용(묘청의 서경천도운동)
  ㉡ 한양명당설 : 북진정책의 퇴조와 함께 한양을 남경으로 승격하고 궁궐을 지어 왕이 머물기도 함

③ 과학기술의 발달

(1) 천문학과 의학

① **과학시책**
  ㉠ 국자감에서 율학, 서학, 산학 등의 잡학을 교육하고, 과거제도에서도 기술관을 등용하기 위한 잡과가 실시되어 과학기술이 발전
  ㉡ 과학기술의 발전을 대표하는 것은 천문학, 의학, 인쇄술, 상감기술, 화약무기제조술 등

② **천문학** … 사천대(서운관)의 설치, 역법(초기 – 당의 선명력, 후기 – 원의 수시력 채용)

③ **의학** … 태의감(의학교육을 실시), 의과 시행, 향약방(고려의 독자적 처방), 향약구급방(의학서적)

(2) 인쇄술의 발달

① **목판인쇄술의 발달** … 신라의 목판인쇄술을 계승·발전, 고려대장경의 판목(목판인쇄술이 최고의 수준에 이름)

② **활판인쇄술**
  ㉠ **금속활자인쇄술의 발명** : 목판인쇄술의 발달, 청동주조기술의 발달, 인쇄에 적당한 잉크와 종이의 제조 등이 어우러진 결과
  ㉡ **상정고금예문**(1234) : 강화도 피난 시에 인쇄하였으나 현재 전하지 않음
  ㉢ **직지심체요절**(1377) : 청주 흥덕사에서 간행하였고, 현존하는 세계 최고의 금속활자본으로 공인

③ **제지술 발달** … 종이 제조의 전담관서를 설치, 우수한 종이 제조, 중국에 수출

(3) 농업기술의 발달

① **권농정책** … 농민생활의 안정과 국가재정의 확보를 위해 권농정책을 추진하였다. 광종(토지개간을 장려), 성종(무기를 거둬들여 농기구로 만들어 보급)

② **농업기술의 발달**
  ㉠ **토지의 개간과 간척** : 중기(묵은 땅, 황무지, 산지 등의 개간), 후기(해안지방의 저습지 간척)
  ㉡ **수리시설의 개선** : 김제의 벽골제와 밀양의 수산제 개축, 제언(저수지) 확충, 해안의 방조제 축조
  ㉢ **농업기술의 발달**
   • 1년 1작의 논농사, 직파법 주로 행해짐
   • 남부지방 일부에서 이앙법 보급(고려말)
   – 밭농사에서도 2년 동안 보리, 콩, 조 등을 돌려짓기하는 2년 3작의 윤작법 보급
   – 소를 이용한 깊이갈이도 보급되어 휴경기간의 단축과 생산력의 증대 등을 가져옴
  ㉣ **시비법 발달** : 가축이나 사람의 배설물, 녹비법(콩과 작물을 심은 뒤 갈아엎어 비료로 사용하는 것)의 시행으로 농경지의 상경화
  ㉤ **농상집요의 소개** : 농업기술에 대한 학문적 연구
  ㉥ **목화씨 전래**(문익점)

(4) 화약무기 제조와 조선기술

① **무기 제조** … 고려 말 화통도감을 설치, 최무선 중심으로 화약과 화포를 제작, 진포싸움에서 왜구를 크게 격퇴

② **조선기술** … 송과 무역이 활발해짐에 따라 대형 범선 제조, 각 지방에서 징수한 조세미를 개경으로 운송하는 조운체계가 확립되면서 대형 조운선도 등장하였다.

❹ 귀족문화의 발달

(1) 문학의 성장

① 전기
ㄱ 한문학 : 과거제와 함게 크게 발달, 관리들의 필수교양, 독자적
ㄴ 향가 : 보현십원가 11수(균여전)

② 중기 … 사회가 귀족화되면서 당의 시나 송의 산문을 숭상하는 풍조가 퍼지면서 당시 귀족문화의 사대성과 보수성을 강화하는 결과를 가져왔다.

③ 무신집권기 … 수필 형식의 저술(낭만적 · 현실도피적 경향), 이규보 · 최자

④ 후기 … 신진사대부와 민중이 주축, 수필문학, 패관문학, 한시, 사대부문학, 민중문학 유행

(2) 건축과 조각

① 건축 … 궁궐(계단식 배치로 웅장 · 장엄), 봉정사 극락전(주심포양식, 현존하는 최고의 목조건물), 부석사 무량수전, 수덕사 대웅전(주심포양식), 성불사 응진전(다포양식)

② 석탑 … 신라양식 일부 계승, 그 위에 독자적인 조형감각 가미, 개성 불일사 5층 석탑, 오대산 월정사 팔각 9층 석탑, 경천사 10층 석탑

③ 불상 … 조형미 부족(광주 춘궁리 철불, 관촉사 석조 미륵보살 입상, 안동 이천동 석불, 부석사 소조아미타래 좌상)

근세의 문화

03

① 민족문화의 융성

(1) 발달배경

① **민생 안정과 부국강병 추구** … 과학기술과 실용적 학문을 중시하고 민족문화의 발달에 노력하였다.

② **한글의 창제** … 우리의 문자인 한글을 창제하여 민족문화의 기반을 확대하였다.

③ **관학파의 사상정책** … 성리학 이외의 학문과 사상에 관대하여 민족적 · 자주적 민족문화가 발전하였다.

(2) 한글의 창제

① **창제** … 양반 중심의 사회를 유지하기 위함, 한글을 창제한 후 세종은 1446년에 훈민정음을 반포

② **보급** … 용비어천가 · 월인천강지곡 등을 지어 한글로 간행하였고, 불경 · 농서 · 윤리서 · 병서 등을 한글로 번역하거나 편찬하였으며, 서리 채용에 훈민정음시험을 치르게 하였다.

③ **의의** … 백성들도 문자생활이 가능, 문화민족으로서의 긍지, 민족문화의 기반이 확대

(3) 역사서의 편찬

① **건국 초기** … 왕조의 정통성에 대한 명분을 밝히고 성리학적 통치규범을 정착시키기 위함

② **15세기 중엽** … 고려사와 편년체의 고려사절요가 완성, 성종 때 동국통감 간행

③ **16세기** … 사림의 정치 · 문화의식이 반영, 동국사략(박상), 기자실기(이이)

④ **실록 편찬** … 태조실록 ~ 철종실록

(4) 지리서의 편찬

① **편찬목적** … 중앙 집권과 국방 강화를 위하여 지리지와 지도의 편찬에 힘썼다.

② **지도** … 혼일강리역대국도지도(세계지도), 팔도도, 동국지도(양성지, 과학기구 이용, 압록강 이북 포함, 북방에 대한 관심 표현), 조선방역지도(16세기 대표적 지도)

③ 지리지 … 신찬팔도지리지(세종), 동국여지승람(군현의 연혁, 지세, 인물, 풍속, 산물, 교통 등 수록), 신증동국여지승람(중종)

(5) 윤리 · 의례서와 법전의 편찬

① 윤리 · 의례서 … 유교적인 사회질서 확립을 위해 편찬, 삼강행실도, 이륜행실도, 동몽수지, 국조오례의

② 경국대전 … 세조(착수)~성종(완성), 통치규범 성문화, 유교적 통치질서와 문물제도 완성

❷ 성리학의 발달

(1) 성리학의 정착

① 관학파(훈구파) … 정도전, 권근 등의 관학파는 한 · 당 유학, 불교, 도교, 풍수지리사상, 민간신 앙 등을 포용하여 시대적 과제를 해결하려고 하였으며, 주례를 국가의 통치이념으로 중요시하 였다.

② 사학파(사림파) … 길재와 그의 제자들은 형벌보다 교화에 의한 통치를 강조하였고, 공신과 외 척의 비리와 횡포를 성리학적 명분론에 입각하여 비판하였으며, 당시 사회모순을 성리학적 이 념과 제도의 실천으로 회복해 보려고 하였다.

(2) 성리학의 융성

① 주기론 … 서경덕은 기(氣) 중심으로 세계를 이해하고 불교와 노장사상에 대해서 개방적 태도를 지님, 북학파 실학과 개화사상에 영향을 줌

② 주리론 … 이언적은 이(理)를 중심으로 이론을 전개하였는데, 임진왜란 이후 일본 성리학의 발 전과 위정척사사상 등에 영향을 주었다.

③ 집대성
  ㉠ 이황 : 주자의 이기이원론을 더욱 발전시킴, 도덕적 행위로서의 인간의 심성을 중시하였고, 근본적 · 이상주의적 성격이 강하였음, 일본 성리학에 영향을 줌, 주자서절요, 성학십도 등 을 저술하여 주리철학을 확립시킴
  ㉡ 이이 : 기의 역할을 강조하여 현실적 · 개혁적 성격이 강함, 통치체제의 정비와 수취제도의 개혁을 제시함, 동호문답, 성학집요 등을 저술, 일원론적인 이기이원론을 주장함

(3) 학파의 형성과 대립

① 학파의 형성배경 … 성리학의 이해가 심화되면서 학설과 지역에 따라 16세기 중반부터 서원을 중심으로 학파가 형성되기 시작하였다.

② 학파의 대립
  ㉠ 동인·서인의 형성
  • 동인 : 서경덕·이황·조식학파→정여립 모반사건으로 남인(이황학파)과 북인(서경덕·조식학파)으로 분파
  • 서인 : 이이, 성혼학파
  ㉡ 북인 : 광해군 때 집권, 대동법의 시행과 은광 개발 등 사회경제정책 추진, 중립외교 추진→서인과 남인의 반발
  ㉢ 서인·남인 : 인조반정으로 집권, 서경덕·조식의 사상과 양명학, 노장사상 등 배척→주자 중심의 성리학이 조선사상계에서 확고한 위치 차지, 반청정책 추진→병자호란 초래
  ㉣ 서인 : 송시열 이후 척화론과 의미명분론 강조

(4) 예학의 발달(17세기 – 예학의 시대)

① 배경 … 주가가례 중심의 생활규범서가 출현하고 동시에 주자가례에 대한 학문적 연구가 이루어지기 시작하여 16세기 후반에 이르러서는 성리학자들이 예에 깊은 관심을 가졌다.

② 성격 … 양 난 이후 유교적 질서의 유지가 강조되면서 예치가 강조되었다.

③ 성립 … 주자가례를 모범으로 하여 김장생, 정구 등이 발전시켰다.

④ 영향 … 예에 관한 각 학파 간의 입장의 차이가 예송논쟁을 통해 표출되기도 하였다.

❸ 불교와 민간신앙

(1) 불교의 정비

① 불교의 정비 … 사원 소유의 막대한 토지와 노비를 회수하여 집권세력의 경제기반을 확보하고자 하는 정책이 추진되었다.

② 정비과정 … 세종(선·교 양종에 모두 36개 절만 인정, 승려의 출가 제한), 성종 이후(사림들의 적극적인 불교 비판→산간 불교화)

③ 불교 보호 … 왕실의 안녕과 왕족의 명복을 비는 행사를 시행하여 불교의 명맥을 유지, 세조(간경도감 설치), 명종(불교회복정책이 펼쳐져서 보우가 중용되고 승과가 부활)

(2) 도교와 민간신앙

① 도교 … 소격서 설치, 초제(마니산초제), 사림의 진출 이후 도교행사가 사라짐

② 풍수지리설과 도참사상 … 조선초기 이래로 중요시되어 한양천도에 반영되었으며 양반사대부의 묘지 선정에 작용하였다(산송문제).

③ 기타 … 무격신앙, 산신신앙, 삼신숭배, 촌락제 등이 백성들 사이에서 깊이 자리 잡았다.

④ 세시풍속 … 유교이념과 융합되면서 조상숭배의식과 촌락의 안정을 기원하는 의식이 되었다.

④ 과학기술의 발달

(1) 천문·역법과 의학

① 발달배경 … 당시 집권층은 부국강병, 민생 안정을 위해 과학기술의 필요성을 인식함, 과학기술은 국가적 지원을 받음, 우리나라의 전통적 문화에 서역 및 중국의 과학기술을 수용하여 발달

② 각종 기구의 발명 제작 … 천체관측기구(혼의, 간의), 시간측정기구(해시계, 물시계), 강우량 측정기구(측우기), 토지측량기구(인지의, 규형)

③ 천문도 제작 … 천상열차분야지도

④ 역법 … 칠정산(중국의 수시력과 아리비아의 회회력을 참고하여 만든 역법서)
⑤ 의학 … 향약집성방(국산약재와 치료방법을 개발·정리)과 의방유취(의학백과사전) 편찬

(2) 활자인쇄술과 제지술

① 발달배경 … 각종 서적의 국가적 편찬사업이 추진되면서 발달하였다.

② 활자 … 우수한 금속활자 발전, 태종(주자소를 설치하여 계미자 주조), 세종(갑인자 주조, 식자판을 조립하는 방법을 창안)

③ 제지술 … 다양한 종이 대량 생산, 수많은 서적 인쇄

(3) 농서의 편찬과 농업기술의 발달

① 농서의 편찬
- ㉠ 농사직설 : 우리나라에서 편찬된 최초의 농서, 우리의 실정에 맞는 독자적인 농법 정리(씨앗의 저장법, 토질의 개량법, 모내기법)
- ㉡ 금양잡록 : 금양(시흥)지방을 중심으로 경기지방의 농사법 정리

② 농업기술의 발달 … 농업기술의 발달로 농업생산력이 증가함
- ㉠ 밭농사 : 조 · 보리 · 콩의 2년 3작 보편화
- ㉡ 논농사 : 남부 일부지방에서 모내기, 벼와 보리의 이모작 실시, 건경법 · 수경법 시행
- ㉢ 밑거름과 뒷거름을 주는 시비법 발달 : 농경지의 상경화현상 확립, 휴경제도 소멸
- ㉣ 가을갈이 농사법의 보급 : 농작물 수확 후 빈 농지를 갈아엎어 다음해 농사 준비

③ 면화 재배의 확대 … 무명(무명옷, 화폐처럼 사용)

⑤ 문학과 예술

(1) 다양한 문학

① 문학의 경향
- ㉠ 15세기 : 격식 존중, 질서와 조화를 내세우는 문학이 유행
- ㉡ 16세기 : 개인적인 감정과 심성을 표현하는 한시와 가사, 시조 등이 발달

② 악장과 한문학 … 용비어천가(정지은), 월인천강지곡, 동문선(서거정)

③ 시조문학
- ㉠ 15세기 : 건국 초의 패기가 넘치는 시초(김종서, 남이), 유교적 충절을 읊은 시조(길재, 원천석)
- ㉡ 16세기 : 황진이, 윤선도

④ 설화문학 … 폭로 · 풍자, 필원잡기(서거정), 용재총화(성현), 금오신화(김시습), 패관잡기(어숙권)

⑤ 가사문학 … 정철(관동별곡, 사미인곡, 속미인곡), 송순, 박인로

⑥ 여류 문인의 활동 … 신사임당, 허난설헌, 황진이

(2) 왕실과 양반의 건축

① 15세기 ··· 궁궐 · 관아 · 성곽 · 성문 · 학교건축이 중심이 되었고, 국왕의 권위를 높이고 신분질서를 유지하기 위해서 건물규모에 대한 법적인 규제가 있었다.

② 16세기

   ㉠ 사림의 진출과 함께 서원의 건축이 활발해졌는데, 서원 건축은 가람배치양식과 주택양식이 실용적으로 결합된 독특한 아름다움을 지님

   ㉡ **대표적 서원** : 경주의 옥산서원, 안동의 도산서원

문화의 새 기운

① 성리학의 변화

(1) 성리학의 교조화 경향

① **성리학의 절대화** … 정국의 주도권을 잡은 서인은 송시열의 저술 등을 뒷받침하여 의리명분론을 강화하고 주자의 본뜻에 충실함으로써 당시 조선 사회의 모순을 해결할 수 있다고 생각하였다.

② **성리학의 상대화**(17세기 후반) … 윤휴는 유교경전에 대한 독자적인 해석을 했으며, 박세당은 양명학과 노장사상의 영향을 받아 주자의 학설을 비판하였는데, 이들은 서인의 공격을 받아 사문난적으로 몰려 죽었다.

③ **성리학의 발달**
- ㉠ **이기론 중심** : 이황학파의 영남 남인과 이이학파의 노론 사이에 성리학의 이기론을 둘러싼 논쟁이 치열하게 전개
- ㉡ **심성론 중심** : 인간과 사물의 본성이 같은가 다른가 등의 문제를 둘러싸고 충청도지역의 호론과 서울지역의 낙론이 대립
- ㉢ **성리학 이해에 탄력성** : 소론은 성혼의 사상을 계승하고 양명학과 노장사상을 수용하는 등 성리학의 이해에 탄력성을 가지게 됨

(2) 양명학의 수용(성리학의 교조화·형식화에 대한 비판)

① **내용** … 지행합일(知行合一)의 실천성을 강조하였다.

② **연구** … 서경덕 학파와 종친들 사이에 확산되어 가다가, 이황이 비판한 것을 계기로 하여 몇몇 학자들만 관심을 기울였으나, 17세기 후반 소론학자들에 의하여 본격적으로 수용되었다.

③ **강화학파**
- ㉠ 정제두가 학문적 체계를 갖추면서 양명학은 사상계의 한 부분을 차지하였고, 그는 양반신분제의 폐지를 주장하기도 함

ⓒ 18세기 초 정제두가 강화도로 옮겨 살면서 양명학 연구와 제자 양성에 힘써 강화학파라는 하나의 학파를 이루었으며, 그의 학문은 가학의 형태를 띠며 계승됨

④ **영향** … 역사학 · 국어학 · 서화 · 문학 등에서 새로운 경지를 개척해갔고 실학자들과 서로 영향을 주고받았으며, 한말과 일제강점기에 박은식 · 정인보 등은 양명학을 계승하여 민족운동을 전개하였다.

❷ 실학의 발달

(1) 실학의 등장

① 등장배경
  ㉠ 통치질서의 와해 : 조선 사회는 양 난을 겪으면서 크게 모순을 드러냈으나 위정자들은 근본적 대책을 모색하지 못함
  ㉡ 성리학의 사회적 기능 상실 : 조선 후기에는 양반사회의 모순이 심각했음에도 불구하고 성리학은 현실 문제를 해결할 수 있는 기능을 수행하지 못하여, 현실생활과 직결되는 문제를 탐구하려는 움직임이 나타나게 됨
  ㉢ 기타 : 경제적 변화와 발전, 신분 변동, 서학의 영향, 청의 고증학의 영향 등

② 실학의 태동 … 17세기에 성리학의 사회적 기능이 상실되자 현실문제와 직결된 문제를 탐구하면서 등장하게 되었는데, 이수광의 지봉유설, 한백겸의 동국지리지 등에 의하여 제기되었다.

③ 실학의 연구 … 농업 중심의 개혁론, 상공업 중심의 개혁론, 국학 연구 등을 중심으로 확산되었으며, 이때 청에서 전해진 고증학과 서양과학의 영향을 받기도 하였다.

(2) 농업 중심의 개혁론(경세치용학파)

① **특징** … 서울 부근의 경기지방에서 활약한 남인 출신으로서 농촌사회의 안정을 위해 토지제도의 개혁을 가장 중요하게 생각하였다.

② 주요 학자와 사상
  ㉠ 유형원
    • 17세기 후반에 활약
    • 균전론 주장 : 반계수록에서 관리, 선비, 농민 등 신분에 따라 차등 있게 토지를 재분배하고 조세와 병역도 조정하자고 주장
    • 신분제 비판 : 양반문벌제도, 과거제도, 노비제도의 모순을 비판

ⓒ 이익
- 이익학파 형성 : 성호사설, 곽우록 등을 저술하고 유형원의 실학사상을 계승·발전시켰으며, 안정복, 이중환, 이가환, 정약용 등의 제자를 길러 학파를 형성
- 한전론 주장 : 한 가정의 생활을 유지하는 데 필요한 규모의 토지를 영업전으로 정한 다음, 영업전은 법으로 매매를 금지하고 나머지 토지만 매매를 허용하자고 주장
- 6좀의 폐단 지적 : 양반문벌제도, 노비제도, 과거제도, 사치와 미신, 승려, 게으름을 지적

ⓒ 정약용
- 실학의 집대성
- 여전론 주장 : 마을 단위의 공동농장제도(노동량 기준)
- 정전론 주장 : 여전론에 대신하여 현실에 맞게 실시할 것을 주장
- 민본적 왕도정치 주장 : 백성의 이익과 의사를 반영해야 한다고 주장
- 저술 : 18세기 말 벼슬을 하였으나 신유박해 때 연루되어 전라도 강진에 유배되어 18년 동안 귀양살이를 하였는데, 여유당전서에 목민심서, 경세유표 등 500여권의 저술을 남김

(3) 상공업 중심의 개혁론(이용후생학파, 북학파)

① 특징 … 서울의 노론 집안 출신이 대부분이고 상공업 진흥과 기술의 혁신을 주장하였으며, 청나라의 문물을 적극적으로 수용하여 부국강병과 이용후생에 힘쓰자고 주장하였다.

② 주요 학자와 사상
ⓐ 유수원
- 우서 : 중국과 우리나라의 문물을 비교하면서 여러 개혁안을 제시
- 상공업 진흥과 기술 혁신 강조, 사농공상의 직업적 평등화와 전문화를 주장
- 농업론 : 토지제도의 개혁보다 농업의 상업적 경영과 기술 혁신을 통해 생산성을 높이자고 주장함

ⓑ 홍대용
- 임하경륜, 의산문답 등 저술
- 기술의 혁신과 문벌제도의 철폐 주장
- 성리학의 극복을 주장하고 중국 중심의 세계관 비판(지전설 제기)

ⓒ 박지원
- 농업생산력 증대 : 영농방법의 혁신, 상업적 농업 장려, 수리시설의 확충
- 상공업의 진흥 : 청에 다녀와 열하일기를 저술하고 상공업의 진흥을 강조하면서 수레와 선박 이용, 화폐유통의 필요성 등을 주장
- 양반문벌제도의 비생산성 비판

ⓓ 박제가
- 북학의를 저술하여 청나라 문물의 적극적 수용을 주장

- 청과의 통상 강화, 수레와 선박 이용, 상공업의 발달 등을 주장
- 절검보다 소비를 권장하여 생산의 자극을 유도(우물에 비유)

③ **실학의 특징** … 실증적 · 민족적 · 근대 지향적 특성을 지닌 학문이었는데, 특히 북학파 실학사상은 19세기 후반 개화사상으로 이어졌다.

(4) 국학연구의 확대

① **연구배경** … 실학의 발달과 함께 민족의 전통과 당면 현실에 대한 관심에서 출발하였다.

② **국사**

ㄱ 이익 : 실증적이며 비판적인 역사 서술을 제시하고 중국 중심의 역사관을 비판, 민족사의 주체적 자각을 높이는 데 이바지

ㄴ 안정복 : 고증사학 중시, 독자적인 정통론을 세워 이를 체계화(동사강목)

ㄷ 한치윤 : 500여종의 중국 및 일본의 자료를 참고하여 해동역사를 편찬하여 민족사 인식의 폭을 넓히는 데 이바지

ㄹ 이긍익 : 조선시대의 정치와 문화를 정리하여 연려실기술을 저술

ㅁ 이종휘와 유득공 : 고구려사와 발해사 연구, 고대사의 연구시야를 만주지방까지 확대하여 한반도 중심의 협소한 사관을 극복

ㅂ 김정희 : 금석과안록을 지어 북한산비가 진흥왕 순수비임을 밝힘

③ **지리**

ㄱ 지리서 : 역사지리서로 한백겸의 동국지리지, 정약용의 아방강역고, 인문지리서로 이중환의 택리지가 편찬

ㄴ 지도

- 서양식 지도가 전래되어 정밀하고 과학적인 지도가 많이 제작
- 조선 후기에 발달한 상업과 문화에 대한 관심이 반영
- 동국지도(정상기), 대동여지도(김정호)

④ **국어** … 신경준의 훈민정음운해, 유희의 언문지, 우리의 방언과 해외 언어를 정리한 이의봉의 고금석림이 편찬되었다.

⑤ **백과사전의 편찬**

ㄱ 실학의 발달과 문화인식의 폭이 넓어지면서 백과사전류의 저서가 많이 편찬

ㄴ 이수광의 지봉유설, 이익의 성호사설, 이덕무의 청장관전서, 서유구의 임원경제지, 이규경의 오주연문장전산고, 홍봉한의 동국문헌비고(한국학 백과사전) 등이 있다.

③ 과학기술의 발달

(1) 서양문물의 수용

① 수용과정
- ㉠ 17세기 중국을 왕래하던 사신들을 통해 들어왔는데, 이광정은 세계지도를, 정두원은 화포 · 천리경 · 자명종 등을 전함
- ㉡ 북학파 실학자들은 서양문물의 수용에 관심을 가졌으며, 대부분의 학자들은 서양의 과학기술은 받아들이면서 천주교는 배척함

② 서양인의 표류
- ㉠ 벨테브레 : 훈련도감에 소속되어 서양식 대포의 제조법과 조종법을 가르쳐 줌
- ㉡ 하멜 : 15년 동안 억류된 후 네덜란드로 돌아가 하멜표류기를 지어 조선의 사정을 서양에 전함

③ 한계 ··· 서양기술의 수용은 18세기까지는 어느 정도 이루어졌으나 19세기에 이르러서는 진전되지 못한 채 정체되고 말았다.

(2) 천문학과 지도제작기술의 발달

① 천문학
- ㉠ 지전설의 대두
  - 김석문은 지전설을 우리나라에서 처음 주장
  - 홍대용은 지전설과 지구가 중심이 아니라는 무한우주론을 주장
- ㉡ 의의 : 전통적 우주관을 벗어나 근대적 우주관으로 접근해 갔으며, 지전설은 성리학적 세계관을 비판하는 근거가 됨

② **역법** ··· 김육 등의 노력으로 시헌력이 도입되었는데, 이는 서양 선교사인 아담 샬이 중심이 되어 만든 것으로 청나라에서 사용되고 있었고 예전의 역법보다 한걸음 발전한 것이다.

③ **수학** ··· 마데오 리치가 유클리드 기하학을 한문으로 번역한 기하원본이 도입되었는데, 홍대용은 주해수용을 저술하여 우리나라, 중국, 서양수학의 연구성과를 정리하였다.

(3) 의학의 발달과 기술의 개발

① 의학
  ⊙ 17세기
   • 허준의 동의보감 : 우리의 전통 한의학을 체계적으로 정리한 의서로 우리나라뿐만 아니라 중
     국과 일본에서도 간행되어 뛰어난 의학서로 인정
   • 허임의 침구경험방 : 침구술의 집대성
  ⓛ 18세기 : 정약용은 마진(홍역)에 대한 연구를 진전·종합하여 마괴회통을 편찬
  ⓒ 19세기 : 이제마는 동의수세보원을 저술하여 사상의학을 확립

② 정약용의 기술 개발
  ⊙ 기술관 : 과학과 기술의 중요성을 확신하고 기술의 개발에 앞장섬
  ⓛ 기계의 제작·설계
   • 거중기 : 서양 선교사가 중국에서 펴낸 기기도설을 참고하여 제작, 수원화성을 만들 때 사용
     되어 공사기간을 단축하고 공사비를 줄이는 데 공헌
   • 배다리 설계 : 정조가 수원에 행차할 때 한강을 안전하게 건너도록 배다리를 설계함

(4) 농서의 편찬과 농업기술의 발달

① 농서의 편찬
  ⊙ 신속의 농가집성 : 벼농사 중심의 농법 소개, 이앙법 보급에 기여
  ⓛ 기타
   • 곡물재배법과 채소·과수·원예·축산·양잠 등의 농업기술 소개 : 박세당의 색경, 홍만선의
     산림경제, 서유구의 해동농서
   • 농촌생활백과사전 : 서유구의 임원경제지

② 농업기술의 발달
  ⊙ 씨뿌리기 : 이앙법·견종법의 보급 → 노동력 절감과 생산량 증대
  ⓛ 농기구의 개선 : 쟁기의 개선, 소를 이용한 쟁기의 사용 보편화
  ⓒ 시비법 : 여러 종류의 거름 사용 → 토지의 생산력 증대
  ⓔ 수리시설 개선 : 저수지 축조(당진의 합덕지, 연안의 남대지 등)
  ⓜ 경지면적의 확대 : 황무지 개간(내륙 산간지방), 간척사업(해안지방)

④ 문학과 예술의 새 경향

(1) 서민문화의 발달

① 배경 … 서당교육이 보급되고 서민의 경제적 · 신분적 지위가 향상됨에 따라 서민문화가 대두하였다.

② 서민문화의 대두 … 중인층(역관, 서리) 및 상공업계층과 부농층의 문예활동의 참여가 활발해졌고, 상민 · 광대들의 활동도 활기를 띠었다.

③ 문학상의 특징
   ㉠ 감정을 적나라하게 표현하여 양반들의 위선적인 모습을 비판, 사회의 부정과 비리를 풍자하고 고발
   ㉡ 평범한 인물이 주인공
   ㉢ 현실적인 세계가 배경이 됨

(2) 판소리와 탈놀이

① 판소리
   ㉠ 특징
     • 구체적인 이야기를 창과 사설로 엮어 가기 때문에 감정표현이 직접적이며 솔직함
     • 분위기에 따라 광대가 즉흥적으로 이야기를 빼고 더할 수 있었고, 관중들이 추임새로써 함께 어울릴 수 있었음
   ㉡ 작품 : 열두 마당이 있었으나, 지금은 춘향가, 심청가, 흥보가, 적벽가, 수궁가 등 다섯 마당만 전함
   ㉢ 정리 : 신재효가 19세기 후반에 판소리 사설을 창작하고 정리함
   ㉣ 의의 : 서민을 포함한 넓은 계층에서 호응을 받을 수 있어서 서민문화의 중심이 됨

② 가면극
   ㉠ 탈놀이 : 향촌에서 마을 굿의 일부로서 공연되어 인기를 얻음
   ㉡ 산대놀이 : 산대라는 무대에서 공연되던 가면극이 민중오락으로 정착되어 도시의 상인이나 중간층의 지원으로 성행
   ㉢ 내용 : 지배층과 그들에게 의지하여 살아가는 승려들의 부패와 위선 풍자, 양반의 허구를 폭로
   ㉣ 의의 : 상품유통경제의 활성화와 함께 성장하여 당시 사회적 모순을 드러내면서 서민 자신들의 존재를 자각하는 데 기여

(3) 한글소설과 사설시조

① 한글소설
    ㉠ 홍길동전 : 서얼에 대한 차별의 철폐와 탐관오리의 응징을 주제로 함
    ㉡ 춘향전 : 신분차별의 비합리성 → 인간평등의식을 강조
    ㉢ 기타 : 별주부전, 심청전, 장화홍련전 등이 있음

② 사설시조 … 서민들의 감정을 솔직하게 나타내는 경향이 나타났는데, 남녀 간의 사랑이나 현실에 대한 비판을 거리낌 없이 표현하였다.

③ 한문학
    ㉠ 정약용 : 삼정의 문란을 폭로하는 한시
    ㉡ 박지원
      • 양반전, 허생전, 호질, 민옹전 등을 써서 양반사회의 허구성을 지적하며 실용적 태도를 강조
      • 현실을 올바르게 표현할 수 있는 문체로 혁신할 것을 주장

④ 시사(詩社)의 조직 … 중인층과 서민층의 문학창작활동이 활발해지면서 동인들이 모여 시사를 조직하였다.

(4) 진경산수화와 풍속화

① 진경산수화
    ㉠ 특징 : 우리의 자연을 사실적으로 그려 회화의 토착화를 이룩하였는데, 진경산수화는 중국 남종과 북종의 화법을 고루 수용하여 우리의 고유한 자연과 풍속에 맞춘 새로운 화법으로 창안
    ㉡ 정선
      • 진경산수화를 개척한 화가
      • 대표작 : 인왕제색도, 금강전도

② 풍속화
    ㉠ 김홍도 : 서민의 생활모습을 소탈하고 익살스러운 필치로 묘사하였고, 18세기 후반의 생활상과 활기찬 사회의 모습을 반영
    ㉡ 신윤복 : 양반 및 부녀자의 풍습, 남녀의 애정 등을 감각적이고 해학적으로 묘사

③ 민화의 유행 … 민중의 기복적 염원과 미의식을 표현한 민화가 유행하였는데, 이런 민화에는 소박한 우리 정서가 짙게 배어 있다.

④ 서예 … 이광사(동국진체), 김정희(추사체)가 대표적이었다.

⑤ 기타 … 강세황(서양화 기법), 장승업(강렬한 필법과 채색법 발휘)은 뛰어난 기량을 발휘했다.

(5) 건축의 변화

① 건축에서의 새로운 변화 … 양반들과 새롭게 부상하고 있던 부농, 상공업계층의 지원 아래 많은 사원이 세워졌고, 정치적 필요에 의해 대규모 건축물들이 세워지기도 하였다.

② 대표적 건축물
   ㉠ 17세기 : 불교의 사회적 지위 향상과 양반지주층의 경제적 성장 반영(금산사 미륵전 · 화엄사 각황전 · 법주사 팔상전)
   ㉡ 19세기 : 국왕의 권위를 높일 목적으로 화려하고 장중(경복궁 근정전 · 경회루 등)

(6) 백자 · 생활공예와 음악

① 도자기
   ㉠ 백자가 민간에까지 널리 사용되면서 본격적으로 발전
   ㉡ 청화, 철화, 진사 등으로 안료가 다양해지고, 제기와 문방구 등 생활용품이 많았음
   ㉢ 서민들은 옹기를 많이 사용함

② 생활공예
   ㉠ 목공예 : 생활수준이 높아짐에 따라 크게 발전하여 장롱, 책상, 문갑, 소반, 의자, 필통 등의 작품들이 많았음
   ㉡ 화각공예 : 독특한 우리의 멋을 풍기는 작품들이 많았음

③ 음악
   ㉠ 음악의 향유층이 확대됨에 따라 성격이 다른 음악이 다양하게 나타나 발전함
   ㉡ 양반층 : 가곡, 시조를 애창
   ㉢ 서민 : 민요를 즐겨 부름
   ㉣ 광대, 기생 : 판소리, 산조와 잡가 등을 창작하여 발전시킴

1 다음 내용 중 옳은 것을 모두 고른 것은?

(가) 아직기는 백제의 학자로 일본에 건너가 태자의 스승이 되었다.

(나) 혜자는 고구려의 승려로 쇼토쿠 태자의 스승이 되었다.

(다) 혜초는 백제의 귀족으로 최초로 일본에 불교를 전한 승려이다.

(라) 담징은 고구려의 승려로 일본에서 맷돌·종이·먹 등의 제조법을 가르쳤다.

(마) 왕인은 호류사에서 금당벽화를 그렸다.

① (가), (나)

② (가), (나), (다)

③ (가), (나), (라)

④ (나), (라), (마)

Tip 》》 (가) 아직기는 백제의 학자로 근초고왕 때 왕명으로 일본에 건너가 일본 왕에게 말 2필을 선사한 후 말 기르는 일을 맡아 보았다. 그 후 일본 왕은 그가 경서에 능통한 것을 보고 태자의 스승으로 삼았다. 또한 백제의 박사 왕인을 초빙하여 일본에 한학(漢學)을 전하게 하였으며 후에 나타난 아직사(阿直史)라는 일본의 귀화씨족의 선조가 되었다.

(나) 혜자는 595년(영양왕 6년) 일본으로 건너가 쇼토쿠태자의 스승이 되었으며 쇼토쿠 태자가 중앙 집권 체제를 정비하고 불교를 융성케 하는 데 큰 영향을 끼쳤다.

(다) 최초로 일본에 불교를 전한 승려는 노리사치계이다.

(라) 담징은 610년(영양왕 21) 백제를 거쳐 일본에 건너가 일본의 승려 호조[法定]와 함께 기거하면서 불법을 강론하고 채화 및 맷돌·종이·먹 등의 제조법을 가르쳤다. 그가 그린 일본 호류사 금당벽화는 동양 3대 미술품의 하나로 꼽는다.

(마) 호류사 금당벽화는 담징이 그렸다.

Answer 》》 1.③

2 다음과 같은 유물을 남긴 나라에 대한 설명으로 옳은 것은?

수레토기   철제갑옷

① 중앙집권국가로 발전하지는 못하였다.
② 박, 석, 김 3성이 번갈아 왕위에 올랐다.
③ 한 군현 세력과 항쟁을 거치며 성장하였다.
④ 한강 유역의 토착민이 중심이 되어 세웠다.

  Tip 》》 수레토기와 철제갑옷은 가야의 유물로 가야는 지리적 · 정치적 요인으로 중앙집권국가로서의
  발전을 이룩하지 못하였다.

3 통일신라의 문화에 대한 내용으로 옳은 것은?

① 원효는 불교 이해의 기준을 확립하였다.
② 최치원은 「화랑세기」 등을 통해 독자적 작품경향을 나타내었다.
③ 풍수지리사상의 유행으로 신라 정부의 권위는 강화되었다.
④ 도교와 노장사상의 유행으로 귀족들은 더욱 향락적인 생활을 하였다.

  Tip 》》 ① 원효는 「금강삼매경록」, 「대승기신론소」, 「십문화쟁론」 등의 저서를 통해 불교의 사상적
  이해 기준을 확립하였다.
  ② 「화랑세기」의 저자는 김대문이고, 최치원의 작품으로는 「계원필경」, 「낭혜화상비」가 대
  표적이다.
  ③ 풍수지리사상의 유행으로 신라 정부의 권위는 약화되었다.
  ④ 도교와 노장사상은 신라 말기에 불교의 퇴폐적인 풍조에 반항하는 은둔적 사상이었다.

4 다음은 경주 호우총에서 발견된 그릇과 그 명문(銘文)이다. 이 유물과 관계 깊은 국가끼리 바르게 연결한 것은?

乙卯年 國罡上 廣開土地 好太王 壺杆十

① 고구려 – 신라
② 가야 – 고구려
③ 백제 – 왜
④ 당 – 신라

> **Tip 》》** 경주 호우총에서 발견된 호우명 그릇에는 신라에 침범한 왜구 격퇴 후 고구려군이 신라 영토에 진주했음이 광개토대왕의 이름과 함께 나타나 있다.

5 다음 중 삼국시대의 분묘에 관한 설명으로 옳지 않은 것은?

① 발해의 분묘는 신라의 영향을 받아 대부분이 돌무지덧널무덤이다.
② 신라의 분묘 중 규모가 큰 것은 돌무지덧널무덤인데, 그 대표적 분묘로서 천마총을 들 수 있다.
③ 백제의 고분은 고구려의 영향을 받은 굴식 돌방무덤과 중국 남조의 영향을 받은 벽돌무덤이 있다.
④ 통일신라의 분묘는 고구려의 영향을 받은 굴식 돌방무덤이며, 봉토 주위에 둘레돌을 둘러 12지 신상을 조각하기도 하였다.

> **Tip 》》** ① 발해의 분묘는 굴식 돌방무덤이다.

Answer 》》   2.① 3.① 4.① 5.①

6 다음 중 발해의 문화유산은?

① 정림사지 5층석탑

② 무용총의 수렵도

③ 육정산 정혜공주묘

④ 분황사 모전석탑

> Tip 》》 ① 백제 ② 고구려 ④ 신라

7 다음 중 도교가 널리 유행하였음을 알 수 있게 해주는 유물끼리 짝지어진 것은?

① 산수문전 – 국통제도

② 사택지적비 – 정효공주 묘지

③ 무령왕릉 지석 – 연화문 와당

④ 호우 – 주작대로

> Tip 》》 도교
> ㉠ 고구려 : 불교세력을 억압하기 위해서 도교 장려
> ㉡ 백제 : 산수문전, 사택지적비, 무령왕릉 지석 등
> ㉢ 신라 : 화랑을 국선, 선랑 등으로 호칭
> ㉣ 발해 : 정효공주 묘지

8 고대 일본에서 삼국의 영향을 받아 성립한 문화는?

① 아스카문화

② 야요이문화

③ 하쿠오문화

④ 덴뽀오문화

> Tip 》》 우리나라의 유이민들이 일본에 선진기술을 전파하였고 일본 고대 아스카문화의 성립에 이바지하였다.

9 다음 자료의 유물과 관련이 있는 두 나라는?

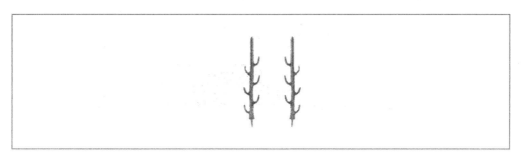

① 고구려 – 일본　　　　　　　　　② 고구려 – 백제
③ 백제 – 일본　　　　　　　　　　④ 백제 – 신라

　Tip 》》 칠지도 … 백제 근초고왕 때(346 ~ 375), 왕자(근구수왕)가 왜왕(일본)에게 선물한 칼로 양국
　　　　의 친교관계를 나타내는 유물이다.

10 다음은 불교문화의 발전을 위해 노력한 인물들이다. 옳지 않은 것은?

① 원광 – 새로운 사회윤리와 국가정신을 확립하였다.
② 원효 – 화쟁사상을 주장하여 여러 종파를 융합하려 하였다.
③ 혜초 – 「왕오천축국전」을 지어 신라 불교의 교단을 조직 · 정비하였다.
④ 의상 – 신라 화엄종을 창설하여 중국과 다른 불교사상을 발전시켰다.

　Tip 》》 ③ 신라 불교의 교단을 정비한 것은 진흥왕 때 일로 진흥왕은 승려 혜량을 맞아 국왕으로
　　　　삼고, 그 아래 주통 · 군통을 두어 교단을 조직 · 정비하였다.

Answer 》》　6.③ 7.② 8.① 9.③ 10.③

11 다음은 통일 이전 신라에서 유행한 어떤 무덤의 단면도이다. 이 무덤에서 발견된 그림은?

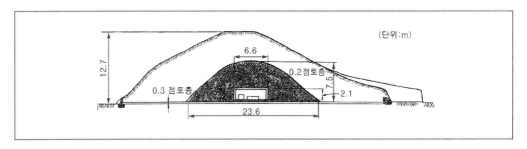

① 주작도　　　　　　　　　　　② 천마도

③ 백호도　　　　　　　　　　　④ 청룡도

> **Tip 》》** 제시된 그림은 신라에서 주로 축조된 돌무지덧널무덤의 단면도이다. 땅을 판 후에 목곽을 넣고 그 위에 돌을 쌓은 후 흙을 덮은 형태로 천마총이 대표적이다. 천마총에서는 말 안정에 그려진 그림인 천마도가 출토되었다.

12 고대 여러 나라의 예술에 대한 설명으로 옳지 않은 것은?

① 고구려 - 패기와 정열이 넘쳤다.

② 백제 - 우아하고 미의식이 세련되었다.

③ 신라 - 고구려와 백제의 영향을 많이 받았다.

④ 통일신라 - 소박한 조형미술이 주류를 이루었다.

> **Tip 》》** 통일신라의 예술은 삼국문화를 융합하여 이상적인 미의 세계와 통일된 조화의 세계를 창조하는 데 그 특징이 있으며, 궁중생활과 귀족생활의 화려함을 바탕으로 하고 있다.
> ④ 통일 이전 신라에 대한 설명이다.

13 발해 문화가 고구려의 영향을 받았음을 보여주는 유물로 보기 어려운 것은?

① 온돌장치　　　　　　　　　　② 연화무늬기와

③ 주작대로　　　　　　　　　　④ 굴식돌방무덤

> **Tip 》》** ③ 주작대로는 당 문화의 영향을 받은 것이다.

14 다음 작품들이 갖고 있는 공통적인 특징은?

> • 화랑세기   • 계림잡전
> • 고승전   • 한산기

① 중국 문학의 소개   ② 전통문화의 정리

③ 발해문화의 영향   ④ 설화문학의 집대성

    Tip 》 김대문이 저술한 이 작품들은 신라의 역사·지리·풍토를 서술한 것으로 전통적·독자적 경향을 지니고 있다.

15 다음 내용과 관련이 있는 유적은 무엇인가?

> • 도굴당하지 않고 완전한 형태로 발굴되었다.
> • 무덤의 주인공을 알려주는 지석이 발견되었다.
> • 중국 남조의 영향을 받아 연꽃 등 우아하고 화려한 무늬를 새긴 벽돌로 무덤 내부를 쌓았다.

① 무령왕릉   ② 강서대묘

③ 천마총   ④ 장군총

    Tip 》 무령왕릉은 중국 남조의 영향을 받은 웅진시대의 벽돌무덤이다. 도굴당하지 않은 상태로 발굴되어 여러 가지 부장품이 출토되었으며, 백제 미술의 귀족적인 특성을 알 수 있는 대표적인 무덤이다.

Answer 》   11.②   12.④   13.③   14.②   15.①

16 다음에서 화랑들에게 유교경전을 교육하였음을 알 수 있는 것을 모두 고르면?

> ㉠ 세속 5계　　　　　　　　　㉡ 단양 적성비
> ㉢ 임신서기석　　　　　　　　　㉣ 진흥왕 순수비

① ㉠㉡　　　　　　　　　　　② ㉠㉢
③ ㉡㉣　　　　　　　　　　　④ ㉢㉣

Tip 》》 ㉠ 세속 5계 중에 유교와 관련된 것은 첫째, 임금을 충성껏 섬기고[사군이충(事君以忠)], 둘째 어버이를 효성껏 모시고[사친이효(事親以孝)], 셋째 친구를 믿음으로써 사귀라는[교우이신(交友以信)] 조항이다.
㉢ 임신서기석에는 신라의 청년들이 유교경전을 공부했던 사실이 기록되어 있다.

17 다음 중 고대문화의 일본 전파에 대해 옳게 설명한 것은?

① 백제의 쇼토쿠 태자는 천자문을 전해주었다.
② 고구려의 담징은 성덕태자의 스승이 되었다.
③ 고구려의 혜자는 법륭사 금당벽화를 그렸다.
④ 심상에 의하여 전해진 화엄사상은 일본 화엄종을 일으키는 데 많은 영향을 미쳤다.

Tip 》》 ① 왕인이 천자문과 논어를 전하고 가르쳤다.
② 담징은 종이와 먹의 제조방법을 전하였고 호류사의 벽화를 그렸다.
③ 혜자는 쇼도쿠 태자의 스승이 되었다.

18 다음에서 통일 이후 신라에서 만들어진 예술품들만으로 묶은 것은?

> ㉠ 상원사 종　　　　　　　　　㉡ 분황사 탑
> ㉢ 법주사 쌍사자 석등　　　　　㉣ 황룡사 9층 목탑
> ㉤ 감은사지 3층 석탑　　　　　㉥ 연가 7년명 금동여래입상

① ㉠㉢㉤　　　　　　　　　　② ㉠㉢㉥
③ ㉡㉢㉥　　　　　　　　　　④ ㉡㉣㉤

Tip 》》 분황사 탑과 황룡사 9층 목탑은 통일 이전에 만들어졌고, 연가 7년명 금동여래입상은 고구려 불상이다.

19 1974년에 발견된 세계 최초의 금속활자본은 어느 것인가?

① 직지심경 ② 상정고금예문

③ 다라니경 ④ 동국이상국집

> **Tip >>>** 직지심경(1377, 직지심체요절) … 현존하는 최고(最古)의 금속활자본으로, 파리국립도서관에 있다.

20 다음 내용과 관련이 깊은 불교 종파는?

• 보조국사 지눌　　　　• 돈오점수　　　　• 선종 중심의 교종 통합

① 천태종 ② 조계종

③ 법상종 ④ 화엄종

> **Tip >>>** 보조국사 지눌(1158~1210)
> ㉠ 조계종 중심의 선교통합운동 : 당시 불교계의 타락을 비판하면서, 참선(선종)과 지혜(교종)를 아울러 닦자는 정혜쌍수(定慧雙修)를 내세워 승려는 예불독경과 함께 참선 및 노동에 힘쓰자는 개혁운동을 전개하였다.
> ㉡ 돈오점수(頓悟漸修) : 돈오(頓悟)는 인간의 마음이 곧 부처의 마음임을 깨닫는 것이며, 점수(漸修)는 깨달은 뒤에도 꾸준히 수행해야 해탈에 이를 수 있다는 것인데, 이는 선종 중심의 교종 통합을 의미한다.

Answer >>>　　16.② 17.④ 18.① 19.① 20.②

21 몽고 침입 때 부처의 힘으로 국난을 극복하고자 만든 것은?

① 다라니경   ② 직지심경

③ 팔만대장경   ④ 초조대장경

> **Tip >>** ① 신라에서 제작된 것으로 세계에서 가장 오래된 목판인쇄물로서 닥나무로 만들어져서 품질이 뛰어나다.
> ② 직지심체요절이라고도 하며 1377년 고려 우왕 때 간행된 현존하는 세계 최고의 금속활자본이다.
> ④ 현종 때 거란 퇴치를 염원하며 대장경을 간행했으나 몽고 침입으로 불타 버리고 인쇄본 일부가 남았다.

22 다음 민속놀이의 유래와 관련된 내용으로 옳은 것은?

> 정성껏 베어 온 길이 20~30척의 참나무를 X자 모양으로 묶어 동채를 만들고 끈으로 단단히 동여맨 다음, 가운데에 판자를 얹고 위에 방석을 깔아 동여맨다. 동채 머리에는 고삐를 매어 대장이 잡고 지휘할 수 있게 하고 판자 뒤에는 나무를 X자 모양으로 하여 4귀를 체목에 묶어 동채가 부서지거나 뒤틀리지 않게 한다. 동채꾼은 대장·머리꾼·동채꾼·놀이꾼으로 이루어지며 대체로 25~40세의 남자 500여 명이 동·서로 갈리어 승부를 겨루며 상대편 동채가 땅에 닿거나 동채를 빼앗으면 이긴다.

① 후삼국의 견훤과 왕권의 전투와 관련이 있다.

② 임진왜란 때 이순신 장군이 지시한 것이다.

③ 4군 6진에서의 여진족의 전투와 관련이 있다.

④ 몽골족의 침입을 막아낸 전투와 관련이 있다.

> **Tip >>** '차전놀이'의 유래는 통일신라 말에 후백제의 왕 견훤이 고려 태조 왕건과 겨루고자 안동으로 진격해왔을 때 이곳 사람들은 견훤을 낙동강 물속에 밀어 넣었는데 이로 인해 팔짱을 낀 채 어깨로만 상대편을 밀어내는 이 놀이가 생겼다고 한다. 차전놀이는 매년 음력 정월 대보름날 낮에 거행되며 동채싸움이라고도 한다. 중요무형문화재 제24호로 지정되었다.
> ② '강강술래'는 임진왜란 때, 당시 이순신 장군이 왜군에게 해안을 경비하는 우리 군세의 많음을 보이기 위하여, 부녀자들로 하여금 수십 명씩 떼를 지어, 해안지대 산에 올라, 곳곳에 모닥불을 피워 놓고 돌면서 '강강술래'라는 노래를 부르게 한 데서 비롯되었다고 한다.

23 다음 고려시대의 각 건축물의 특징을 설명한 것 중 잘못 연결된 것은?

① 안동 봉정사 극락전 – 주심포양식

② 경천사 10층석탑 – 송대 석탑의 영향

③ 안변 석왕사 응진전 – 다포양식

④ 여주 고달사지 원종대사 혜진탑 – 팔각원당형의 기본양식

> **Tip** 》 ② 경천사 10층석탑은 원의 양식을 본딴 것으로 조선시대 원각사지 10층석탑의 원형이다.

24 풍수지리설을 바탕으로 서경(평양)으로 천도할 것을 주장한 인물은?

① 만적 　　　　　　　　　② 윤관

③ 묘청 　　　　　　　　　④ 신돈

> **Tip** 》 서경파와 개경파

파벌	중심인물	사상	대외정책	주장
서경파	묘청	풍수지리설	북진주의, 국수주의	칭제건원론, 자주국가의 확립, 금국정벌론
개경파	김부식	유교사상	사대주의	북진불가능 주장

25 고려시대 역사서의 편찬에 대한 내용이 옳지 않은 것은?

① 각훈은 삼국시대 승려 30여명의 전기를 수록한 「해동고승전」을 편찬하였다.

② 이규보는 동명왕의 업적을 칭송한 영웅서사시 「동명왕편」으로 고구려 계승의식을 반영하고 고구려의 전통을 노래하였다.

③ 일연은 「삼국유사」에 단군의 건국 이야기를 수록하여 우리 고유문화와 전통을 중요시 하였다.

④ 이승휴는 우리나라의 역사를 고구려부터 서술하면서 우리 역사를 중국사와 대등한 위치로 파악하는 자주성을 나타내었다.

> **Tip** 》 ④ 이승휴는 우리나라의 역사를 단군에서부터 서술하였다.

Answer 》 21.③ 22.① 23.② 24.③ 25.④

26 다음 중 고려의 관학진흥책의 일환으로 설치한 것이 아닌 것은?

① 국자감   ② 서적포

③ 양현고   ④ 9재학당

> **Tip** ⟫ ④ 고려 문종 때 최충이 세운 사학으로, 사학의 발달이 관학의 쇠퇴를 가져와 이에 따라 관학진흥책이 추진되었다.

27 다음 중 고려청자에 대한 설명으로 옳은 것은?

① 고려청자는 고구려의 전통을 계승하여 발전하였다.

② 고려청자는 귀족사회 전성기인 13세기 말 무렵 독자적인 경지를 개척하였다.

③ 고려청자는 소박하고 실용적인 고려의 성격을 잘 보여주고 있다.

④ 순수 비색청자에서 그릇 표면에 음각의 무늬를 넣은 상감청자의 단계로 발전하였다.

> **Tip** ⟫ ① 고려청자는 신라 · 발해의 전통과 기술을 토대로 발전하였다.
> ② 고려청자는 귀족사회의 전성기인 11세기에 독자적인 경지를 개척하였다.
> ③ 조선백자에 대한 설명이다.

28 다음에서 말하는 고려 후기의 사서는?

- 불교사를 중심으로 고대의 설화나 야사를 수록
- 단군을 민족의 시조로 보는 자주의식을 나타냄

---

① 삼국유사   ② 동명왕편

③ 삼국사기   ④ 7대실록

> **Tip** ⟫ ① 고려 충렬왕 때 승려인 일연이 쓴 대표적 야사(野史)로서, 불교사를 중심으로 고대설화나 야사를 수록하였으며, 단군을 민족의 시조로 보는 자주의식을 나타낸 사서이다.
> ② 고려 고종 때 이규보가 동명왕을 고구려 건국의 영웅으로 칭송한 일종의 영웅서사시이다.
> ③ 김부식에 의해 기전체로 쓰여진 정사로서, 유교적 역사의식에 입각하여 서술된 고려중기의 대표적 사서이다.
> ④ 고려 현종 때 왕조실록이 거란의 침입으로 불에 타 소실되자, 태조부터 목종에 이르는 사실을 재정리한 것이다. 덕종 때 황주량에 의해 편찬되었으나 현재 전하지 않는다.

29 고려시대의 과학기술과 그 발달배경을 바르게 연결한 것은?

> ⊙ 화약과 화포 – 왜구의 침략
> ⓒ 인쇄술의 발달 – 지식의 대중화
> ⓒ 수시력 채용 – 외래문물의 수용 요구
> ⓔ 대형 범선 제조 – 송과의 해상무역 발달

① ⊙ⓒ 　　　　　　　　　　　　② ⊙ⓔ
③ ⓒⓒ 　　　　　　　　　　　　④ ⓒⓔ

Tip 》 ⊙ 고려 말의 최무선은 왜구의 침입을 격퇴하기 위해서 화약제조기술의 습득에 힘을 기울였다.
　　　ⓒ 우리나라 인쇄술의 발달은 지식의 대중화에 기여하지 못했다. 일반 백성들이 한자로 된
　　　　서적을 활용하기에는 어려움이 있었기 때문이다.
　　　ⓒ 원의 수시력을 채용한 것은 천재지변을 예측하고, 농사를 위한 천체운행과 기후관측에
　　　　필요했기 때문이다.
　　　ⓔ 송과의 해상무역이 발달하면서 길이가 96척이나 되는 대형 범선이 제조되었다.

30 다음 설명하는 내용 중 잘못된 것은?

> 조선 시대 전기에는 서적 편찬이 활발히 이루어졌다. ①「조선왕조실록」과 「동국통감」등의
> 역사서가 편찬되었으며, ②의학 백과사전인 「칠정산」이 편찬되었다. ③「혼일강리역대국도」
> 와 「팔도지리지」 등의 지리서가 편찬되었으며, ④「천상열차분야지도」와 혼천의 같은 천체
> 관측도를 이용한 천체관측이 활발히 이루어졌다. 또한 계미자와 갑인자 같은 금속활자도 주
> 조하였다.

Tip 》 ②「칠정산」은 우리나라 최초의 역법서로, 한양을 기준으로 7개 천체의 위치를 계산하는 방
　　　법을 서술한 책이다.

Answer 》 　26.④　27.④　28.①　29.②　30.②

31 다음과 같은 특징을 갖고 있는 도자기는?

> 16세기에 유행하였으며, 사대부의 취향에 맞는 순백의 고상함을 풍겼다.

① 고려청자   ② 분청사기
③ 백자   ④ 청화백자

> **Tip》》** 16세기에 유행한 백자는 견고·깨끗·담백하며, 순백의 고상함을 풍겨 사대부의 취향에 맞았다.

32 다음 중 조선시대의 문화에 대한 설명으로 옳은 것은?

① 자연과의 조화를 이루는 서원건축이 발달하였다.
② 공예분야에서는 상감청자의 전성기를 이루었다.
③ 통일과 균형의 미를 강조한 불교미술이 발달하였다.
④ 풍수지리사상은 국가의 통제를 받아 쇠퇴하였다.

> **Tip》》** ② 고려시대
> ③ 통일신라시대
> ④ 풍수지리설과 도참사상은 조선 초기 이래로 중요시되어 한양 천도에 참조가 되었으며, 양반사대부의 묘지 선정에서도 작용하여 산송문제가 사회적인 문제로 대두되기도 하였다.

33 조선시대의 통치규범을 성문화한 대표적인 법전은?

① 동국통감   ② 병장도설
③ 경국대전   ④ 국조오례의

> **Tip》》** 경국대전은 세조 때 편찬에 착수하여 성종 때 완성된 조선왕조의 기본통치규범을 성문화한 법전으로, 이후에 편찬된 각종 법전의 기본이 되었던 법전이다.

34 다음의 내용과 관련 있는 지리서적은?

> 조선 성종 때 편찬된 지리서로 각 지방의 연혁, 인물, 풍속, 교통 등이 자세히 수록되어 당시 국토에 대한 인문지리적 수준을 크게 높였다.

① 경국대전　　　　　　　　　　② 동국통감
③ 대동여지도　　　　　　　　　　④ 동국여지승람

　Tip 》》 ① 세조 때 편찬을 시작하여 성종 때 완성하고 시행한 조선시대의 기본법전이다.
　　　　　② 조선 성종 때 편찬한 고조선부터 고려 말까지의 통사이다.
　　　　　③ 조선 후기에 김정호가 제작한 한국 지도이다.

35 다음은 조선 중기의 대표적인 철학의 두 조류이다. 이와 관련된 설명으로 옳지 않은 것은?

> ㉠ 이기이원론　　　　　　　　　㉡ 일원적 이기이원론

① ㉡은 실천을 중시하는 주리론의 입장이다.
② ㉠은 영남학파, ㉡은 기호학파이다.
㉢ ㉠은 도덕적 원리문제에, ㉡은 현실문제의 개혁에 관심을 두었다.
㉣ ㉠과 ㉡은 도덕적 인간과 도덕적 사회의 구현을 공통된 목적으로 하였다.

　Tip 》》 ㉠은 퇴계 이황의 이론, ㉡은 율곡 이이의 사상이다. 이황은 주리론의 입장에서 학문의 본원적 연구와 도덕적 원리의 실천에 중점을 두었고, 이이는 주기론의 입장에서 현실세계의 개혁에 깊은 관심을 두었다. 그러나 두 학파 모두 도덕적 세계의 구현이라는 점에서는 입장이 같았다.

Answer 》》　31.③　32.①　33.③　34.④　35.①

36 조선시대의 건축에서 주택, 사원, 정자의 건축양식이 배합된 것은?

① 궁궐　　　　　　　　　　　　　　② 성곽

③ 학교　　　　　　　　　　　　　　④ 서원

> **Tip** 》 16세기의 건축은 서원 건축을 중심으로 발달하였다. 경주의 옥산서원과 안동의 도산서원은 그 대표작이라고 할 수 있는데, 산천을 끼고 있는 마을 부근의 한적한 곳에 서원을 세워 자연과의 조화를 이룰 수 있도록 하였다. 그리고 사원의 가람양식을 본따 강당을 중심으로 좌우에 재를 지었는데, 그 구조는 주택양식의 도입과 유교적인 검약정신에 영향을 받아 대체로 검소하였다.

37 다음에서 그 내용이 우리나라 실정에 맞게 편찬된 것만 고른 것은?

㉠ 칠정산	㉡ 농사직설
㉢ 농상집요	㉣ 향약집성방

① ㉠㉡㉢　　　　　　　　　　　　② ㉠㉡㉣

③ ㉠㉢㉣　　　　　　　　　　　　④ ㉡㉢㉣

> **Tip** 》 ㉠ 중국과 아라비아의 역법을 참고하여, 최초로 만든 한양을 기준으로 한 역법이다.
> ㉡ 우리나라의 풍토에 맞는 농사기술과 품종 등의 개발을 위해 씨앗의 저장법, 토질의 개량법, 모내기법 등 농민의 실제 경험을 토대로 만든 농서이다.
> ㉢ 고려 후기 이암이 번역·소개한 원나라의 농서이다.
> ㉣ 고려 때 우리 풍토에 맞는 약재와 치료방법을 개발·정리한 의약서이다.

38 조선시대 불교와 민간신앙에 대한 설명으로 옳지 않은 것은?

① 태조는 도첩제를 실시하여 승려의 증가를 제한하였다.

② 세조는 원각사지 10층 석탑을 세우고, 불경을 번역하기도 하였다.

③ 풍수지리설에 의해 양반사대부 간에 묘지쟁탈전인 산송문제가 발생하기도 하였다.

④ 조선 초기에는 소격서를 폐지하고 제천행사를 실시하지 않았다.

> **Tip** 》 ④ 조선 초기에는 고려시대에 잦았던 도교행사를 줄이고 재정의 낭비를 막으면서 소격서를 두어 제천행사를 주관하게 하였다.

39 16세기 조선의 성리학이 발달할 수 있었던 배경으로 볼 수 없는 것은?

① 사림세력의 정치 · 경제적 지위의 성장

② 대외관계의 안정에 따른 평화시기의 도래

③ 서원을 중심으로 한 학문연구의 진전

④ 종래의 화이관에 대한 비판적 경향

> Tip 》》 ④ 존화사상에 젖은 사림세력이 대두한 16세기에는 단군보다 기자가 숭상되어 기자지 · 기자
> 실기가 간행되었고, 동국통감을 비판하면서 기자조선을 기원으로 한 동국사략 · 표제음주동
> 국사략 · 동사찬요 등 소중화적 입장에서 쓴 사서들이 많이 간행되었다.

40 예학과 보학에 대한 설명으로 옳지 않은 것은?

① 보학은 상장제례에 관한 학문을 말한다.

② 예학은 도덕윤리를 중시하고, 명분 중심의 가치를 강조하였다.

③ 예학은 지나친 형식주의로 흘러 사림 간의 정쟁의 구실로 이용되었다.

④ 족보의 편찬과 보학의 발달은 양반문벌제도를 강화시켰다.

> Tip 》》 ① 보학은 종족의 내력을 기록한 족보학으로서, 족보를 만들어 종족 내력을 기록 · 암기하여
> 종족의 종적인 내력과 횡적인 종족관계, 문벌의 강화와 양반으로서의 신분적 우위성을 확인
> 시켜 주는 기능을 하였다.

41 조선 전기에 편찬된 역사서에 대한 설명 중 옳은 것은?

① 고려사절요 – 고려의 시대사를 본기, 연표, 지, 열전 등으로 나누어 서술하였다.

② 동국통감 – 고조선에서 고려 말까지의 역사를 시대순으로 정리한 통사이다.

③ 고려사 – 고려의 시대사를 성리학적 명분론에 입각하여 재정리하였다.

④ 고려국사 – 고려시대의 역사를 있었던 그대로 서술하였다.

> Tip 》》 ②「동국통감」은 고조선부터 고려 말까지의 역사를 정리한 편년체 통사이다.

Answer 》》 36.④ 37.② 38.④ 39.④ 40.① 41.②

42 다음 중 실학사상과 관련이 없는 것은?

① 무실역행(務實力行)

② 경세치용(經世致用)

③ 이용후생(利用厚生)

④ 실사구시(實事求是)

Tip 》》 무실역행(務實力行)은 도산 안창호의 사상이다.

② 조선 후기 민생안정과 사회 발전 등의 현실 문제를 농업혁신을 통해 해결하고자 했던 경향으로 유형원, 이익 등이 대표적인 학자로 이들은 중농주의적 경향을 보였다.

③ 생산의 발달과 민생의 풍요를 지향하는 사상으로 홍대용, 박지원, 박제가 등이 대표적이다. 이용이라는 경제 성장에 의해서 축적된 부가 소득의 균형적 배분이라는 후생의 사회복지로 전환하여 안정된 사회를 이룩하려는 것이다.

④ 사실에 근거하여 진리를 탐구하려는 객관적 태도, 실증적 연구 자세를 가지고, 이전에는 살피지 않았던 우리 자신의 역사와 지리 및 문헌 등을 연구함으로써 우리 민족에 대한 관심과 민족적 정체성의 형성에 기여하였다. 김정희와 김정호, 최한기 등이 대표적이다.

43 조선 후기에 발달한 민화는 어느 것인가?

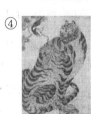

Tip 》》 ①③ 신윤복 ② 정선

44 다음 내용에 해당하는 실학자는?

- 여전제 주장
- 향촌 단위의 방위체제 강화 주장
- 목민심서, 경세유표, 흠흠신서 저술
---

① 이익

② 유형원

③ 정약용

④ 유수원

Tip ≫ 다산 정약용(1762 ~ 1836)은 조선 후기 실학자로 실학을 집대성하였으며, 한 마을을 단위로 하여 토지를 공동소유·공동경작하고, 그 수확량을 노동력에 따라 분배하는 일종의 공동농장제도인 '여전론'을 주장하였다. 저술로 목민심서, 경세유표, 흠흠신서와 탕론, 원목, 전론 등 500여권이 있다.

45 다음 중 실학의 성립배경이 되는 것은?

① 보국안민을 내세워 서양과 일본 세력을 배척하기 위하여

② 성리학을 배척하고 양명학을 수용할 필요가 없었기 때문에

③ 유교적 입장을 견지하면서 물질문화의 긍정적인 면은 수용할 필요가 없었기 때문에

④ 천주교를 배척하고 성리학을 옹호할 필요가 있었기 때문에

Tip ≫ 왜란과 호란 이후 일부 유학자들은 사림문화의 한계성을 인식하고 사회현실에 대한 반성과 극복의 길을 모색하였다. 또한 서양문물의 전래와 고증학의 영향으로 종래의 학문에 대해 비판이 일어났다.

46 조선 후기 서민문학의 성장에 관한 내용으로서 적절치 못한 것은?

① 판소리의 등장

② 사설시조의 등장

③ 경기체가의 발달

④ 한글소설의 발달

Tip ≫ ③ 경기체가는 고려 후기에 발달한 문학이다.

Answer ≫ 42.① 43.④ 44.③ 45.③ 46.③

47 다음과 같은 실학자의 개혁안이 나오게 된 근본원인은?

> • 유형원 : 균전론   • 이익 : 한전론   • 정약용 : 여전론

① 토지 소유의 편중   ② 환곡제의 문란
③ 관영수공업의 쇠퇴   ④ 부역제의 붕괴

> **Tip》** 조선 후기에는 양반 및 부농층에게로 토지가 집중되어 농민층이 몰락하게 되었다.

48 민족사의 측면에서 남의 신라와 북의 발해를 병립시켜 남북국시대라고 부를 것을 처음으로 제안한 책은?

① 이종휘의 동사   ② 유득공의 발해고
③ 한치윤의 해동역사   ④ 이긍익의 연려실기술

> **Tip》** ①② 이종휘의 동사는 고구려에 비중을 둔 역사서이고, 유득공의 발해고는 발해를 중심으로 한 민족의 역사를 다룬 사서로서, 둘 다 고대사 연구의 시야를 만주지방까지 확대하여 한반도 중심의 협소한 사관을 극복하기에 힘쓴 사서들이다.
> ③ 한치윤의 해동역사는 500여종의 다양한 외국 자료를 인용하여 민족사 인식의 폭을 넓히는 데 이바지하였다.
> ④ 이긍익의 연려실기술은 실증적이고 객관적인 서술로 조선시대의 정치와 문화를 정리한 책이다.

49 조선 후기 과학과 기술의 발달에 대한 설명으로 옳지 않은 것은?

① 자연과학은 학문으로서의 가치가 인정되지 못하여 발전하지 못하였다.
② 중국에서 전래된 곤여만국전도는 조선 사람의 세계관을 확대시켰다.
③ 농가집성은 이앙법의 보급에 공헌한 서적이다.
④ 18세기 말에는 냉장선이 등장하였다.

> **Tip》** ① 조선 전기에는 자연과학이 학문으로서의 가치를 충분히 인정받지 못하여 주로 통치의 한 방편으로 연구되어 왔고, 주로 중인층에 의해 연구되었다. 그러나 조선 후기에는 국민의 생활 개선을 중시하여 과학과 기술 분야에 깊은 관심을 보였다.

50 조선 후기에 만들어진 다음 저서의 공통된 성격은?

• 이중환의 택리지   • 유희의 언문지
• 정상기의 동국지도   • 안정복의 동사강목

① 화이관적 세계관의 반영   ② 실증적인 과학적 탐구방법
③ 부국강병을 위한 실용적 성격   ④ 민족의 전통과 현실에 대한 관심

     Tip 》 조선 후기에는 우리 민족의 전통과 현실에 대한 관심이 커져서 우리의 역사, 강토, 언어에
               대한 연구가 활발해졌다.

51 다음의 사항들이 갖고 있는 공통점은?

• 민화   • 사설시조
• 판소리   • 한글소설

① 서민층을 중심으로 발달하였다.   ② 내용보다는 형식을 중시하였다.
③ 성리학적 윤리관을 강조하였다.   ④ 과거의 전통을 벗어나지 못했다.

     Tip 》 조선 후기 문화의 특징은 양반 중심의 문예활동에서 벗어나 일반 서민들이 창작하고 향유하
               는 문학과 예술이 대두되었다는 점이다.

52 조선 후기의 건축물 중 공학상 견고할 뿐만 아니라 우리나라 전통의 양식과 서양의 건축술을
도입하여 축조한 건축물은?

① 수원화성   ② 김제 금산사 미륵전
③ 법주사 팔상전   ④ 경복궁 근정전

     Tip 》 18세기의 건축물로서 정약용의 치밀한 설계에 의해 축조된 수원화성을 말하는 것이다.

Answer 》   47.①   48.②   49.①   50.④   51.①   52.①

개화와 자주운동

01

① 조선의 근대 개혁 운동

(1) 조선 말기의 국내정세

① 대내외 정세
  ㉠ 대내적 : 세도정치, 민란의 발생
  ㉡ 대외적 : 일본과 서양 열강의 침략적 접근

② 흥선대원군의 정치
  ㉠ 내정개혁
  • 안동 김씨 일족의 축출 : 세도정치의 폐단 제거
  • 비변사 폐지 : 의정부 · 삼군부의 기능 회복
  • 서원의 정리 : 국가재정을 확충, 양반과 유생들의 횡포 막음
  • 경복궁 중건 : 왕권 강화
  • 삼정의 개혁 : 양전 사업을 실시하여 전정을 바로잡고, 군역제도를 개혁하여 호포법을 실시하였으며, 환곡제를 사창제로 개혁
  • 법전 정비 : 대전회통과 육전조례 등의 법전을 정비 · 간행
  • 한계 : 국가기강을 바로잡고 민생을 안정시키는 데 어느 정도 기여했으나 전통체제 내에서의 개혁
  ㉡ 대외정책
  • 통상수교거부정책 : 국방력을 강화하고 통상수교 요구를 거부했으며 천주교를 탄압
  • 결과 : 병인양요(1866)와 신미양요(1871)를 겪었지만 강화도에서 이들을 격퇴하였고 이후 척화비를 세우고 서양과의 수교를 거부
  • 한계 : 외세의 침략을 일시적으로 저지하는 데는 성공했으나 조선의 문호 개방이 늦춰짐

(2) 개항과 개화정책

① 개항

　㉠ 강화도조약과 개항(1876)

　　• 최초의 근대적 조약으로 부산, 원산, 인천 등 세 항구의 개항이 이루어짐

　　• 치외법권 · 해안측량권 등의 규정 : 불평등조약

　　• 통상장정 : 일본의 경제적 침략을 위한 발판을 마련

　㉡ 각국과의 조약 체결 : 미국, 영국, 독일, 러시아, 프랑스와 외교관계 수립 → 불평등조약(치외법권 인정, 최혜국 대우)

> Point 〉 **최혜국 대우** … 조약당사국 중에서 한 쪽이 다른 제3국에 특권을 줄 경우에, 다른 한 쪽이 자동적으로 동일한 혜택을 누릴 수 있다는 규정으로서 관세율 결정이나 이권 양도에 적용되었다.

② 개화정책의 추진

　㉠ 수신사의 파견 : 1차 김기수, 2차 김홍집이 일본에 다녀온 후 정부는 개화의 필요성을 느끼게 되어 개화파 인물들을 정계에 등용하여 개화정책을 추진

　㉡ 제도의 개편

　　• 통리기무아문의 설치 : 개화정책을 전담하기 위한 기구로 설치하고 그 아래에 12사를 구성

　　• 군제의 개혁 : 5군영을 무위영, 장어영의 2영으로 통합 · 개편하고, 신식군대의 양성을 위해 별기군을 창설하였고, 일본인 교관을 채용

　㉢ 근대문물 수용사절의 파견

　　• 신사유람단(1881) : 일본의 정부기관 · 각종 산업시설 시찰

　　• 영선사(1881) : 김윤식과 유학생들을 청의 톈진에 유학시켜 무기제조법, 근대적 군사훈련법을 배우게 함

③ 개화사상의 분화

　㉠ 온건 개화파 : 김홍집, 김윤식, 어윤중이 중심이 되어 동도서기론에 입각한 점진적인 개혁을 추구함

　㉡ 급진 개화파 : 김옥균, 박영효, 홍영식이 중심이 되어 서구의 사상과 문화 그리고 정치제도까지 수용한 급진적인 개혁을 추구함

④ 위정척사의 전개

　㉠ 위정척사운동 : 정학인 성리학과 성리학적 질서를 수호하고, 성리학 이외의 모든 종교와 사상을 배척

ⓒ 전개
- 1860년대 : 서양과의 교역을 반대하는 통상반대운동으로 전개, 이어 대원군의 통상수교거부 정책을 뒷받침
- 1870년대 : 왜양일체론, 개항불가론을 들어 개항반대운동을 전개
- 1880년대 : 정부의 개화정책 추진과 조선책략의 유포에 반발하여 개화반대운동 전개
- 1890년대 이후 : 항일의병운동으로 계승

ⓒ 의의 : 정치적·경제적인 면에서 강력한 반침략·반외세의 의지를 가지고 있었으나, 조선왕조의 전제주의적 정치체제, 자주 중심의 봉건적 정치체제, 양반 중심의 차별적 사회체제, 성리학적 유일사상체제를 유지시키는 데 목적을 둠

ⓔ 한계 : 반외세 자주운동이었지만 전통적인 사회체제를 그대로 유지하려고 하여 시대의 흐름에 뒤떨어짐

⑤ 임오군란의 발발(1882)

㉠ 원인 : 개화파와 보수파의 대립, 구식군대의 차별대우에 대한 불만으로 일어남

ⓒ 영향 : 일본과 제물포조약을 체결하여 배상금을 물고, 청의 내정간섭을 초래하였으며, 친청정책으로 인해 개화정책은 후퇴함

⑥ 갑신정변(1884)

㉠ 배경 : 임오군란 후 청의 내정간섭의 심화, 정부의 친청정책 등에 대한 반발로 급진개화파들이 갑신정변을 일으킴

ⓒ 내용
- 정치 : 청에 대한 사대외교의 폐지, 입헌군주제적 정치구조
- 경제 : 국가재정 충실(지조법 개정, 재정의 일원화), 자유로운 상업 발전(혜상공국 폐지)
- 사회 : 인민평등권과 능력에 따른 인재 등용

ⓒ 결과 : 3일천하로 끝난 이 정변은 개혁주체의 세력기반이 미약했던 점, 외세에 의존하면서 정변의 방법으로 권력을 잡으려 하였던 점, 청의 무력간섭 등으로 실패하였으며, 이후 한성조약과 톈진조약이 체결됨

> Point 〉 한성조약과 톈진조약
> ㉠ 한성조약 : 조선과 일본 간의 조약, 갑신정변으로 인한 일본의 사망자와 부상자에 대한 배상금 지불, 일본 공사관의 신축 비용 부담
> ⓒ 톈진조약 : 청과 일본 간의 조약, 청·일 양군의 동시 철수, 이후 조선 출병 시 사전 통보, 청·일전쟁의 원인이 됨

ⓔ 의의 : 근대국가 건설을 목표로 하는 최초의 정치개혁운동

❷ 열강의 침탈과 사회 · 경제적 변화

(1) 열강의 경제침탈과 경제적 구국운동

① 서구 열강의 침탈
- ㉠ 거문도 사건(1885~1887) : 조선과 러시아의 비밀 협약 소문을 빌미로 영국이 거문도를 불법으로 점령
- ㉡ 조선 중립화론 : 한반도를 둘러싼 열강의 대립 심화로 독일인 부들러와 조선의 유길준 등이 제기

② 개항과 농촌경제
- ㉠ 개항 초기 : 일본의 몰락한 상인이나 무사층이 불평등조약을 바탕으로 약탈무역을 자행하여 농촌경제가 악화되었다.
- ㉡ 청 · 일 전쟁 이후 : 일본인 대자본가들이 대거 침투하여 전주 · 군산 · 나주지역에 대규모 농장을 만들었다.
- ㉢ 러 · 일 전쟁 이후 : 철도부지와 군용지 확보라는 명목 아래 토지 약탈이 본격적으로 추진되었다.

③ 열강의 경제적 침탈
- ㉠ 일본 상인의 무역 독점
  - 개항 초기 : 외국 상인의 활동범위가 개항장 주변 10리 이내로 제한하는 거류지무역이 행해짐
  - 1880년대 : 외국 상인의 활동범위가 개항장 100리까지 확대되어 상인들은 내륙까지 진출
  - 임오군란 이후 : 일본 상인과 청나라 상인의 치열한 경쟁으로 국내 상업은 더욱 위축
  - 청 · 일 전쟁 이후 : 일본 상인이 조선 시장을 독점적으로 지배
- ㉡ 제국주의 열강의 경제 침탈
  - 금융 지배 : 일본 제일은행이 지점을 설치하여 은행업무, 세관업무, 화폐정리업무를 담당
  - 이권 탈취 : 아관파천 이후 극심, 철도부설권 · 광산채굴권 · 삼림채벌권 등 여러 이권이 일본, 러시아, 미국, 영국 등에 넘어감

④ 경제적 침탈에 대한 저항
- ㉠ 방곡령 시행 : 함경도, 황해도에서는 일제의 약탈적인 곡물 유출에 대항하여 방곡령을 시행하였다.

  > Point 〉방곡령
  > ㉠ 배경 : 일본 상인들의 농촌시장의 침투, 지나친 곡물 반출로 곡물가격의 폭등
  > ㉡ 근거 : 흉년이 들면 지방관의 직권으로 실시
  > ㉢ 외교문제화 : 방곡령을 실시하기 1개월 전에 통고해야 하는 의무를 어김(조 · 일통상장정)
  > ㉣ 방곡령 철회 : 배상금 지불

- ㉡ 상권수호운동 : 서울 상인들은 황국중앙총상회를 조직했으며, 경강상인들은 증기선을 도입하여 운송권 회복을 시도하였다.

ⓒ **이권침탈저지운동** : 독립협회는 열강의 이권 침탈에 대항하여 이권수호운동을 벌였다.

ⓔ **회사 설립**
- 1880년대 : 대동상회, 장통상회
- 1890년대 : 40여 개의 상회사 설립
- 대한제국시대 : 상공업 진흥정책이 실시된 이후에 해운회사, 철도회사, 광업회사 등과 같은 근대적 형태의 주식회사가 나타남

ⓜ **국채보상운동**
- 배경 : 일제의 차관 제공에 의한 경제예속화정책으로 인해 한국 정부는 총 1,300만 원의 외채를 짊어지게 됨
- 전개 : 대구에서 개최한 국민대회를 계기로 전국으로 확산되었고, 서울에서는 국채보상기성회가 조직되어 모금운동을 벌임
- 결과 : 통감부의 방해로 좌절

(2) 평등의식의 확산

① **천주교** … 조선 후기에 전래되기 시작한 천주교는 19세기 중엽에 교세가 확장되어 평등의식의 확산에 기여하였는데, 초기에 신도의 중심을 이루던 양반에서 점차 중인과 평민의 입교가 증가하였다(부녀자 신도가 많았음).

② **동학**
ⓐ **사회 혁명적 예언** : 현세를 말세로 규정하고 천지개벽에 의한 미래의 이상세계가 반드시 도래한다고 함
ⓑ **인내천사상** : 적서차별, 남존여비를 부정하는 인간평등주의로서 평민층 이하의 지지를 받음

> Point 〉 동학의 사상체계
> ⓐ **철학적** : 유교의 주기철학 계승
> ⓑ **종교적** : 샤머니즘, 도교에 기반
> ⓒ **사회적** : 인내천사상(평등주의와 인도주의 제창)

③ **개신교**
ⓐ 포교의 수단으로 각지에 학교를 설립하고 의료사업을 전개
ⓑ 선교과정에서 한글의 보급, 미신의 타파, 남녀평등사상의 보급, 근대 문명의 소개 등을 통하여 사회와 문화면에서 많은 영향을 끼침
ⓒ 애국계몽운동에도 이바지 함

④ **갑신정변** … 양반신분제도와 문벌을 폐지하고 인재를 등용하여 인민평등을 실현하려 하였음

02 주권수호운동의 전개

① 근대국가 수립 운동

(1) 동학농민운동과 청·일 전쟁

① 동학농민운동

　㉠ 배경

　　• 열강의 침략 경쟁에 정부의 대책이 미미하여 효과적으로 대응하지 못함

　　• 농민경제의 파탄

　　• 농촌지식인과 농민들 사이에 사회변혁욕구 생김

　　• 동학의 교세 확산

　㉡ 경과 … 고부봉기(보국안민·제폭구민 내세움) → 전주 점령(1894) → 집강소에서 폐정개혁 실천 → 일본의 침략과 내정간섭 강화 → 농민군 재봉기, 서울로 북상 → 우금치에서 관군·일본군에게 패배 → 동학농민운동 좌절

　㉢ 의의 … 반봉건적·반침략적 운동이었고, 비록 실패로 끝났으나 이들의 요구는 갑오개혁에 부분적으로 반영되었으며, 농민군의 잔여세력은 의병운동에 가담하여 반일무장투쟁을 활성화하였다.

　㉣ 동학농민군의 사회개혁운동

　　• 폐정개혁안 제시 : 탐관오리·횡포한 부호·양반유생의 징벌, 노비문서의 소각, 천인들에 대한 처우 개선, 과부의 재가 허용, 모든 무명잡세의 폐지, 문벌과 지벌을 타파한 인재 등용, 토지의 평균 분작 등을 주장하였다.

　　• 집강소 설치 : 집강소에서는 폐정을 개혁하면서 한편으로는 노비문서와 토지문서를 소각하고 창고를 열어 식량과 금전을 농민들에게 나누어 주었다.

> **Point** 〉 **동학학농민군의 개혁이 순조롭게 진행되지 못한 이유** … 농민군의 점령지역에서는 부자를 약탈하고 양반을 욕보이는 일이 벌어졌다. 이러한 농민군의 행동은 양반계층에게 지배층을 적대시하는 것으로 간주되어 향촌의 양반들은 농민군을 진압하고자 민보군을 조작하여 농민과 싸움을 벌였다.

② 청 · 일 전쟁

  ㉠ 배경

    • 조선에서 청과 일본 양국 상인의 대립 심화

    • 갑신정변 이후 체결된 톈진조약에 의한 청 · 일 양국 군대의 조선 파병

  ㉡ 전개

    • 조선에서의 철군을 거부한 일본군이 청 함대를 기습

    • 일본의 제해권 장악 및 산둥반도의 청 해군기지 공격

  ㉢ 결과

    • 시모노세키 조약 체결(1895) : 청은 조선의 공헌 전례(조공, 책봉) 폐지, 랴오둥 반도와 타이완을 나누어 받음

    • 러시아, 프랑스, 독일의 삼국간섭으로 랴오둥 반도는 청에게 돌려줌

(2) 근대적 개혁의 추진

① 내정개혁의 필요성 대두 … 정부는 교정청을 설치하여 자주적인 개혁에 착수하였다.

② 갑오개혁(1894)

  ㉠ 배경 : 일본은 내정개혁을 강요하여 경복궁을 점령하고, 친일내각과 군국기무처를 설치하여 갑오개혁을 추진

  ㉡ 내용

    • 정치면 : 내각의 권한 강화, 왕권 제한

    • 사회면 : 신분제의 철폐, 전통적인 폐습 타파

  ㉢ 한계 : 군사면의 개혁과 농민들이 요구한 토지제도의 개혁이 거의 이루어지지 않음

③ 을미개혁 … 을미사변(1895, 명성황후시해사건) 이후에 을미개혁과 단발령을 시행하였는데, 이에 유생층과 농민들은 의병을 일으켰으며 아관파천으로 중단되었다(1896).

④ 의의 … 갑오개혁과 을미개혁은 일본에 의한 강요도 있었으나, 개화파 인사들과 동학농민층의 개혁의지가 반영된 근대적 개혁이었다.

⑤ 갑오개혁과 신분제의 폐지

  ㉠ 내용 : 군국기무처는 전통적 신분제도와 문벌 및 출신지역을 가려 인재를 등용하는 폐습의 개혁을 실시하였다. 이 개혁은 반상과 귀천을 초월한 평등주의적 사회질서의 수립, 노비 및 기타 천민층의 점진적 해방, 기술직 중인의 관직 등용의 확대, 여성의 대우 향상과 혼인풍습의 개선 등을 포함하였다.

ⓛ 의의
- 조선 사회를 근대화하는 데 기여
- 양반들의 권력독점체제를 해체시키는 계기

ⓒ 한계
- 대부분의 사회제도개혁안은 양반제, 노비제 등을 포함한 전통적 신분제도를 철저히 타파하기보다는 점진적·개량적으로 접근
- 정치·경제·사회적으로 많은 개혁이 이루어졌으나, 가장 절실했던 군사제도의 개혁은 전혀 이루어지지 않아 군대 수·무기의 제한 등 지엽적인 것만 개혁함으로써 1910년까지의 병력이 9,000명 정도에 불과하여 독립국가로서의 군대기능이 미약
- 일본의 침략적 의도에 따라 강행된 타율적인 개혁이어서 일본의 자본주의가 침투할 수 있는 계기를 마련

(3) 독립협회와 대한제국

① 독립협회(1896)

ⓐ 배경 : 아관파천 이후 열강의 이권 침탈의 심화

ⓑ 창립 : 자유민주주의 개혁사상을 민중에게 보급하고 국민의 힘으로 자주독립국가를 수립하기 위하여 근대사상과 개혁사상을 지닌 진보적 지식인과 도시시민층이 구성원이 되어 독립신문을 창간하고 독립협회를 창립(1896)

ⓒ 독립협회의 주요 활동
- 민중에 기반을 둔 사회단체로 발전하여 강연회·토론회 개최
- 신문과 잡지를 발간하고 자주국권운동, 자유민권운동, 국민참정권운동을 전개
- 만민공동회와 관민공동회를 개최하여 헌의 6조를 결의함으로써 중추원을 개편하여 의회를 만들려고 함

ⓓ 해산 : 서구식 입헌군주제의 실현을 목표로 하였기 때문에 보수세력의 지지를 얻지 못하였고, 보수세력은 황국협회를 이용하여 독립협회를 해산시킴

② 대한제국(1897)

ⓐ 성립 : 고종의 환궁 후 대한제국을 선포하고 연호를 광무라고 함

ⓑ 개혁
- 옛 제도를 근본으로 하고 새로운 제도를 참작한다는 구본신참의 시정방향을 제시
- 대한국 국제를 제정하여 전제황권을 강화하고자 함
- 양전 사업을 실시하고 지계를 발급하여 근대적 토지소유 제도를 마련하였고, 상공업 진흥책을 추진

ⓒ 한계 : 집권층의 보수성과 열강의 간섭으로 실패

③ 민권운동의 전개(독립협회의 활동)

㉠ 인권확대운동 : 천부인권사상을 근거로 국민의 생명과 재산권을 보호할 목적으로 한 운동으로서, 이는 오랜 전제군주제 및 양반관료제의 횡포로부터 백성을 보호하려는 것이었다.

㉡ 참정권 실현운동
- 중추원을 개편하여 의회로 만들자는 의회설립운동을 전개

    Point 〉 **폐의회설립운동** … 독립협회는 철야 상소 시위로써 박정양 · 민영환을 중심으로 한 진보내각을 수립하고, 1898년 11월 2일 역사상 최초의 의회설립법안인 중추원신관제를 공포하게 하였다. 이에 따르면, 중추원은 단순한 자문기관이 아닌 당당한 입법기관이고, 의원 50명 중 반수는 독립협회 등 민회에서 투표로 선거하고 부의장도 중추원 의원의 선거에 의하여 임명하도록 하였다.

- 관민공동회를 개최하여 고종에게 올리는 헌의 6조를 가결하여 입헌군주제를 지향

    Point 〉 **폐만민공동회의 개최** … 민중과 유리된 개혁의 실패를 반성한 독립협회는 근대화된 민중이 개혁의 주체가 되도록 유도하여 우리나라 최초의 민중대회인 만민공동회를 개최하였다.

㉢ 민권사상의 확산 : 독립협회의 운동은 실패로 끝났지만, 관민공동회에서 천민이 연사로 나서고 만민공동회에서 시전상인이 회장으로 선출된 사실은 민권사상과 평등사상이 확산되고 있었음을 보여주었다.

② 국권 피탈과 국권 수호 운동

(1) 일제의 국권 침탈

① 한 · 일 의정서(1904) … 러 · 일전쟁 중에 체결한 문서로 일본이 한반도의 군사 요지 사용권을 획득

② 제1차 한 · 일협약(1904) … 대한제국의 재정 · 외교 등에 외국고문 파견

③ 제2차 한 · 일협약(을사늑약, 1905)

㉠ 대한제국의 외교권 박탈

㉡ 통감부 설치, 초대 통감에 이토 히로부미 임명

④ 헤이그 특사 사건(1907)

㉠ 제2회 만국평화회의에 특사를 파견해 일제에 의해 강제 체결된 을사조약의 불법성을 폭로, 한국의 주권 회복을 열강에게 호소

㉡ 국제사회의 무관심과 특사 파견의 책임 추궁으로 인한 고종 황제의 강제 퇴위

⑤ **제3차 한 · 일협약**(정미 7조약, 한 · 일 신협약, 1907)

    ㉠ 행정 각부에 일본인 차관 임명

    ㉡ 부수 각서에 군대 해산 명시

⑥ **기유각서**(1909) ··· 사법권, 감옥 사무를 일본에 위탁, 사법권 및 경찰권 강탈

⑦ **한 · 일 병합 조약**(1910, 국권 피탈) ··· 대한제국의 주권 강탈, 식민지로 전락

      Point 〉 **간도협약**(1909)
          ㉠ 백두산정계비의 해석을 둘러싼 청과 한국정부의 갈등
          ㉡ 대한제국은 간도를 함경도의 행정구역으로 편입(1902)
          ㉢ 일제는 청과 간도협약(1909)을 체결하여 만주의 철도부설권과 탄광 채굴권을 획득하고, 간도를 청의 영토로 인정

(2) 항일의병운동의 전개

① **을미의병** ··· 을미사변과 단발령으로 유생층의 불만이 최고조에 이르렀고 농민과 동학농민군까지 가세하여 전국적으로 확대되었다.

② 아관파천(1896) 이후 단발령이 철회되고, 고종의 해산 권고로 을미의병은 자진해산을 하게 되었다.

③ **을사조약**(1905) **폐기운동**

    ㉠ 민영환 : 자결로써 항거함

    ㉡ 조병세 : 조약의 폐기를 요구하는 상소운동을 벌임

    ㉢ 5적 암살단 : 5적의 집을 불사르고 일진회 사무실을 습격

④ **을사의병** ··· 민종식, 최익현, 신돌석(평민의병장) 등의 활약이 두드러졌으며, 이들은 조약의 폐기와 친일내각의 타도를 주장하였다.

⑤ **정미의병** ··· 고종의 강제퇴위와 군대가 해산되자(1907) 해산군인들이 의병에 합류하였고, 활동 영역은 간도 · 연해주 등 국외로까지 확산되었다.

⑥ **서울진공작전** ··· 전국의 의병부대는 연합전선을 형성하여 서울진공작전을 시도하였으나 실패로 돌아갔다(1908).

⑦ **의병전쟁의 위축과 계승**

    ㉠ 위축 : 일본군의 남한대토벌작전(1909)으로 크게 위축

    ㉡ 계승 : 많은 의병들이 간도와 연해주로 옮겨 독립군으로 계속 항전했으며, 일부는 국내에서 유격전을 전개

⑧ 의의

　　㉠ 구국운동의 대표적 형태로 민족의 강인한 저항정신을 표출

　　㉡ 국권 회복을 위한 무장투쟁을 주장하였고, 식민지체제하에서의 항일무장 독립투쟁의 기반을 마련

⑨ 한계 … 의병전쟁은 전국적으로 확산되고 광범한 사회계층을 망라하였으나 일본군의 정규군을 제압할 수는 없었고, 또 의병을 주도한 양반 유생층이 전통적 지배질서의 유지를 고집하였으므로 대다수 농민의병들과 갈등을 빚어 소기의 성과를 거두지 못하였다.

(3) 애국계몽운동의 전개

① 초기 단체

　　㉠ 개화 · 자강계열 단체들이 설립되어 구국민족운동을 전개

　　㉡ 보안회 : 일제의 황무지개간권 요구를 철회

　　㉢ 헌정연구회 : 입헌정체의 수립을 목적으로 설립

② 1905년 이후 단체

　　㉠ 국권 회복을 위한 애국계몽운동을 전개

　　㉡ 대한자강회 : 교육과 산업을 진흥시켜 국권 회복을 위한 실력양성운동을 전개했으나 고종의 강제퇴위반대운동으로 해산

　　㉢ 대한협회 : 교육의 보급, 산업 개발 및 민권 신장 등을 강령으로 내걸고 실력양성운동을 전개

　　㉣ 신민회

　　　• 비밀결사조직으로 국권 회복과 공화정체의 국민국가 건설을 목표로 함

　　　• 국내적 : 문화적 · 경제적 실력양성운동 펼침

　　　• 국외적 : 독립군기지 건설에 의한 군사적인 실력양성운동에 힘씀

　　　• 105인 사건으로 해체

> Point 〉 105인 사건 … 일제는 1910년 12월 평안도를 중심으로 한 배일 기독교 세력과 신민회의 항일운동을 탄압하기 위하여 총독암살음모를 날조하여 수 백 명의 민족지도자를 투옥하고 중심인물 105인을 재판에 회부하였다. 그리하여 신민회는 해체되었다.

③ 의의 … 민족독립운동의 이념과 그 전략을 제시하고 장기적인 민족독립운동의 기반을 닦았다.

④ 한계 … 일제에 의하여 정치적 군사적으로 예속된 상태에서 전개되어 항일투쟁의 성과면에서는 일정한 한계가 있었다.

(4) 제국주의 열강의 관계

① **가쓰라-태프트 밀약** : 1905년 7월에 일본 수상 가쓰라와 미국 국방장관 태프트가 동경에서 맺은 밀약으로 일본의 조선 지배와 미국의 필리핀 지배를 양국이 서로 인정한 밀약이다.

② **제2차 영·일 동맹** : 1905년 8월에 영국이 조선에 대한 일본침략을 승인, 영국의 인도 지배와 일본의 조선 지배를 양국이 서로 인정한 동맹이다.

③ **포츠머스 조약** : 러·일 전쟁에서 일본이 승리하자 러시아가 일본의 조선 지배를 인정한 조약이다.

민족의 수난과 항일독립운동

① 일제의 식민지 지배와 민족운동의 전개

(1) 국권의 피탈과 민족의 수난

① **국권의 피탈** … 한 · 일신협약(차관정치) → 군대 해산 → 사법권 · 경찰권 박탈 → 국권 강탈(1910)

② **조선총독부** … 입법 · 행정 · 사법 · 군대통수권을 장악하고 한국인 회유책으로 중추원을 설치하였다.

③ **헌병경찰통치**

  ㉠ 헌병경찰이 경찰의 임무를 대행하고 독립운동가를 색출하여 처단하였으며 즉결처분권을 가짐

  ㉡ 독립운동을 탄압하여 105인 사건이 일어나기도 함

④ **문화통치**(1919 ~ 1931)

  ㉠ **배경** : 3 · 1운동과 국제여론의 악화로 제기됨

  ㉡ **내용**

   • 문관총독의 임명 약속 → 임명되지 않음

   • 보통경찰제로 바꿈 → 경찰수와 장비는 증가

   • 교육 보급의 확대 → 초급의 학문과 기술교육만 허용

  ㉢ **본질** : 소수의 친일분자를 키워 우리 민족을 이간하여 분열시킴

⑤ **민족말살통치**(1931 ~ 1945)

  ㉠ **병참기지화 정책** : 한반도를 대륙 침략의 병참기지로 삼고 태평양전쟁을 도발하면서 식민지 수탈을 강화

  ㉡ **민족말살정책**

   • 내선일체, 일선동조론, 황국신민화 등을 내세워 우리말과 글의 사용을 금지하고, 우리 역사를 배울 수 없게 함

> Point 〉 내선일체와 일선동조론
>
>   ㉠ **내선일체** : 내는 내지인 곧 일본을, 선은 조선을 가리킨다. 일본과 조선은 한 몸이라는 뜻으로, 한국인을 일본인으로 동화시키려 한 것이다.
>
>   ㉡ **일선동조론** : 일본인과 조선인은 조상이 같다는 이론으로 한국인의 민족정신을 근원적으로 말살하기 위한 것이다.

- 황국신민 서사암송, 궁성요배, 신사참배는 물론 성씨와 이름까지 일본식으로 고쳐 쓰게 강요
- 강제징용으로 노동력 착취
- 정신대라는 이름으로 젊은 여성들을 군수공장에서 혹사시키고 일부는 일본군 위안부로 삼음

(2) 일제하 민족경제의 변화

① 식민지 수탈경제

ㄱ 토지조사사업(1912 ~ 1918)
- 기한부 신고제 : 우리 농민이 토지 소유에 필요한 서류를 갖추어 지정된 기간 안에 신고해야만 소유권을 인정하였는데, 신고기간이 짧고 절차가 복잡하며 신고의 기회를 놓친 사람이 많았음
- 결과 : 3%의 지주가 경작지의 50% 이상을 소유하여 지주제가 강화되고 소작농이 증가되었으며, 고율의 소작료를 부담하게 되자 농민들은 몰락하기 시작함

ㄴ 산미증식계획(1920 ~ 1934)
- 배경 : 일제는 공업화의 추진에 따라 생산이 부족하게 된 식량을 우리나라에서 착취하기 위해 산미증식계획을 세움
- 내용
  - 수리조합사업, 토지개량사업 등의 비용을 농민에게 전가
  - 쌀 생산을 강요하여 논농사 중심의 농업구조로 바뀜
  - 920만 석의 증산목표를 세웠으나 증산량보다 많은 양의 미곡을 수탈→식량 부족 심화

ㄷ 산업의 침탈
- 우리의 자원을 약탈하기 위하여 광업령, 임야조사사업, 어업령 등을 실시
- 통감부시기에 화폐정리사업을 주도하여 민족자본의 축적을 와해

> Point 〉 화폐정리사업(1905)
> ㄱ 목적 : 일본의 한국 금융 지배
> ㄴ 명목 : "한국의 화폐가 문란하고 재정이 고갈되었으니 화폐를 급속히 정리하고 국가재정의 원천인 세금제도를 개혁해야 한다.'
> ㄷ 내용 : 금본위 화폐제도 실시, 한국의 백동화와 엽전을 일본 제일은행권과 교환
> ㄹ 결과 : 한국 화폐가치의 평가 절하→한국의 금융 산업을 일본에 예속, 한국 중소상공업자들이 자본을 상실하고 몰락

- 회사령 공포 : 한국인의 회사 설립과 경영 통제, 민족자본의 성장 억제, 일본인이 한국 공업을 주도
- 군수공업화정책 : 전기, 제철, 중화학공장 등을 설치하여 우리나라를 병참기지로 삼으려 함
- 전시통제경제가 실시되고 식량배급제도와 각종 물자의 공출제도를 강행

② 경제적 민족운동

    ㉠ **소작쟁의** : 3 · 1운동 이후 정치 · 사회적으로 각성된 소작농들은 1920년대부터 일본인 지주나 조선인 지주에 대항하여 소작료 인하, 소작권 박탈 반대 등을 요구하는 소작쟁의를 벌였고, 생존권 투쟁으로 시작된 이 운동은 점차 항일민족운동으로 발전해 갔다.

    ㉡ **민족기업의 성장** : 평양, 대구, 부산 등 대도시에서 순수한 민족자본에 의하여 직포공장, 메리야스공장, 고무신공장 등 경공업 등이 세워졌고, 대지주 출신의 기업으로는 경성방직주식회사가 있었다.

    ㉢ **물산장려운동**

        • 목적 : 민족기업을 지원하고 민족경제의 자립의 달성

        • 일제의 탄압 : 총독부는 물자를 통제하고 기업정비령을 통해 민족기업을 억압하여 강제 청산하거나 일본 공장에 흡수 · 합병시킴

> **Point** 〉 **물산장려운동**
>   ㉠ **조선물산장려회**(1922) : 조만식 주도
>   ㉡ **물산장려운동** : 국산품 애용(일본 상품 배격), 소비절약운동(근검저축, 생활개선, 금주 · 단연), 자작회 결성(학생 중심)
>   ㉣ **노동쟁의** : 민족 차별적인 저임금, 장시간의 노동 등 열악한 노동조건에 허덕이고 있었던 노동자들은 노동조건의 개선, 임금 인상 등을 주장하는 노동운동을 벌였고, 이들의 노동운동은 일제의 탄압 속에서 성장하여 점차 항일민족운동으로 발전해 갔다.

(3) 한인의 국외 이주와 독립운동

① 만주 이주

    ㉠ 19세기 중엽 : 기아와 열악한 경제상황을 타개하기 위해 이주

    ㉡ 20세기 초반 : 일제의 탄압을 피하고 항일운동을 위해 이주, 독립전쟁을 위한 기지 건설(남만주의 삼원보, 밀산부의 한흥동)

② **연해주 이주** … 한민회가 설치되었고, 이상설은 대한광복군 정부를 수립하여 무장투쟁의 기반을 마련하였다.

③ 미국 이주

    ㉠ 하와이 : 1905년 말까지 7,000여 명이 이주하여 가혹한 노동에 시달림

    ㉡ 미국 본토 : 대부분 유학생이나 관리 출신

    ㉢ 교민단체로는 하와이에 신민회와 한인협성회가 있었고, 미국 본토에는 샌프란시스코 지역을 중심으로 공립협회가 결성되었다가 뒤에 국민회로 재조직되었으며, 안창호도 흥사단을 조직하여 활동함

④ **일본 이주** … 최팔용이 중심이 되어 조선청년독립단을 구성하고 2 · 8독립선언을 발표하여 3 · 1운동의 도화선을 제공하였다.

(4) 3 · 1운동

① 국권 회복 노력
　㉠ **국내** : 독립의군부 · 대한광복회 · 조선국권회복단
　㉡ **국외** : 독립운동기지를 건설하여 무장투쟁의 전통을 계승하고 독립전쟁의 기반을 다져나감

② 독립선언
　㉠ 민족지도자들은 민족자결주의와 2 · 8독립선언에 고무되어 민족대표 33인의 이름으로 독립
　　선언서를 발표하고, 국내외에 독립을 선포(1919. 3. 1)
　㉡ 서울과 지방에서 학생과 시민들이 중심이 되어 거족적인 만세시위를 전개
　㉢ 만세시위운동은 지방도시에서 농촌으로까지 파급되었고 무력적인 저항운동으로 바뀌어 감
　㉣ 국외로 확산되어 만주와 연해주, 미국, 일본 등지에서도 시위가 전개

③ **의의** … 3 · 1운동은 전 민족이 참여한 대규모의 독립운동이었으며, 우리 민족에게 독립의 희망
과 자신감을 갖게 하고 국내외에 민족의 주체성을 확인하는 계기가 되었다.

❷ 대한민국 임시정부 수립과 민족운동의 발전

(1) 대한민국 임시정부

① **배경** … 3 · 1운동을 계기로 독립을 선포한 우리 민족은 좀 더 조직적으로 독립운동을 추진하고,
독립 전후의 국민국가 건설을 준비하기 위하여 정부를 수립하고자 노력하였다. 그러한 노력으
로 연해주의 대한국민의회, 국내의 한성정부, 중국 상하이의 대한민국 임시정부가 출범하였다.

② **임시정부의 통합** … 한성정부와 대한국민의회가 통합되어 상하이에 대한민국 임시정부가 수립되
었고, 이는 3권 분립과 민주공화제 정부의 성격을 가졌으며 주석 · 부주석체제를 갖추었다.

③ 임시정부의 활동
　㉠ 비밀행정조직망인 연통제와 교통국이 설치되어 군자금 모금과 정보 수집에 기여
　㉡ **외교활동** : 파리강화회의에 대표를 파견, 구미위원부 설치
　㉢ **사료편찬소 설치** : 독립신문과 한일관계 사료집 간행

(2) 민족문화 수호 운동

① 일제의 민족말살정책과 한국사 왜곡
- ㉠ **우민화교육과 동화정책** : 일제는 우민화교육과 동화정책을 통하여 한국인의 황국신민화를 꾀하였고, 1930년대 후반 이후에는 우리 민족의 문화와 전통을 말살시키려는 민족말살정책을 강행하면서 우리말과 우리 역사교육을 일체 금지하였다.
- ㉡ **한국사의 왜곡**
  - 일제는 우리 민족의 긍지와 정체성을 심어주는 한국사를 왜곡하여 한국인의 민족의식을 약화시키고 말살하려고까지 함
  - 한국사의 타율성·정체성·당파성 등이 강조되었고, 자율성과 독창성 등은 무시
  - 식민사관을 토대로 일제가 설치한 조선사편수회는 조선사를 편찬하여 한국사 왜곡에 앞장

② 민족문화 수호 운동의 전개
- ㉠ **한글보급운동**
  - 조선어연구회 : 3·1운동 이후 이윤재, 최현배 등의 국어학자들이 조직하여 국어 연구와 한글의 보급에 힘썼고, 한글을 간행하여 한글의 보급과 대중화에 공헌
  - 조선어학회
  - –1930년대에 조선어연구회가 개편되어 성립
  - –한글맞춤법통일안과 표준어를 제정하고 한글의 연구와 보급에 크게 기여하였으며, 우리말큰사전의 편찬에 착수하였으나 일제의 방해로 성공하지 못함
  - –1940년대 초에 일제는 조선어학회 사건을 일으켜 수많은 회원들을 투옥
- ㉡ **한국사의 연구**
  - 일제의 한국사 왜곡에 맞서 민족주의 사학자들은 우리 민족문화의 우수성, 한국사의 주체적 발전 등을 강조
  - 박은식
  - –19세기 이후 민족의 수난을 밝힌 한국통사와 우리의 항일투쟁을 다룬 한국독립운동지혈사를 저술
  - –민족정신을 '혼'으로 파악
  - 신채호
  - –일제의 왜곡이 심하였던 고대사 연구에 치중하여 조선상고사, 조선사연구초 등을 저술하여 민족주의 역사학의 기반을 확립
  - –'낭가사상'을 강조
  - 정인보
  - –신채호를 계승하여 고대사 연구에 치중하였고 오천년간 조선의 얼을 신문에 연재
  - –'얼'을 강조

③ 민족교육진흥운동
  ㉠ 민립대학설립운동 : 한규설과 이상재 등은 조선교육회를 조직하고, 고등교육기관을 설립하여 우수한 인재를 양성하고자 총독부에 대학 설립을 요구하였으나 총독부가 이를 무시하였다. 그러자 조선교육회는 민립대학설립운동을 전개하여 모금운동을 벌였으나 일제의 방해로 실패로 돌아갔다. 그 대신 일제는 경성제국대학을 설립하여 조선인의 불만을 무마하려고 하였다.
  ㉡ 문맹퇴치와 농촌계몽운동
    • 1920년대 초 : 학생, 지식청년, 문화단체 등이 계몽운동을 시작
    • 1930년 전후 : 언론계와 청년학생이 힘을 합쳐 문맹 퇴치와 농촌 계몽을 통하여 민족의 자강을 이룩하고자 노력함

(3) 다양한 민족운동

① 사회주의 운동의 대두
  ㉠ 사회주의 운동의 전개 : 1920년대 러시아와 중국에서 활동하고 있던 독립운동가들에 의하여 사회주의 사상이 처음 유입
  ㉡ 사회주의 유입의 결과 : 노동운동, 농민운동, 청년운동, 학생운동, 여성운동, 형평운동 등이 전개

> Point 〉 형평운동 … 일제는 조선의 봉건적인 지배관계를 온존하는 정책을 써 백정들에게 입학원서나 관공서에 제출하는 이력서 등에 반드시 그 신분을 기록하도록 하였다. 이에 대하여 백정들은 형평사를 조직하여 신분해방운동을 벌였다. 형평운동은 일제강점기에 다른 사회운동단체와의 제휴 아래 민족해방운동의 일익을 담당하였다.

② 신간회운동
  ㉠ 민족주의 진영과 사회주의 진영은 민족유일당, 민족협동전선이라는 표어 아래 이상재, 안재홍 등을 중심으로 신간회를 결성
  ㉡ 전국에 약 140여개소의 지회를 두고 노동운동과 농민운동을 지도
  ㉢ 1929년에 광주학생항일운동의 진상 보고를 위한 민중대회를 계획

> Point 〉 신간회
>   ㉠ 목표 : 민족주의계 · 사회주의계가 이념과 방략을 초월한 단일화된 민족운동을 추진하고자 함
>   ㉡ 강령 : 민족의 단결, 정치적 · 경제적 각성의 촉구, 친일 기회주의자 배격
>   ㉢ 활동 : 광주학생항일운동에 조사단 파견, 수재민 구호운동, 재만동포 옹호운동 전개, 농민운동 · 학생운동 지원
>   ㉣ 해체 : 일제의 탄압과 내부의 이념 대립으로 1930년대 초 해체

③ 농민운동
  ㉠ 소작쟁의를 중심으로 추진
  ㉡ 1920년대 전반기 : 소작인조합이 중심이 된 소작쟁의로 50% 이상이었던 고율의 소작료 인하와 소작권 이동 반대가 주목적

ⓒ 1920년대 후반기
- 자작농까지 포함하는 농민조합이 소작쟁의를 주도
- 규모가 확대되고 기간도 장기화되어 갔으며, 형태도 대중적 봉기형태로 옮아감
- 동양척식주식회사 농장의 소작쟁의는 항일운동의 성격을 띰

④ 노동운동
ⓐ 자유노동자를 중심으로 노동조합이 결성
ⓑ **파업투쟁** : 임금 인상, 단체계약권의 확립, 8시간 노동제의 실시, 악질 일본인 감독의 추방, 노동조건의 개선 등을 요구
ⓒ 1920년대 후반기
- 서울, 인천, 목포 등 대도시에 한정되던 노동쟁의가 전국 각지로 확산
- 영흥 노동자 총파업, 원산 노동자 총파업 등 지역 총파업이 진행되어 노동운동이 대중화하는 양상을 보였으며, 항일적 성격을 띤 운동으로 변모하게 됨

> Point 〉 **노동운동**
> ⓐ **영흥 노동자 총파업**(1928) : 영흥지방 노동자들이 흑연 광부의 파업에 총파업으로 동조하여 임금 인상 등으로 마무리
> ⓑ **원산 노동자 총파업**(1929) : 일제시기 최대 규모의 파업으로서 석유회사의 일본인 감독이 한국인 유조공을 구타하자 노동자 120명이 감독의 파면과 처우 개선을 요구하며 파업한 데서 시작하여 상인들의 철시 파업 및 전국 각지의 원조와 성원하에 4개월 동안 전개

⑤ 여성운동
ⓐ **1920년대 초반** : 민족주의의 영향 아래 가부장제 혹은 전통적 인습 타파라는 주제로 계몽 차원에서 전개
ⓑ **1920년대 중반** : 여성 해방의 문제를 계급 해방, 민족 해방의 문제와 연결지으면서 사회주의 운동과 결합되는 모습으로 변화

⑥ 학생운동
ⓐ 동맹휴학형태로 전개
ⓑ 처음에는 시설 개선이나 일인교원 배척 등의 요구가 많았으나, 점차 식민지 노예교육 철폐, 조선역사의 교육, 교내 조선어 사용, 학생회 자치, 언론·집회의 자유 등의 요구가 대두
ⓒ **광주학생항일운동** : 일반 학생의 반일감정을 토대로 일어난 민족운동으로서 청년운동의 절정을 이룸

> Point 〉 **광주학생항일운동**(1929) ··· 광주에서 일본 남학생이 한국 여학생을 희롱한 사건을 계기로 한·일 학생 간에 충돌이 일어나면서 시작되었다. 일본 경찰이 일방적으로 한국 학생들만 검거·탄압하자, 광주의 모든 학교 학생들이 궐기하였다. 이에 일반 국민들도 가세함으로써 광주학생항일운동은 전국적인 규모의 항일투쟁으로 확대되었다.

(4) 국내의 항일운동

① 6·10만세운동(1926) ··· 일제의 수탈정책과 식민지교육에 대한 반발로 일어났으며, 순종의 장례식이 전국적 만세시위로 확대된 것이다.

② 광주학생항일운동(1929) ··· 6·10만세운동 이후 항일결사를 조직하여 투쟁을 전개하던 학생들은 광주에서 발생한 한·일 학생 간의 충돌사건을 일본 경찰이 편파적으로 처리하자 일제히 궐기하였으며, 학생들의 투쟁에 일반 국민들이 가세하여 전국적인 규모의 항일투쟁으로 확대되었고, 만주지역의 민족학교학생들과 일본 유학생들까지 궐기하였다.

③ 무장항일투쟁 ··· 보합단(평북 동암산), 천마산대(평북 천마산), 구월산대(황해도 구월산) 등이 대표적인 무장단체였으며, 이들의 목표는 일제의 식민통치기관을 파괴하고 친일파를 처단하는 것이었다.

(5) 항일독립전쟁의 전개

① 독립운동기지 건설
  ㉠ 일제에 나라를 빼앗긴 뒤 신민회 회원 중심의 애국지사들은 간도와 연해주지방에 한민족 집단 거주지를 개척하여 독립운동기지를 건설하고 항일독립전쟁을 준비
  ㉡ 남만주의 삼원보(이희영과 이상룡 등), 밀산부의 한흥동(이상설과 이승희 등), 블라디보스토크의 신한촌 등이 대표적인 독립운동기지임

② 항일독립전쟁
  ㉠ 1920년대 홍범도가 이끈 대한독립군이 승리한 봉오동전투와 김좌진이 이끈 북로군정서군과 여러 독립군 부대가 연합하여 거둔 청산리대첩이 가장 두드러짐
  ㉡ 독립군은 군자금 모금, 밀정 처단, 친일파 숙청 등의 활동을 벌이기도 함

③ 독립군의 시련 ··· 간도참변(1920), 자유시참변(1921)으로 독립군은 큰 타격을 받게 되었다.
  ㉠ 간도참변 : 독립군에 패한 일본군은 간도 일대에서 동포 1만여 명을 학살하였고, 민가 2,500여 채와 학교 30여 채를 불태움
  ㉡ 자유시참변 : 소련의 자유시로 이동한 독립군은 적군(소련군)과 백군(반혁명군)의 내전에서 적군을 도왔다. 이것은 시베리아에 출병한 일본군이 백군을 지원하고 있었기 때문이었다. 그러나 승리한 적군이 독립군의 무장을 강제로 해산하려고 하자 이에 저항하던 독립군은 무수한 사상자를 내었다.

④ 3부의 성립 ··· 독립군 통합운동을 추진하여 참의부·정의부·신민부를 결성하였다.

⑤ 한·중 연합작전 ··· 한국독립군과 조선혁명군이 중국군과 연합하여 항일전을 전개하여 많은 전투에서 승리하였다.

⑥ 한국광복군의 창설(1940)
　㉠ 대한민국 임시정부에서는 만주지역의 독립군과 각처에 산재해 있던 무장투쟁세력을 모아 충칭에서 한국광복군을 창설
　㉡ 임시정부가 일본에 선전포고를 한 후 연합군과 공동으로 인도와 미얀마 전선에 참전하였고, 조선의용대를 일부 통합하여 군사력을 증강
　㉢ 미국과 협조하여 국내진공작전을 준비하였으나 일본의 패망으로 실현하지는 못함

04 대한민국의 발전

① 광복과 대한민국 정부 수립

(1) 광복 직후의 국내정세

① 광복 직전의 건국준비활동
- ㉠ 대한민국임시정부 : 대한민국건국강령을 제정·공포
- ㉡ 중국 화북지방의 사회주의 계열 독립운동가 : 민주공화국의 수립을 강령으로 내세우고 건국 준비
- ㉢ 국내 : 조선건국동맹이 조직되어 일제 타도와 민주주의 국가 건설을 추구함

② 국토의 분단
- ㉠ 미·소 양군은 광복 후 38도선을 경계로 남과 북에 각각 진주하면서 군정 실시
- ㉡ 모스크바에서 열린 미국·소련·영국의 3국 외상회의(1945. 12)에서 임시정부의 수립, 미·소 공동위원회의 설치, 한반도 신탁통치 등을 결정(좌익과 우익 대립)

③ 통일정부 수립 추진 … 분단을 우려한 인사들이 좌우합작운동과 남북협상(김구)을 벌였으나 실패로 돌아갔다.

(2) 대한민국 정부의 수립

① 과정
- ㉠ 5·10총선거 실시 : 남한의 단독선거
- ㉡ 제헌국회의 구성 : 민주공화국체제의 헌법 제정
- ㉢ 대한민국 정부 수립 : 제헌국회에서 대통령으로 선출된 이승만이 정부를 구성하고 대한민국 수립을 선포(1948. 8. 15)

② 건국 초기 국내정세
- ㉠ 제주도 4·3사건과 여수·순천 10·19사건 : 정부 수립 전후 한 시기에 좌우익의 대립이 격화되어 일어남
- ㉡ 이승만의 반공정책 강화 : 좌우갈등을 극복하고 사회질서를 확립한다는 명분으로 반공정책을 강화

ⓒ 반민족행위처벌법의 제정
- 목적 : 제헌국회에서 친일파를 처벌하여 민족정기를 바로잡기 위함
- 내용 : 반민족행위특별조사위원회를 설치하여 일제 강점기의 친일행위자를 처벌하고 공민권을 제한
- 결과 : 반공정책을 우선시하였던 이승만 정부의 소극적인 태도와 친일세력의 방해공작, 일본 경찰 간부의 반민특위습격사건으로 성과를 거두지 못함

ⓔ 분단의 고착화
- 북한 : 조선민주주의 인민공화국 수립(1948. 9. 9)
- 6 · 25전쟁
  - 북한정권은 남한을 공산화하기 위해 1950년 6월 25일 새벽에 38도선 전역에 걸쳐 남침을 감행
  - 전 국토가 초토화되고 남북 간에는 적대감정이 팽배하게 되어 분단이 고착화됨

❷ 민주주의의 정착과 대한민국의 발전

(1) 민주주의의 시련과 발전

① 4 · 19혁명(1960) … 자유당 정권은 장기집권을 위해 부정선거를 자행하였으며, 이에 학생과 시민 중심의 전국적인 시위가 발생하여 그 결과 이승만 정권은 붕괴하였다.

> Point 〉 이승만의 재집권을 위한 개헌 … 국회에서 간접선거를 통한 재집권이 어렵다는 것을 예상한 이승만은 자유당을 창당하고 대통령직선제의 발췌개헌안을 국회에서 강압적인 방법으로 통과시키고, 이어 장기집권을 위하여 이른바 사사오입개헌을 단행하였다.

② 장면 정부 … 내각책임제와 양원제 국회의 권력구조였으며, 사회 무질서와 혼란이 지속되었다.

③ 5 · 16군사정변(1961)
ⓐ 박정희를 중심으로 한 군부세력은 사회 혼란을 구실로 군사정변을 일으켜 정권을 잡음
ⓑ 국가재건최고회의를 구성하여 군정을 실시하고 민주공화당을 창당했으며, 강력한 대통령 중심제와 단원제 국회의 권력구조로 헌법을 개정
ⓒ 박정희 후보가 대통령으로 당선

④ 10월 유신(1972)
ⓐ 박정희는 10월 유신을 단행하여 독재체제를 구축(1972)
ⓑ 민주주의를 열망하는 민중의 끊임없는 저항과 독재체제에 대한 도전 속에서 10 · 26사태가 일어나 유신체제는 막을 내림(1979)

⑤ 전두환 정부 … 5·18 민주화운동 진압 → 전두환 정부 탄생 → 민주화운동 탄압, 각종 부정과 비리 발생 → 6월 민주항쟁(1987) → 6·29 민주화선언(1987) → 대통령 직선제로 개헌

⑥ 노태우 정부 … 북방정책을 추진하였고, 국제연합(UN)에 남북한이 함께 가입하는 등 적극적인 외교를 펼쳤다.

⑦ 김영삼 정부 … 공직자의 재산등록과 금융실명제 등을 법제화하여 부정부패척결에 노력하였고, 지방자치제를 전면적으로 실시하였다.

⑧ 김대중 정부 … 외환위기를 극복하고 민주주의와 시장경제의 병행 발전을 도모하였다.

(2) 현대의 경제 발전

① 광복 직후의 경제 혼란
  ㉠ 미 군정하의 경제 : 극심한 인플레이션, 원자재와 소비재 부족, 식량 부족 등으로 큰 어려움을 겪게 되었는데, 더구나 지하자원과 중공업시설이 북한에 치우쳐 있는 상황에서 국토가 분단되어 북으로부터 전기 공급마저 중단되자 농업과 경공업 중심의 남한 경제는 어려움이 가중되었다.
  ㉡ 대한민국정부의 경제
  • 기본방향 : 농·공업의 균형 있는 발전, 소작제의 철폐, 기업 활동의 자유 보장, 사회보장제도 실시, 인플레이션의 극복 등
  • 경제안정시책 : 농지개혁법 제정·시행, 귀속재산의 불하로 산업자본 형성

> Point 〉 농지개혁법(1949. 6)
> ㉠ 목적 : 농지를 농민에게 적절하게 분배함으로써 농민생활의 향상 내지 국민경제의 균형과 발전에 기여하기 위하여 제정되었다.
> ㉡ 방법 : 산림과 임야를 제외한 3정보 이상의 농지를 가진 부재지주의 농지를 국가에서 유상매입하고 영세농민에게 3정보를 한도로 유상 분배하여 5년간 수확량의 30%씩을 상환하도록 하였다.
> ㉢ 결과 : 소작농으로 시달렸던 농민들이 자기 농토를 가질 수 있게 되었으나, 지주 중심의 개혁과 한국전쟁으로 인하여 철저한 개혁이 이루어지지 못하였다.

② 경제 발전
  ㉠ 6·25전쟁의 피해 : 남한 생산시설의 42%가 파괴되고 전비지출로 인플레이션이 가속화된 데다가 물가 폭등과 물자 부족으로 국민생활의 어려움이 극심해졌다.
  ㉡ 전후 경제복구사업
  • 소비재산업의 성장 : 전후 복구사업의 진행으로 원조물자에 토대를 둔 제분·제당공업과 섬유공업이 성장하였고, 시멘트와 비료 등의 생산도 늘어남
  • 한계 : 기계공업 등의 생산재산업은 발전하지 못하여 생산재에서 원료에 이르기까지 수입에 의존해야 했으며, 또한 농업분야의 복구가 제대로 이루어지지 못하고 원조가 줄어들면서 우리 경제는 어려움을 겪게 됨

ⓒ 경제개발5개년계획

• 경과

-1, 2차 경제개발5개년계획 : 기간산업 육성, 경공업 신장 주력

-3, 4차 경제개발5개년계획 : 중화학공업의 육성 추진→광공업 비중의 증가, 공업구조의 변화(경공업 중심→중화학공업)

• 결과 : 수출의 비약적 증대, 국내자본의 축적, 고속도로 건설, 식량생산 증대

• 문제점 : 자본집중 심화(소수 재벌), 국내산업 수출의존도 심화

ⓔ 노동운동

• 노동운동의 활성화 : 1970년대 이후 노동자 수가 크게 일어나고 민주화운동의 진전과 함께 사회의식이 높아지면서 노동운동이 활발해짐

• 내용 : 임금 인상, 노동조건의 개선, 기업가의 경영합리화와 노동자에 대한 인격적 대우 등

• 정부의 대책 : 전반적인 노동문제를 해결하기 위하여 노동관계법을 개정하였고, 기업가와 노동자의 인간적 관계와 직업윤리를 정착시키기 위하여 많은 노력을 기울인 결과 새로운 노사문화가 정착되고 노동환경이 개선됨

ⓜ 오늘날의 한국 경제

• 해외 진출의 적극적 추진으로 무역대상국이 다변화되고 있으며, 동아시아 경제의 한 축을 만들어 가고 있음

• 아시아 · 태평양 경제협력체(APEC)에 적극 참여하여 미국, 일본 등과 함께 경제협력을 주도적으로 이끌어 가고 있음

• 선진국 중심의 경제 · 사회정책협의체인 경제협력개발기구(OECD)에 가입하여 우리의 경제활동을 강화하여 나가고 있음

• 1990년대 후반 우리 경제가 위기를 맞기도 하였으나 슬기롭게 대처함

(3) 복지사회의 추구

① 배경

㉠ 광복 이후

• 정치가 안정되고 경제가 성장하면서 우리 사회는 절대빈곤을 극복하고 어느 정도 물질적 풍요를 누릴 수 있게 됨

• 그로 인해 농촌의 피폐와 도시빈민층의 형성, 환경오염, 근로기준법 위반, 소외계층문제(노약자, 빈곤층, 실업자, 노숙자 등) 등이 생겨남

㉡ 1960년대 이후

• 성장 위주의 정책, 재벌기업 육성, 노동자의 증가 수반

• 산업화와 도시화의 진전 : 대규모 이농현상이 초래되어 대도시의 인구가 증가하였고 주택난이 심각해짐

② 대책 … 정부는 사회보장제도 마련에 관심을 기울이고 여러 제도를 도입하였는데, 오늘날에는 서민을 위한 생활보조금 제공, 무주택자를 위한 주택건설, 고용보험 및 연금제도 등을 시행하여 복지사회를 구현하고자 노력하고 있음

(4) 산업화와 도시화

① 환경문제
  ㉠ 정부는 성장 우선주의 정책을 편 결과 경제는 비약적인 발전을 거듭하였으나, 이에 수반하여 1960년대 말부터는 환경문제도 발생하여 공업단지와 그 일대에서 공해는 심각한 양상을 보였으며, 서울을 비롯한 대도시의 대기와 하천도 오염됨
  ㉡ 정부에서는 환경부를 설치하는 등 환경문제에 대처하고자 노력

② 농촌경제의 피폐
  ㉠ 산업화에 따른 노동자들의 저임금정책을 뒷받침하기 위하여 저곡가정책을 실시함으로써 농촌의 생활이 어려워짐
  ㉡ 정부는 이를 보완하기 위하여 새마을운동을 전국적으로 전개

③ 새마을운동
  ㉠ 전개 : 1970년대 제창되었고, 근면 · 자조 · 협동을 기본정신으로 삼아 침체된 농촌에 활기를 불어넣었고 뒤에는 도시로 확대됨
  ㉡ 기여 : 생활태도의 혁신, 농어촌의 환경 개선, 소득 증대

④ 문제점 … 가족제도의 붕괴, 노동자문제, 실업자문제의 대두 등 여러 가지 문제들이 나타나기 시작하였고, 산업화의 과정에서 나타난 사회 경제적 모순을 해결하려는 움직임이 전개되기도 하였다.

⑤ 여성의 지위 향상
  ㉠ 여성의 취업인구가 크게 증가
  ㉡ 농촌에서도 여성의 경제활동 참여 증가
  ㉢ 저임금의 미숙련 노동자에서부터 전문직으로까지 직업분야를 확대해 나가면서 사회적 위상이 상승

(5) 북한의 변화

① 1960년대 … 중공업 · 경공업의 병진정책을 추진하였고 천리마운동을 전개하였으며 4대 군사노선과 주체노선을 강조하였다.

② 1970년대 … 강경노선이 완화되고 실무형 관료와 혁명 2세대가 등장하였다.

③ 1980년대 … 김정일의 후계체제를 확립하였고, 경제위기를 맞았다.

④ 1990년대 … 김정일이 권력을 승계하였고, 외국기업과의 합작과 자본 도입을 추진하였지만 실효를 거두지 못하였다.

(6) 통일을 위한 노력

① 4·19혁명 이후 ··· 학생들과 일부 정치인들을 중심으로 통일논의가 활발하게 개진되어 중립화통일론이나 남북협상론이 제기되었으나, 5·16군사정변, 남북한 간의 대립 등으로 더 이상 진전될 수 없었다.

② 1970년대
    ㉠ 남북교류의 제의, 적십자 대표의 예비회담
    ㉡ 7·4남북공동성명(1972. 7. 4) : 자주, 평화, 민족대단결의 통일원칙을 내세운 것으로 이후 통일논의의 기본원칙이 됨

③ 1980년대
    ㉠ 남한의 민족화합 민주통일방안과 북한의 고려민주주의 연방공화국방안이 제시
    ㉡ 남북한 이산가족의 서울·평양 방문(1985. 9)

④ 1990년대
    ㉠ 남북한 유엔 동시 가입, 남북 고위급 회담, 문화·체육의 교류
    ㉡ 남북 사이의 화해와 불가침 및 교류·협력에 관한 합의서 채택(1991. 12)
    ㉢ 한반도의 비핵화에 관한 공동선언 채택
    ㉣ 1994년 김일성 조문문제로 남북관계 다시 냉각

⑤ 2000년 ··· 남북정상회담이 이루어져 남북공동선언이 발표되고(2000. 6. 15), 남북 이산가족이 만나는 등 남북 간의 화해협력이 진전되었다.

> Point 〉 6·15남북공동선언
>   ㉠ 통일문제의 자주적 해결
>   ㉡ 통일을 위한 연합제와 연방제의 공통성 인정
>   ㉢ 이산가족 방문단의 교환과 비전향 장기수문제 해결을 위한 노력
>   ㉣ 경제 협력을 통한 민족경제의 균형적 발전과 사회, 문화, 체육, 보건, 환경 등 제 분야의 협력과 교류의 활성화 합의

(7) 동아시아의 역사분쟁

① **중국 동북공정 논란** … 동북변강역사여현상계열연구공정(東北邊疆歷史與現狀系列研究工程)의 줄임 말인 동북공정은 한반도 북부와 만주에 있었던 고조선과 고구려 그리고 발해사 모두를 중국사로 편입하려는 연구 사업이다. 중국의 개방정책으로 다민족 국가의 사회 통합 논리로 공산주의의 기능이 약화되고 북한 붕괴 이후에 북한 영토에 대한 연고권 주장의 필요성으로 제기되었다.

② **일본 역사교과서 왜곡** … 일본 우익 세력이 새로운 역사 교과서를 만드는 모임을 만들어 청·일 전쟁, 러·일 전쟁은 약소민족의 독립과 자국의 방위를 위한 일본의 정당한 전쟁으로 미화하고 일제의 식민지 지배가 한국 근대화의 기초였다고 교과서를 편찬하는 등 한국 침략을 정당화하고 미화하여 국권침탈기를 포함한 현대사를 왜곡하여 우리나라는 국제 사회에서 일제의 범죄에 대한 사죄와 보상을 촉구하였다.

③ **독도 영유권 분쟁** … 이승만 정부의 '인접 해양의 주권에 관한 대통령 선언 발표' 후 독도 분쟁이 시작되어 한국은 국내외 및 일본 사료를 근거로 영유권을 강조하고 일본은 국제법 논리로 소유권 입증을 위해 노력하였다. 일본이 2005년에 시마네현에서 '다케시마의 날' 조례를 제정한 바 있고 2006년에는 검인정 교과서에 독도를 일본 영토로 명시하는 등 주권침해의 논란이 되고 있다.

05 출제예상문제

1 다음 선언문의 결과 등장한 정부에 대한 설명으로 옳지 않은 것은?

> 오늘 우리는 전 세계 이목이 우리를 주시하는 가운데 40년 독재정치를 청산하고 희망찬 민주국가를 건설하기 위한 거보를 전 국민과 함께 내딛는다. 국가의 미래요 소망인 꽃다운 젊은이를 야만적인 고문으로 죽여 놓고 그것도 모자라서 뻔뻔스럽게 국민을 속이려 했던 현 정권에게 국민의 분노가 무엇인지를 분명히 보여 주고, 국민적 여망인 개헌을 일방적으로 파기한 4·13 폭거를 철회하기 위한 민주 장정을 시작한다.

① 전국교직원노동조합이 만들어졌다.
② 동유럽 및, 중국, 소련과의 수교가 이루어졌다.
③ 대학의 자율권을 부여하고 교수 재임용 제도를 폐지하였다.
④ 지방의회와 지방자치단체장을 뽑는 지방자치제를 실시하였다.

Tip》 제시된 자료는 6·10 국민대회 선언문의 일부이다. 6월 민주항쟁으로 국민의 민주화 요구가 받아들여져 대통령 직선제 개헌을 주요내용으로 하는 6·29민주화선언이 발표되었다. 이어서 국회에서는 5년 단임의 대통령 직선제 등을 골자로 하는 헌법이 마련되었고 이 헌법에 따라 대통령 선거가 실시된 결과 노태우 정부가 성립되었다(1988).
④ 기초·광역의원선거는 실시되었으나 지방자치 단체장을 실시하지 않았기 때문에 지방자치제도는 부분적으로 실시되었다고 할 수 있다.

2 다음의 통일 정책에 대한 설명으로 옳은 것은?

> • 남과 북은 나라의 통일 문제를 그 주인인 우리 민족끼리 서로 힘을 합쳐 자주적으로 해결해 나가기로 하였다.
> • 남과 북은 올해 8·15에 즈음하여 흩어진 이산가족, 친척 방문단을 교환하며 비전향장기수 문제를 해결하는 등 인도적 문제를 조속히 풀어나가기로 하였다.
> • 남과 북은 경제협력을 통하여 민족경제를 균형적으로 발전시키고 사회, 문화, 체육, 보건, 환경 등 제반 분야의 협력과 교류를 활성화하여 서로의 신뢰를 다져나가기로 하였다.

① 남과 북은 핵에너지를 오직 평화적 목적에만 이용한다.
② 7·4 남북공동성명에서 천명된 조국통일 3대 원칙을 재확인하였다.
③ 상호 화해와 불가침을 선언하고, 교류 협력의 장을 열자는 내용의 합의서가 채택되었다.
④ 남측의 연합제안과 북측의 낮은 단계의 연방제안이 서로 공통성이 있다고 인정하였다.

> **Tip》** 2000년 6월 15일 김대중 정부에 의한 남북공동선언에 관한 자료이며, 남측의 연합제안과
> 북측의 낮은 단계의 연방제안이 서로 공통성이 있다고 인정하였다.
> ① 1992년의 한반도비핵화에 관한 공동선언에 관한 설명이다.
> ② 남북 기본합의서에 대한 설명이다.
> ③ 1991년 12월 남북한 화해와 불가침 교류 협력에 관한 합의서에 대한 설명이다.

3 다음 화폐 개혁에 대한 설명으로 옳은 것은?

> 정부는 2월 15일 대통령 긴급 명령 13호를 통해 전쟁으로 인한 생산력 저하와 전쟁 비용
> 증대로 인한 통화 팽창을 억제하기 위하여 긴급 통화 조치령을 발표하였다. 그때까지 써오
> 던 원 단위의 화폐유통을 중지하고, 환 단위의 새 화폐로 바꾸었는데, 128,000원이었던 쌀
> 한 말 값이 1,280환이 되었다.

① 제일은행권을 본위 화폐로 하였다.
② 경제 개발 자금을 마련하기 위하여 실시하였다.
③ 기존 화폐를 갑, 을, 병종으로 구분하여 교환해 주었다.
④ 화폐 남발로 인한 혼란과 인플레이션을 수습하기 위해 실시하였다.

> **Tip》** 1953년 정부는 '긴급통화조치령'을 발표했는데, 화폐 남발로 인한 혼란과 인플레이션을 수습
> 하기 위해 실시하였으나 화폐가치가 1백 원에서 1환으로 평가·절하되면서 우리 경제는 극
> 심한 혼란에 빠지게 된다.

Answer 》 1.④ 2.④ 3.④

4 다음의 (가) 사건에 대한 설명으로 옳지 않은 것은?

> 일본군은 얕보던 독립군에게 큰 참패를 당하자, 한반도에 주둔하고 있던 부대와 관동지방
> 에 주둔 중인 부대 및 시베리아에 출병 중인 부대를 동원하여 세 방향에서 독립군을 포위
> 하고 공격하였다. 이로 인해 1920년 10월 (가)이(가) 발발했다.

① 김좌진이 전쟁을 승리로 이끌었다.
② 봉오동 전투 이후에 일어난 사건이다.
③ 독립 전쟁 사상 가장 큰 승리를 거두었다.
④ 서로 군정서군을 중심으로 여러 독립군 부대가 연합 작전을 펼쳤다.

Tip 》》 ④ 김좌진의 북로 군정서군이 청산리 대첩을 승리로 이끌었다.

5 흥선대원군 시대의 정치로서 옳지 않은 것은?

① 호포법의 실시   ② 균전제의 실시
③ 사창제의 실시   ④ 서원의 정리

Tip 》》 흥선대원군은 전제왕권강화책으로 인재등용, 서원철폐, 경복궁 중건, 삼정의 개혁 등을 실시하였다.

6 다음은 19세기 후반 외국과 맺은 불평등조약에 대한 설명이다. 잘못된 것은?

① 개항장에서는 외국 화폐의 사용이 허용되었다.
② 치외법권을 허용함으로써 주권의 일부를 상실하였다.
③ 최초의 불평등조약은 1876년 일본과 맺은 조일수호조규(병자수호조규)이다.
④ 일본과의 조약부터 최혜국대우조항이 포함되어 이후 서구 열강이 조선에서 동일한 이권
을 주장할 수 있게 되었다.

Tip ⟫ ④ 운요호 사건을 계기로 맺은 강화도조약(1876)은 우리나라가 외국과 체결한 최초의 근대적 조약이자 불평등조약이다. 불평등조약의 핵심은 영사재판권(치외법권) 인정과 우리 해안에서의 자유로운 측량권 허용, 개항장에서의 조계 설정 등으로 나타난다. 하지만 최혜국대우조항은 없고, 이는 조미수호통상조약(1892)부터 나타나기 시작했으며, 이후에 체결된 서양 열강과의 조약에서는 모두 최혜국대우조항이 포함되어 있다.

---

7 다음 중 청나라와 맺은 상민수륙무역장정에 포함된 내용이 아닌 것은?

① 청의 내정간섭 강화
② 청의 치외법권 인정
③ 조선이 청의 속국임을 확인
④ 부산 이외의 두 곳 개항

Tip ⟫ 조·청상민수륙무역장정(1882)의 체결은 청의 종주권을 재확인하고, 청의 상인들이 조선 내에서 거주·영업·여행을 자유롭게 할 수 있도록 허용하였다. 이는 일본의 경제적 침투를 능가한 것이었다.
④ 부산, 원산, 인천 등 세 항구의 개항은 강화도조약 때 이루어졌다.

---

8 다음과 같은 역사 인식을 뒷받침하기에 적절한 사실은?

> 개항 이후 조선은 자본주의 열강의 경제적 침략에 맞서 자주적으로 근대적인 경제발전을 이룩해야만 하였다. 이를 위하여 한편으로는 외세의 경제침탈을 저지하기 위한 노력을 기울이면서, 다른 한편으로는 근대적 상업자본과 산업자본 및 금융자본을 성장시키기 위한 노력을 전개하였다.

① 서울의 시전상인은 황국중앙총상회를 조직하여 상권수호운동을 전개하였다.
② 객주와 여각 및 보부상은 개항초기에 외국상인과 국내상권을 연결하는 중개무역을 담당하였다.
③ 종래의 화폐를 새로 발행하는 화폐로 교환하는 화폐개혁을 실시하였다.
④ 대한제국정부는 통감부의 설치 이후 일제로부터 시설개선을 위한 명목으로 거액의 차관을 도입하였다.

Tip ⟫ ① 상회사의 대두는 근대적 상업자본을 발전시키기 위한 노력의 결과였다.

Answer ⟫ 4.④ 5.② 6.④ 7.④ 8.①

9 다음 내용을 시대순으로 바르게 나타낸 것은?

㉠ 대한민국정부 수립   ㉡ 경제개발 5개년계획 추진

㉢ 제24회 서울올림픽 개최   ㉣ 6 · 15남북공동선언

---

① ㉠ - ㉡ - ㉢ - ㉣   ② ㉠ - ㉢ - ㉡ - ㉣

③ ㉠ - ㉢ - ㉣ - ㉡   ④ ㉠ - ㉣ - ㉢ - ㉡

> **Tip 》** ㉠ 1948년 8월 15일 ㉡ 1960 ~ 1970년대 ㉢ 1988년 ㉣ 2000년 6월 15일

10 다음에서 한말 최초의 항일의병운동 원인을 골라 묶은 것은?

㉠ 단발령   ㉡ 을사조약

㉢ 을미사변   ㉣ 군대해산

---

① ㉠㉡   ② ㉠㉢

③ ㉡㉢   ④ ㉡㉣

> **Tip 》** 한말 최초의 항일의병운동인 을미의병(1895)은 일제침략자들에 의해 저질러진 을미사변(명성황후시해사건)과 친일내각이 강행한 단발령이 원인이 되어 일어났다.

11 개항 이후 조선 정부가 개화정책을 추진하면서 외국에 파견한 사절이 아닌 것은?

① 수신사   ② 통신사

③ 영선사   ④ 신사유람단

> **Tip 》** ① 개항 이후 일본에 파견한 외교사절로 개화의 필요성을 느낌
> ② 개항 이전 조선에서 일본에 파견되었던 공식적인 외교사절
> ③ 청의 톈진에서 무기제조법, 근대적 군사훈련법을 배우게 함
> ④ 일본의 정부기관 및 각종 산업시설을 시찰한 사절

12 다음 중 항일독립운동의 내용으로 적절하지 않은 것은?

① 학생들도 독립운동에 적극적으로 참여하였다.

② 국내에서는 비밀결사를 조직하여 일제에 대항하였다.

③ 국외에서는 독립군이 조직되어 무장독립전쟁을 전개하였다.

④ 대한민국임시정부는 3·1운동 이전에 수립되어 체계적인 독립운동을 추진하였다.

    Tip » ④ 대한민국임시정부는 3·1운동 이후에 수립되어 체계적인 독립운동을 추진하였다.

13 민주화를 위한 노력으로 볼 수 없는 것은?

① 4·19혁명

② 5·16군사정변

③ 6월 민주항쟁

④ 5·18광주민주화운동

    Tip » 1961년 5월 16일 박정희를 중심으로 한 일부 군부세력이 사회적 무질서와 혼란을 구실로 군사정변을 일으켜 정권을 잡게 되었다. 4·19혁명 이후 출범한 장면내각은 자유민주주의 실현을 위해 노력하였으나 9개월의 단명으로 끝나게 되었다.

14 다음에서 흥선대원군의 집정 당시 양반 유생들의 강력한 반발을 불러일으킨 정책으로 짝지어진 것은?

㉠ 규장각 설치	㉡ 호포법 실시
㉢ 서원 철폐	㉣ 비변사 강화

① ㉠㉡

② ㉠㉢

③ ㉡㉢

④ ㉢㉣

    Tip » 흥선대원군은 집정 당시 호포법 실시, 서원 정리, 원납전 징수, 묘지림 벌목 등을 행하여 유생들에게 불만을 샀다.

Answer »　　9.① 10.② 11.② 12.④ 13.② 14.③

15 다음에서 갑오개혁 당시 단행된 내용으로 짝지어진 것은?

> ㉠ 신분제 철폐   ㉡ 집강소의 설치
> ㉢ 전제왕권의 강화   ㉣ 왕실과 정부의 사무 분리

① ㉠㉡   ② ㉠㉣

③ ㉡㉢   ④ ㉢㉣

> **Tip 》** ㉡ 집강소는 동학농민운동 당시 설치되었다.
> ㉢ 왕실사무와 정부사무의 분리로 왕권이 약화되었다.

16 3·1운동에 영향을 준 사상은?

① 사회주의   ② 수정자본주의

③ 민족자결주의   ④ 비폭력·무저항주의

> **Tip 》** 윌슨(Wilson)의 민족자결주의의 영향을 받아 1919년 3월 1일 민족대표자 33인이 모여 독립선언서를 선포, 만세시위운동이 일어났다.

17 다음 내용과 관련 깊은 전투는?

> 김좌진이 이끄는 북로군정서군, 대한독립군, 국민회독립군 등 여러 독립군의 연합부대는 일본군의 대부대를 맞아 6일간 10여 차례의 전투에서 일본군을 대파하는 빛나는 전과를 올렸다.

① 봉오동전투   ② 동경성전투

③ 쌍성보전투   ④ 청산리전투

> **Tip 》** ① 대한독립군이 최진동의 군무도독부군, 안무의 국민회독립군과 연합하여 봉오동을 기습해 일본군 1대대 병력을 공격하여 대승리를 거둔 전투이다.
> ② 1933년 한·중연합군이 동경성을 공격하여 일·만연합군을 전멸시킨 전투이다.
> ③ 1932년 만주 쌍성보에서 한·중연합군과 일본군이 벌인 전투이다.

18 다음 내용을 선언하여 한국의 독립을 최초로 결의한 국제회의는?

> "한국 인민의 노예상태를 유의하여, 적당한 시기에 한국을 해방시키며 독립시킬 것을 결의한다."

① 카이로회담 　　　　　　　　　② 얄타회담
③ 포츠담선언 　　　　　　　　　④ 모스크바 3국 외상회의

> **Tip 》》** 카이로회담(1943. 11) ⋯ 미 · 영 · 중 3국 수뇌가 적당한 시기에(적절한 절차를 거쳐) 한국을 독립시킬 것을 결의하였다.

19 대한민국임시정부와 관련된 내용으로 옳지 않은 것은?

① 한국광복군의 창설 　　　　　② 민족유일당운동의 결과로 수립
③ 우리나라 최초의 민주공화제 정부 　　④ 연통제와 교통국 등의 비밀행정조직망

> **Tip 》》** ② 대한민국임시정부는 3 · 1운동의 결과로 수립되었으며, 민족유일당운동의 결과로 범국민적 항일운동단체인 신간회가 결성되었다.

20 다음 중 현대사의 발전과정에서 정권 연장을 목적으로 일어난 사건이 아닌 것은?

① 사사오입 개헌 　　　　　　　② 4 · 19혁명
③ 3선개헌 　　　　　　　　　　④ 10월유신

> **Tip 》》** ① 장기집권을 위해 이승만 대통령은 초대 대통령에 한해 3선제한조항철폐를 골자로 하는 헌법을 개정하였다.
> ② 학생과 시민들이 중심이 되어 독재정권을 무너뜨린 민주혁명으로서 우리 민족의 민주역량을 전 세계에 과시하고, 민주주의가 새롭게 발전할 수 있는 계기를 마련하였다.
> ③ 1969년 박정희 대통령이 장기집권을 위한 3선개헌으로 여 · 야의 대립과 갈등이 심화되었다.
> ④ 주한미군 철수에 따른 국가안보와 사회질서를 최우선 과제로 제시하고, 지속적인 경제 성장을 이룩하기 위해서 강력하고 안정된 정부의 필요성을 내세워 박정희 대통령에 의해 단행되었다.

Answer 》》　　15.② 16.③ 17.④ 18.① 19.② 20.②

21 다음은 20세기 초기에 나타난 국제관계이다. 이를 통해 볼 때, 당시 우리나라에 대한 열강들의 태도는?

- 가쓰라 · 태프트 밀약
- 포츠머스 조약

- 제2차 영 · 일동맹

---

① 영세중립화 논의
② 일본의 한국 지배를 인정
③ 적당한 시기에 독립을 추진
④ 미 · 소에 의한 신탁통치 시행

Tip 》》 20세기 초에 나타난 국제관계

　　㉠ **가쓰라 · 태프트 밀약** : 1905년 일본 수상 가쓰라와 미국 국방장관 태프트가 동경에서 맺은 밀약으로 일본의 한국 지배를 승인한 조약이다. 이로 인해 조선은 독립국이며 제3국으로부터 위협을 받으면 거중 조정의 역할을 하기로 한 조 · 미수호통상조약은 효력을 잃게 되었다.

　　㉡ **제2차 영 · 일동맹** : 영국이 한반도에 대한 일본 침략을 승인했다.

　　㉢ **포츠머스 조약** : 러 · 일전쟁에서 일본이 승리하자 러시아는 일본의 한국 지배를 승인했다.

---

22 다음 내용과 관련된 일제의 식민정책은?

- 군인에 의한 무단통치
- 일반 관리와 교원에게 제복을 입히고 칼을 차게 함
- 105인 사건 등을 통한 독립운동 탄압

---

① 문화통치
② 유신통치
③ 민족말살통치
④ 헌병경찰통치

Tip 》》 ① 소수의 친일분자를 키워 민족의 분열 · 이간을 조성하여 민족의 근대의식 성장을 오도하였다(1919 ~ 1931).

　　② 박정희 대통령의 장기집권을 위한 권위주의적 · 독재적인 체제였으나 집권세력 내부의 갈등으로 박정희 대통령이 피살됨으로써 유신체제는 붕괴되었다(1972 ~ 1979).

　　③ 태평양전쟁 도발 후 전쟁 수행을 위해 한국의 인적 · 물적 자원을 수탈하고, 우리말과 우리글을 배울 수 없게 함으로써 민족문화를 말살하고자 하였다(1931 ~ 1945).

23 다음 내용과 관련이 깊은 사건은?

• 일본인 교관 살해	• 일본 공사관 습격
• 대원군의 재집권	• 구식군대 차별대우

① 임오군란 ② 갑신정변

③ 갑오개혁 ④ 을미개혁

Tip 》》 임오군란(1882)은 민씨정권이 일본인 교관을 채용하여 훈련시킨 신식군대인 별기군을 우대하고, 구식군대를 차별대우한 데 대한 구식군인들의 불만에서 발발하였다. 구식군인들은 대원군에게 도움을 청하고, 정부 고관들의 집을 습격·파괴하는 한편, 일본인 교관을 죽이고 일본 공사관을 습격하였다. 그 결과 대원군이 재집권하게 되었으며, 일본과 제물포조약을 체결하였다.

24 을사조약 체결 당시 우리나라에 대한 일제의 독점적 지배권을 인정하였던 나라를 바르게 묶은 것은?

㉠ 독일	㉡ 프랑스
㉢ 미국	㉣ 영국

① ㉠㉡ ② ㉠㉣

③ ㉡㉢ ④ ㉢㉣

Tip 》》 일제의 한국 지배에 대한 열강의 묵인
   ㉠ 제1차 영·일동맹(1902) : 일본이 청에서의 영국 이권을 승인하고 그 대신 영국은 한국에서의 일본의 특수 권익을 승인한다는 것이다.
   ㉡ 가쓰라·태프트 밀약(1905. 7) : 일본과 미국의 비밀협상으로, 일본이 필리핀에서의 미국의 독점권익을 인정하는 대신, 한국에 있어서의 일본의 독점적 지배권을 묵인한 것이다.
   ㉢ 제2차 영·일동맹(1905. 8) : 러·일전쟁 중에 체결한 것으로, 일본이 한국에서의 독점적 지배권을 묵인받는 대신, 영국의 인도에 대한 특수 권익을 인정한 것이다.
   ㉣ 포츠머스 조약(1905. 9) : 러·일전쟁에 승리한 일본이 미국의 중재를 요청하여 러시아와 체결한 것으로, 한국에서의 독점적 지배권을 인정받았을 뿐만 아니라, 삼국간섭으로 반환하였던 요동반도와 함께 사할린 남부도 영유하였다.

Answer 》》 21.② 22.④ 23.① 24.④

25 다음에서 설명하고 있는 기구는?

> • 제헌국회에서 구성됨
> • 친일파를 처벌하여 민족정기를 바로잡기 위함
> • 이승만 정부의 소극적 태도로 사실상 무산됨

① 건국준비위원회   ② 국가재건최고회의
③ 통일주체국민회의   ④ 반민족행위특별조사위원회

> **Tip 》** 해방 후 친일파 세력은 미군정과 우익의 보호를 받으면서 새 국가 건설의 주역을 하려고 하였다. 이승만과 집권당인 한민당은 실제로 친일지주 출신이 대다수를 차지하고 있었다. 이들에 대한 청산의 압력이 높아만 가는 가운데 정부가 수립되고 제헌의회에서 친일파를 처벌하기 위해 반민족행위처벌법을 제정하고, 진행하기 위해서 국회의원 10명으로 구성된 반민족행위특별조사위원회를 설치하였으나 반공정책을 우선하였던 이승만 정부의 소극적 태도로 인해 친일파 처단에 실패했다.

26 이승만 정부의 부정선거에 항거하여 일어난 사실로 옳은 것은?

① 3 · 15마산의거가 전국적으로 확산되어 학생들의 대규모 시위가 일어났다.
② 박정희 정부는 유신헌법을 발표하여 사태를 수습하였다.
③ 신군부 세력이 이승만 정부를 무너뜨리고 통치권을 장악하였다.
④ 1987년 6월 민주항쟁으로 대통령을 직접 선출하였다.

> **Tip 》** 이승만 정부의 3 · 15부정선거 … 이승만이 이끄는 자유당은 1960년 3월의 정 · 부통령선거에서 이승만을 대통령으로, 이기붕을 부대통령으로 당선시키기 위해서 대대적인 부정선거를 자행하였다. 이에 3 · 15선거 당일, 마산에서 부정선거를 규탄하는 시위가 일어나자 전국적으로 확산되어 4 · 19혁명이 본격화되었다.

27 1972년 유신체제 성립 이후 박정희 대통령의 장기집권을 뒷받침했던 기구는?

① 통일주체국민회의   ② 국가재건최고회의
③ 조선건국준비위원회   ④ 국가보위비상대책위원회

> **Tip 》** 대통령의 개인적인 의지에 따라 통제할 수 있는 통일주체국민회의를 설치하고 대통령을 선출하게 함으로써 대통령의 장기집권을 가능하게 하였다.

28 다음 인물들의 공통점은?

• 이항로	• 기정진
• 유인석	• 최익현

① 개화사상가   ② 위정척사론자

③ 애국계몽운동가   ④ 평민출신 의병장

> **Tip 》》** 위정척사
>
> ㉠ **개념** : 정학(正學)과 정도를 지키고, 사학(邪學)과 이단을 물리친다는 뜻이다. 성리학을 정통사상으로 신봉했던 조선 사회에서 위정(僞正)이란 정학인 성리학을 수호하는 것이고, 척사(斥邪)란 성리학 이외의 모든 종교와 사상을 배격하는 것이었다.
>
> ㉡ **중심인물** : 초기의 위정척사운동은 이항로, 기정진 등에 의해 주도되었고, 특히 이항로의 문인들인 유인석, 최익현 등에 의해 계승되었다.

29 다음의 내용과 관련된 항일독립부대는?

• 대한민국임시정부의 산하조직
• 국토 수복을 위한 국내정진군 편성
• 연합군의 일원으로 대일 선전포고 발표

① 대한독립군   ② 조선의용군

③ 대한광복회   ④ 한국광복군

> **Tip 》》** 한국광복군은 흩어져 있던 각지의 무장세력을 통합한 대한민국임시정부의 산하조직으로, 태평양전쟁이 발발하자 대일선전포고를 발표하고 연합군의 일원으로 참전하는 한편, 국토 수복을 위해 국내정진군을 편성하였다.

Answer 》》   25.④   26.①   27.①   28.②   29.④

30 다음 단체들이 공통적으로 표방하였던 건국강령의 방향은?

> • 대한민국임시정부의 한국독립당   • 조선독립동맹
> • 조선건국동맹

① 민주공화국의 수립   ② 남한 단독정부의 수립
③ 대한제국의 정통성 계승   ④ 유엔의 중재에 의한 통일국가 수립

Tip ⟫ 건국강령
    ㉠ 대한민국임시정부의 한국독립당 : 보통선거를 통한 민주공화국의 수립, 정치·경제·교육의 균등 등
    ㉡ 조선독립동맹 : 보통선거에 의한 민주공화국의 수립
    ㉢ 조선건국동맹 : 일제의 타도, 민주주의 국가의 건설

31 유신체제 붕괴 후 신군부세력의 집권야욕에 저항하여 일어난 민중항쟁은?

① 4·19혁명   ② 5·16혁명
③ 6·29선언   ④ 5·18민주화운동

Tip ⟫ 유신체제 붕괴 후 민주화를 열망하는 국민의 요구는 광주에서 비롯된 5·18 민주화운동으로 이어졌다. 이 때 민주헌정체제를 요구하는 시민들과 진압군 사이에 충돌이 일어났으며, 이 과정에서 다수의 무고한 시민들이 살상당했다.

32 다음 내용과 관련이 있는 조약은?

> • 통감부 설치
> • 외교권 박탈
> • 장지연의 시일야방성대곡(是日也方聲大哭)

① 톈진조약   ② 을사조약
③ 간도협약   ④ 제물포조약

Tip ⟫ 일제는 군사적 위협을 가해 일방적으로 제2차 한·일협약(을사조약)의 성립을 선포하여 외교권을 박탈하고 통감부를 설치하여 내정까지 간섭하였다. 이에 장지연은 시일야방성대곡의 격렬한 항일언론을 펴 일제를 규탄하고 민족적 항쟁을 호소하였다.

33 다음 내용과 관련이 깊은 정부는?

- 유신체제
- 공업화의 급속한 추진
- 5 · 16군사정변
- 강력한 대통령중심제
---

① 박정희 정부
② 이승만 정부
③ 노태우 정부
④ 전두환 정부

Tip 》 5 · 16군사정변을 통해 출범한 박정희 정부는 강력한 대통령제와 단원제의 권력구조를 바탕으로 하는 헌법에 의거하여 국정을 운용하고, 근대화와 급속한 경제 성장을 우선으로 채택하여 공업화를 강력히 추진하였다. 또한 10월유신을 선포함으로써 유신체제를 이루었으나 10 · 26사태로 붕괴되었다.

34 3 · 1운동의 역사적 의의에 대한 설명으로 옳지 않은 것은?

① 반제국주의 운동의 선구역할을 하였다.
② 대한민국임시정부의 수립에 기여하였다.
③ 독립할 수 있다는 희망과 자신감을 안겨 주었다.
④ 일제식민통치가 헌병경찰통치로 전환되었다.

Tip 》 3 · 1운동의 의의 … 민족의 주체성 확립, 민족의 저력 과시, 아시아 반제국주의 민족운동의 선구, 민족운동의 방향 제시, 대한민국임시정부 수립에 기여
④ 일제는 3 · 1운동으로 무단통치의 한계에 부딪히고 국제여론도 악화되자, 식민지 지배정책을 친일분자를 키워 민족을 이간 · 분열시키는 문화통치로 전환하였다.

Answer 》 30.① 31.④ 32.② 33.① 34.④

35 흥선대원군 때 세워진 척화비에 나타난 대외정책과 같은 방향으로 전개된 것은?

① 위정척사운동　　　　　　　　② 갑신정변

③ 갑오개혁　　　　　　　　　　④ 을미개혁

> **Tip 》》** 척화비의 내용은 '양이침범 비전즉화 주화매국(洋夷侵犯 非戰則和 主和賣國：서양 오랑캐가 침범해 오는데 싸우지 않으면 곧 화의하는 것이요, 화의를 주장함은 곧 나라를 파는 것이다)'이라 하여 서양세력의 단호한 거부의지를 나타낸 것이다. 이는 한말의 위정척사운동과 관련이 있다. 위정척사운동은 정학(正學)과 정도를 지키고 사학(邪學)과 이단을 물리친다는 의미로 보수유생층이 주도하였다.

36 의병활동이 의병전쟁으로 발전한 것은 정미의병이었다. 이의 배경에 해당하는 것은?

㉠ 방곡령	㉡ 을사조약
㉢ 군대 해산	㉣ 고종의 강제 퇴위

① ㉠㉡　　　　　　　　　　　② ㉠㉣

③ ㉡㉢　　　　　　　　　　　④ ㉢㉣

> **Tip 》》** 정미의병(1907)은 고종황제의 강제 퇴위와 군대 해산을 계기로 일어났다.

37 다음은 현대사회의 발전과정에서 일어난 사건들이다. 성격이 다른 하나는?

① 4·19혁명　　　　　　　　　② 10월 유신

③ 6월 민주항쟁　　　　　　　　④ 5·18민주화운동

> **Tip 》》** ① 4·19혁명은 이승만 정부의 독재에 대항하여 일어났다.,
> ② 10월 유신은 박정희 정부의 장기집권을 위해 국가안보와 사회질서를 최우선 과제로 제시하고, 지속적인 경제 성장을 위한 강력하고 안정된 정부의 필요성을 내세워 단행한 장기집권획책이었다.
> ③ 6월 민주항쟁은 전두환 정부의 권위주의적 통치와 강압적인 통제에 반대하여 일어났다.
> ④ 5·18민주화운동은 유신체제 붕괴 후 민주주의 헌정체제를 요구하며 일어났다.

38 다음과 관련이 있는 단체가 발행한 신문은?

| • 서재필 | • 독립문 | • 만민공동회 |

① 한성순보   ② 황성신문

③ 독립신문   ④ 대한매일신보

    Tip ≫ 제시된 것들은 독립협회와 관련된 것이고, 독립협회에서 발행된 신문은 독립신문이다.

39 다음에서 설명하고 있는 단체는?

| • 안창호, 양기탁 등을 지도부로 한 비밀결사단체 |
| • 문화적 · 경제적 실력양성운동 전개 |
| • 독립군기지 건설에 의한 군사적 실력양성 기도 |

① 신민회   ② 일진회

③ 헌정연구회   ④ 대한자강회

    Tip ≫ 제시된 내용은 신민회(1907)의 활동이다.

40 다음의 사건이 발생한 시기순으로 바르게 배열된 것은?

| ㉠ 임오군란 | ㉡ 동학농민운동 |
| ㉢ 아관파천 | ㉣ 대한제국 성립 |

① ㉠ - ㉡ - ㉢ - ㉣   ② ㉠ - ㉡ - ㉣ - ㉢

③ ㉡ - ㉠ - ㉢ - ㉣   ④ ㉡ - ㉠ - ㉣ - ㉢

    Tip ≫ ㉠ 임오군란(1882) ㉡ 동학농민운동(1894) ㉢ 아관파천(1896) ㉣ 대한제국 성립(1897)

Answer ≫   35.①   36.④   37.②   38.③   39.①   40.①

41 다음 중 간도와 독도에 대한 설명으로 옳지 않은 것은?

① 청은 간도개간사업을 구실로 한민족의 대거 이주를 요청하였다.

② 간도를 함경도의 행정구역으로 포함시켰다.

③ 정부에서 백두산 정계비의 토문강이 송화강 상류이므로 간도가 우리의 영토임을 주장하였다.

④ 일제는 러·일전쟁중에 독도를 일본 영토에 편입시키는 불법적인 행위를 저지르기도 하였다.

> **Tip 》** ① 19세기 후반 한민족은 간도지방으로 대거 이주하여 그 곳을 개척하였다. 그러나 청은 간도개간사업을 구실로 한민족의 철수를 요구하고, 이에 간도귀속문제가 발생하였다.

42 다음과 같은 의의를 갖는 운동은?

> • 인민평등권 확립 시도
> • 전제군주제를 입헌군주제로 바꾸려는 최초의 근대국가 수립운동

① 갑신정변   ② 위정척사운동
③ 임오군란   ④ 동학농민운동

> **Tip 》** 갑신정변은 중국에 대한 전통적인 외교관계를 청산하려 하였고, 전제군주제를 입헌군주제로 바꾸려는 정치개혁을 최초로 시도하려 하였으며, 문벌을 폐지하고 인민평등권을 확립하여 봉건적 신분제도를 타파하려 하였다. 갑신정변은 근대국가의 수립을 목표로 하는 최초의 정치개혁운동이었고, 역사 발전에 합치되는 민족운동의 방향을 제시한 근대화운동의 선구였다.

43 다음 중 통상개화론과 거리가 먼 것은?

① 별기군의 창설   ② 척화비의 건립
③ 신사유람단의 파견   ④ 통리기무아문의 설치

> **Tip 》** ② 척화비는 대원군이 병인·신미양요를 승리로 이끈 후 전국 각지에 세운 비인데, '서양 오랑캐가 침범함에 싸우지 않음은 곧 화의하는 것이, 화의를 주장함은 나라를 파는 것이다'라고 하여 서양과의 수교를 단호히 거부하였다.

44 3·1운동 이후 만주지방에서는 무장독립군의 활동이 활발하여 봉오동전투, 청산리대첩 등의 전과를 올렸다. 이로 인하여 유발된 사건은?

① 미쓰야협정　　　　　　　　　　② 간도참변

③ 자유시참변　　　　　　　　　　④ 만주사변

> **Tip》》** 봉오동전투, 청산리대첩에서 참패한 일제는 독립군의 항전을 식민지정책의 큰 위협으로 여겨 독립군의 근거지를 소탕하고자 독립군과 간도의 한국인을 무참히 학살하는 간도참변을 일으켰다.

45 갑신정변, 동학농민운동, 갑오·을미개혁에서 공통적으로 추구한 것은?

① 행정권과 사법권의 분리　　　　② 토지의 평균분작

③ 차별적 신분제도 철폐　　　　　④ 재정의 일원화

> **Tip》》** 갑신정변, 동학농민운동, 갑오·을미개혁에서의 공통점은 신분제도의 철폐이다.

46 개항 후 정부에 의해 추진된 개화정책의 내용으로 옳은 것은?

① 5군영을 더욱 강화시켰다.

② 김옥균, 박영효 등의 개화파를 정계에 기용하였다.

③ 영선사를 일본에 파견하였다.

④ 개화정책을 추진하기 위하여 군국기무처를 설치하였다.

> **Tip》》** ① 5군영을 무위영·장어영의 2군영으로 통합·개편하였다.
> ③ 영선사는 청에 보낸 사절이다. 일본에 보낸 사절은 신사유람단이다.
> ④ 군국기무처가 아닌 통리기무아문이다.

47 다음의 내용과 관계 깊은 것은?

> • 의회설립운동의 전개   • 개화운동의 대중적 기반 확립
> • 자강혁신운동, 자유민권운동의 추진

① 대한자강회   ② 헌정연구회
③ 대한협회   ④ 독립협회

> **Tip** 》》 독립협회의 3대사상
> ㉠ **자주국권사상** : 만민공동회 개최, 자주중립외교 추진, 전통문화의 계승
> ㉡ **자유민권사상** : 의회의 설치, 언론·출판·집회·결사의 자유, 국민참정권의 확대
> ㉢ **자강개혁사상** : 입헌군주제의 실시, 신교육 실시, 산업 개발, 국방력 강화

48 다음 개혁안에 공통적으로 포함되는 내용은?

> • 갑오개혁의 홍범 14조   • 갑신정변 때의 14개조 정강
> • 동학농민운동의 폐정개혁 12조

① 조세제도의 개혁   ② 토지의 평균분작
③ 입헌군주제 실시   ④ 지방관의 권한 축소

> **Tip** 》》 갑신정변, 갑오개혁, 동학농민운동의 공통점은 신분제도의 폐지와 조세제도의 개혁이다.

49 6·10만세운동에 관한 설명으로 옳지 않은 것은?

① 학생들을 중심으로 한 운동이었다.
② 일제의 수탈과 식민지교육에 대한 반발로 일어났다.
③ 고종황제의 서거일에 일어난 시위운동이다.
④ 각급 학교에 연쇄반응을 일으키며 확산되었다.

> **Tip** 》》 6·10만세운동 … 일제의 수탈과 식민지교육에 대한 반발로 학생층이 중심이 되어 순종의 인산일에 일어난 만세시위운동이었다.

50 우리 민족의 역사적 전통과 능력을 무시하고, 5개년간의 한반도의 신탁통치를 결정한 것은?

① 카이로회담　　　　　　　　　　② 포츠담회담

③ 얄타비밀협정　　　　　　　　　④ 모스크바 3국 외상회의

　　Tip 》》 38도선을 경계로 한반도가 분단되고, 남과 북에 미군과 소련군의 군정이 실시되는 가운데, 1945년 12월 미·영·소 3국 외상들이 모스크바에 모여 한반도문제를 협의하였다. 이 회의에서 한국에 임시정부 수립을 위한 미·소공동위원회를 설치하고, 한국을 최고 5년간 미·영·중·소 4개국의 신탁통치하에 두기로 결정하였다.

51 한민족공동체 통일방안 3원칙에 들지 않는 것은?

① 자주　　　　　　　　　　　　　② 평화

③ 민주　　　　　　　　　　　　　④ 민족대단결

　　Tip 》》 ④ 민족대단결은 7·4남북공동성명(1972)의 통일 3대 원칙 중의 하나이다. 한민족공동체 통일방안(1989)은 자주·평화·민주의 원칙 아래 과도기적 통일체제로 남북연합을 구성하여 남북평의회를 통해 헌법을 제정하고, 총선거를 통해 통일민주공화국을 건설하자는 내용이다.

52 다음 중 독립협회의 활동과 관련이 먼 것은?

① 의회식 중추원 설치　　　　　　② 만민공동회 개최

③ 대한국 국제 제정　　　　　　　④ 독립신문 간행

　　Tip 》》 ③ 대한국 국제는 광무정권이 1899년에 제정한 일종의 헌법으로, 대한제국이 전제정치의 국가이며, 황제권의 무한함을 강조하였다.

Answer 》》　　47.④　48.①　49.③　50.④　51.④　52.③

53 다음 중 한말 의병운동에 대한 설명으로 옳은 것은?

① 위정척사사상을 가진 유생층이 주도하였다.

② 애국계몽단체들과 공동투쟁을 전개하였다.

③ 정부의 적극적인 후원과 지원을 받았다.

④ 러시아와 일본의 침략에 맞서 봉기하였다.

> Tip 》》 ② 애국계몽단체들은 의병 투쟁을 잘못된 노선으로 규정하고 협조하였다.
> ③ 정부의 탄압을 받아 해체하기도 하였다.
> ④ 한말 의병들은 주로 일본의 침략적 행위에 대해 투쟁하였다.

54 다음 사실들은 통일을 위한 우리의 노력을 보여 주고 있다. 이 가운데서 남한과 북한, 양측의 통일의지가 반영된 것은?

① 1972년의 7 · 4남북공동성명

② 1973년의 6 · 23선언

③ 1988년의 7 · 7특별선언

④ 1989년의 한민족공동체 통일방안

> Tip 》》 1972년에는 남북한 당국자 사이에 7 · 4남북공동성명이 발표되었는데, 이 성명은 민족통일의 원칙을 천명한 것으로서 자주통일, 평화통일, 민족적 대단결의 3대 원칙을 그 내용으로 삼았다.

55 다음 중 1920 ~ 1930년대에 빈번하게 일어났던 소작쟁의와 노동쟁의에 대한 설명으로 옳지 않은 것은?

① 노동쟁의는 회사령의 발표로 종식되었다.

② 항일민족운동과 결부되어 일어났다.

③ 일제의 탄압과 수탈로 점차 약화되고 말았다.

④ 노동자들의 요구는 노동조건의 개선, 임금 인상이었다.

> Tip 》》 ① 일제는 1930년대에 한국 노동자의 임금을 더욱 인하하고 노동시간을 연장하였으며 각종 부담금을 강제로 징수하였다. 그리하여 노동자들의 생활은 급격히 악화되었고 계속적인 파업이 발생하였으며, 마침내 노동자들은 지하조직을 갖춘 노동조합을 결성하여 지속적으로 노동쟁의를 전개하였다.

56 다음 중 소작쟁의에 대한 설명으로 옳지 않은 것은?

① 전국적인 농민조직은 1927년에 결성된 조선농민총동맹이다.

② 당시 소작인들은 소작료로 수확량의 50% 이상을 일본인 지주에게 바쳤다.

③ 소작쟁의는 농민들의 생존권 투쟁이었으며, 나아가 일제의 수탈에 항거하는 성격이 강하였다.

④ 소작쟁의는 1912년 토지조사사업 때 처음 발생하였거나 3 · 1운동과 더불어 진압되었다.

> **Tip ≫** ④ 소작쟁의는 1919년에 처음으로 발생하였고, 1920 ~ 1930년대에 더욱 적극적으로 전개되었다. 초기의 쟁의는 소작권 이전이나 고율 소작료에 대한 반대 투쟁임에 비해 1930년대 이후의 쟁의는 항일민족운동의 성격을 띠었다.

57 국민의 힘으로 일본에서 들여온 차관을 갚고, 국권을 지키기 위해 대구에서 시작되어 전국으로 확산된 운동은?

① 국채보상운동　　　　　　　　② 상권수호운동

③ 물산장려운동　　　　　　　　④ 민립대학 설립운동

> **Tip ≫** 국채보상운동 … 일제는 통감부 설치 후 그들의 식민지 시설을 갖추기 위해서 시설 개선 등의 명목을 내세워, 조선 정부로 하여금 일본으로부터 1,300만원(대한제국의 1년 예산에 해당)에 달하는 차관을 들여오게 하였다. 이를 국민의 힘으로 국채를 갚아 국권의 수호를 위한 국채보상운동이 대구에서 시작되어 전국적으로 확산되었다.

58 일제의 토지조사사업(1912 ~ 1918) 실시결과로 옳지 않은 것은?

① 대부분의 농민이 지주가 되었다.

② 많은 농민이 소작농으로 전락하였다.

③ 생계 유지를 위해 화전민이 되기도 하였다.

④ 만주 등 국외로 이주하는 사람들이 늘어났다.

> **Tip ≫** ① 일제의 토지조사사업 실시는 한국 농민의 생활을 크게 위협하였으며, 농민은 지주에게 일방적으로 유리한 기한부 계약에 의한 소작농으로 전락하였다.

Answer ≫　53.① 54.① 55.① 56.④ 57.① 58.①

59 다음은 1949년 이승만 정부에서 제정한 농지개혁법의 기본원칙이다. 이 개혁의 실시 결과로 옳은 것은?

• 3정보 소유 상한 　　　　　　　　　 • 유상매입 · 유상분배

---

① 한국 정부가 토지국유화를 확대하였다.
② 일본인이 한국인 소작농의 땅을 빼앗았다.
③ 한국인 소작농이 자신의 농토를 갖게 되었다.
④ 한국인 지주들이 땅을 버리고 일본으로 건너갔다.

Tip 》》 3정보를 상한으로 그 이상 지주가 소유한 농지는 국가가 유상매입하고 이를 소작농에게 유상분배하면서 많은 소작농들이 자기 농토를 소유할 수 있었다.

60 다음 중 일본의 경제적 침탈에 대항하기 위한 대책이 아닌 것은?

① 조선은행, 한일은행, 천일은행 등 금융기관 설립
② 일본에 신사유람단을 파견
③ 경강상인이 일본에서 증기선을 도입
④ 대한직조공장, 종로직조공장, 연초공장, 사기공장 등의 공장 설립

Tip 》》 ①④ 공장설립, 금융기관 설립은 각각 산업자본과 금융자본을 육성시키기 위함이다.
② 신사유람단의 파견은 일본의 정부기관 및 산업시설 시찰이 목적이었다.
③ 경강상인은 일본 상인에게 대항하기 위해 증기선을 도입하였다.

61 다음 중 개항 이후 한 · 일 간에 교역된 상품들 중 조선이 일본에 수출한 주요 품목은?

① 쌀 　　　　　　　　　　　　　　② 금
③ 콩 　　　　　　　　　　　　　　④ 면제품

Tip 》》 일본은 자국 농촌의 피폐와 흉년으로 인한 식량 부족을 해결하기 위해 조선의 곡물을 대량 수입해감으로써, 조선 내에 곡물가격의 폭등현상을 일으켜 도시빈민층과 빈농층의 생계에 위협을 주었다.

62 다음은 일본의 경제적 침략과 관련된 내용이다. 이를 통해 일본이 추구한 궁극적인 목적은?

> • 토지조사령 반포　　　• 기한부 신고제 운영　　　• 토지조사사업

① 토지의 약탈　　　　　　　② 토지의 균등한 분배
③ 개인 재산권 확대　　　　　④ 민족기업의 육성

Tip ≫ 일본의 토지조사사업 실시(1912 ~ 1918) … 총독부는 토지조사국에 토지 소유주의 주소·성명·지목·지적·등급·결수 등을 기한 내에 신고하면 그 소유권을 인정받는 기한부 신고제인 '토지조사령'을 발표하여(1912) 미신고지나 국·공유지 등을 불법적으로 탈취, 조선의 토지를 약탈하였다. 일본은 수탈한 토지를 동양척식회사나 한국에 이주한 일본인에게 염가로 팔아 넘겼으며, 이로 인해 조선의 농민은 기한부 계약에 의한 소작농으로 전락하거나 고리대에 희생되어 만주·연해주 등지로 이주하였다.

63 1920년대 일제의 주요 경제정책내용은?

① 토지조사사업　　　　　　② 남면북양정책
③ 산미증식계획　　　　　　④ 중화학공업의 육성

Tip ≫ ① 헌병경찰 통치시기(1910 ~ 1919)　②④ 민족말살 통치시기(1931 ~ 1945)

64 다음 표어와 관계있는 운동은?

> 내 살림 내 것으로, 조선 사람 조선 것으로, 우리는 우리 것으로 살자.

① 노동운동　　　　　　　　② 농민운동
③ 물산장려운동　　　　　　④ 위정척사운동

Tip ≫ 물산장려운동 … 1922년 평양에서 조만식의 주도로 시작되어 전국으로 확산된 국산품 애용운동으로, 민족산업을 육성함으로써 민족경제의 자립기반을 조성하기 위한 운동이었다. 표어는 1923년 조선물산장려회가 조직되어 근검저축, 생활 개선, 금주·단연운동 등의 실천요강을 내걸었다.

Answer ≫　59.③　60.②　61.①　62.①　63.③　64.③

65 민족주의 세력과 사회주의 세력이 이념적 갈등을 극복하고 항일운동을 전개하였던 단체끼리 묶인 것은?

> ㉠ 신간회   ㉡ 근우회
> ㉢ 조선형평사   ㉣ 조선물산장려회
> ㉤ 조선청년총동맹

① ㉠㉡㉤   ② ㉡㉢㉣
③ ㉡㉣㉤   ④ ㉢㉣㉤

> **Tip** 》 **민족유일당운동** … 민족주의 진영과 사회주의 진영이 이념을 초월하여 민족 해방이라는 공동목표하에 통합함으로써 단일화된 민족운동을 추구하려는 것이었다.
> ㉠ **신간회** : 비타협적인 민족주의 진영과 사회주의 진영이 연대하여 민족 해방이라는 공동목표를 달성하기 위하여 구축하였던 좌 · 우합작의 민족협동전선운동이다.
> ㉡ **근우회** : 김활란 등이 중심이 되어 조직한 여성계의 민족유일당운동으로서, 여성노동자의 권익 보호와 생활 개선에 힘썼다.
> ㉤ **조선청년총동맹** : 청년운동의 분열을 극복하기 위해 조직된 것이다.

66 다음 중 독립협회의 활동과정에서 나타난 사상으로 관계가 없는 것은?

① 자주국권사상   ② 자유민권사상
③ 구본신참사상   ④ 자강개혁사상

> **Tip** 》 ③ 구본신참은 갑오 · 을미개혁의 급진성을 비판하고, 점진적 개혁을 추구하였다.

67 다음에서 의회 설립에 의한 국민참정운동을 최초로 전개한 단체는?

① 신민회   ② 독립협회
③ 대한협회   ④ 황국협회

> **Tip** 》 독립협회는 의회 설립에 의한 국민참정운동과 국정개혁운동을 전개하였다. 이와 같은 활동을 통하여 보수적 내각을 퇴진시키고, 박정양의 진보적 내각을 수립하게 하는 데 성공하였으며, 의회식 중추원관제를 주장하였다.

68 다음 내용과 관련 있는 1920년대의 민족운동단체는?

> • 민족유일당운동
> • 민족주의 진영과 사회주의 진영의 이념 초월
> • 광주학생항일운동 조사단 파견

① 보안회　　　　　　　　　　　② 신간회

③ 독립협회　　　　　　　　　　④ 헌정연구회

Tip 》》 1927년 민족유일당운동에 의하여 민족주의 진영과 사회주의 진영이 이념을 초월하여 단일화
된 민족운동을 추진하기 위해 결성되었다. 민족의 단결과 정치적·경제적 각성을 촉구하고
기회주의자를 배격하는 것을 기본강령으로 내세웠으며, 광주학생항일운동을 지원·조사단을
파견하고, 전국순회강연과 민족운동을 전개하였다.

69 사회적으로 오랜 관습 속에 차별 대우를 받던 백정들이 평등한 대우를 요구하며 1923년 진주
에서 결성된 단체는?

① 조선광문회　　　　　　　　　② 조선형평사

③ 조선노동자총동맹　　　　　　④ 조선농민총동맹

Tip 》》 전통적으로 천대를 받아오던 백정들은 갑오개혁에 의해 법제적으로는 평등한 권리를 가졌으
나 오랜 사회적 관습 속에 차별대우를 받고 있었는데, 이를 시정하기 위해 일으킨 운동이
형평운동이며, 이 운동을 추진하기 위해 1923년 진주에서 결성된 단체가 조선형평사이다.

70 독립협회가 열강의 이권 침탈에 저항하여 주도한 이권수호운동의 대상이 아닌 것은?

① 프랑스의 광산채굴권 요구 저지　　② 일본의 황무지개간권 요구 분쇄

③ 러시아의 절영도조차　　　　　　　④ 한·러은행의 폐쇄

Tip 》》 ② 보안회가 전개한 활동이다.

VIII

공군핵심가치

공군핵심가치

① 공군 핵심가치의 정의

(1) 공군 핵심가치는 공군인이 지켜야 할 윤리적 원칙 또는 행동판단 기준으로서 공군인의 가장 핵심적인 사고와 행동에 깊이 내재되어 있는 이념적 바탕을 말한다. 우리가 가치 있다고 생각하고 다른 모든 것을 우선해서 지향하고자 하는 것이며, 사고하고 행동할 때 가치판단에 있어 최종 기준이다.

(2) 우리가 무엇을 위해 군 복무를 하고, 어떤 군인이 되어야 하며, 어떤 행동을 하여야 하는가를 결정해 주는 것이다. 즉, 공군인이 공군 목표를 달성하고 더 나아가 참된 군인으로서 올바른 사고와 행동 방향을 결정할 수 있도록 하는 가장 기본이 되는 규범이기도 하다.

(3) 공군 핵심가치는 위기극복을 위한 구심점으로서 배의 닻이나 집의 주춧돌과 같이 공군을 지탱하는 정신적인 지주이며, 항공기의 방향지시계나 나침반과 같은 업무수행과정에 있어 사고와 행동의 기준이다. 이는 공군과 공군인의 정체성을 결정하는 핵심요소이며, 생명이 성장·발전하는 비밀이 담겨있는 DNA처럼 공군의 변화와 혁신을 성공적으로 완수하게 해주는 성공인자이다.

❷ 공군 핵심가치별 의미

(1) 도전(Challenge)

① 도전이란 개인과 조직의 발전을 위해서 현실에 안주하지 않고 어려운 일에 주저 없이 뛰어드는 자세로서 기존 관행의 타파 및 변화와 혁신에 저항하지 않고 개혁에 동참하는 것이다.

② 도전은 용기, 열정, 인내, 변화의 가치를 포함하고 있으며, 도전이라는 용어 자체가 난관이나 어려운 과제의 존재를 전제하므로 그 과정에서 필수적으로 요구되는 것이다.

③ 도전은 창군과정에서만 도출되는 과거만의 가치가 아니며, 전 공군인은 변화무쌍한 미래 변화에 능동적으로 대처해야만 살아남을 수 있다는 위기의식을 갖고 우리의 도전을 미래를 향한 도약의 발판으로 삼아야 할 것이다.

(2) 헌신(Commitment)

① 헌신이란 의미는 나 개인의 안위보다는 국가라는 대의를 위해 희생하고 봉사하는 자세로서 조직과 국가에 대한 몰입의 정도를 나타내는 군인의 기본적인 가치이며 충성, 희생, 봉사, 성실 등을 포괄하는 개념으로 볼 수 있다.

② 군인에게 헌신이란 조국의 안전과 국민의 생명을 수호하기 위해 가장 중요한 자신의 생명까지도 아낌없이 바칠 수 있다는 의미이다.

③ 군인이라는 직업은 단순히 생계 수단이 아니라 그것을 통해 국가와 부대, 그리고 다른 사람에게 헌신하는 숭고한 소명을 실천하는 것이다. 우리는 군인이라는 직분을 통하여 국가와 민족에 공헌하고 있다는 긍지와 자부심을 잊지 말아야 할 것이다.

(3) 전문성(Professionalism)

① 전문성이란 자기가 맡은 분야에 대한 풍부한 지식, 경험, 기술을 바탕으로 업무를 수행하는 것으로 창의, 지식, 탁월, 역량을 포함하는 광의의 개념이다.

② 공군인이 갖추어야 할 전문성은 본인의 특기나 병과에 제한된 기술이나 지식의 단순한 습득을 넘어서서 행동의 실천, 인격적으로 훌륭한 품성까지 모두 포괄하는 개념이다. 즉, 공군인의 모습은 인격과 실력을 겸비한 탁월한 군사전문가인 것이다.

③ 전문성을 갖추기 위해 공군인들은 항상 배우려는 자세를 가져야 하며, 자신의 전문 분야라는 울타리가 있지만 이로 인한 편협한 시야를 지양하고, 독단과 아집에 빠지지 않도록 유연하게 사고하며 끊임없이 자기계발을 해나가는 사람이 바로 진정한 전문가이다.

(4) 팀워크(Teamwork)

① 팀워크란 기본적으로 타인에 대한 존중과 배려를 바탕으로 조직의 구성원이 공동의 목표를 달성하기 위하여 개개인의 역할에 따라 책임을 다하고 협력적으로 행동하는 것을 의미한다.

② 팀워크는 전통적인 개념인 화합, 단결, 융화보다 한 단계 발전된 내용으로 단순히 특정 조직 및 집단 내 구성원 간 갈등을 최소화 하자는 소극적인 개념보다는 존중, 책임, 화합, 신뢰 등을 포괄하는 개념으로 적절한 수준의 갈등관리를 통하여 조직목표를 효과적으로 달성하는 의미를 내포하고 있다.

③ 오늘날 공군을 움직이는 실질적인 힘은 공군인 개개인의 역량이 뭉쳐 이룬 팀에서 비롯된다. 이제는 한 사람의 영웅이 아니라 모두를 영웅으로 만드는 팀워크가 필요한 시대이다.

③ 공군 핵심가치 심벌

(1) 심벌을 구성하는 요소의 의미

열린 원의 형태는 공군의 주 임무 영역인 하늘과 우주를 의미하면서 현재에 안주하지 않고 더 넓은 우주로 나가는 공군의 도전 의지를 표현한 것이다.

(2) 4대의 편대 대형으로 비행하는 형상의 의미

공군의 전 계층(장교, 부사관, 병사, 군무원)의 화합, 단결 및 4대 핵심가치를 의미하며, 전 공군인이 하나 되어 하늘과 우주로 비상하는 모습을 형상화한 것으로 첨단 과학군으로서의 자부심을 표현한 것이다. 또한 편대의 후방에 나타난 비행운은 하늘로 우주로 솟아오르는 힘찬 비상과 공군의 역동성을 형상화 한 것이며, 비행운과 원형이 연결되면서 지구를 감싸는 형상을 표현하여 국가를 지키는 공군인의 헌신적 자세와 스마트하고 강한 공군을 나타내고자 한 것이다.

(3) 편대 내 각각의 항공기와 4개의 핵심가치가 나타내는 색상의 표현

① 도전의 빨강색은 힘을 상징하는 색으로 열정과 인내를 나타낸 것이다.

② 헌신의 주황색은 따스함과 아늑함을 상징하는 색으로 희생정신과 신념을 나타낸 것이다.

③ 전문성의 파란색은 하늘을 상징하는 색으로 지혜, 슬기 등을 나타낸 것이다.

④ 팀워크의 노란색은 행복과 성공을 상징하는 색으로 대화와 이해를 나타낸 것이다.

④ 공군 핵심가치의 역할

(1) 공군인들을 일치단결시키는 구심점 역할을 한다.

(2) 공군문화의 중심으로 공군인의 정체성 및 상호 간 신뢰, 소속감을 강화시켜 준다.

(3) 가치관의 변화와 혼돈 시대에 스스로를 지탱하는 정신적 지주가 된다.

(4) 구성원의 사고와 행동, 업무상 의사결정에 영향을 미쳐 조직의 윤리적 환경 조성에 기여한다.

(5) 변화와 혁신의 시대에 근본적인 원동력을 제공한다.

⑤ 공군 핵심가치의 의미별 행동규범

(1) 도전 - 우리의 정신이다!

용기, 열정, 인내, 변화를 포함가치로 하는 도전은 공군 혁신의 원동력이 되는 우리의 정신이다.

① **용기**(Courage) ··· 자제력과 분별력을 가지고 정의감에 도덕적 신념을 준수하며, 어렵고 남들이 꺼리는 새로운 과제에 대해서도 주도적으로 뛰어들어 솔선수범 한다.

② **열정**(Passion) ··· 정성을 다해 임무를 적극적으로 수행하는 진취적인 자세를 가지고 미래지향적 관점에서 자신이 속한 조직의 비전을 제시하고 적극적으로 전파한다.

③ **인내**(Patience) ··· 설정된 목표를 향해 중도에 포기하지 않는 불굴의 노력으로 임무수행 과정에서 육체적 · 정신적 고통에 굴하지 않고 정진한다.

④ **변화**(Change) ··· 업무나 조직의 개혁 · 혁신을 두려워하지 않고, 조직 내에서 변화의 촉진자 역할을 수행함을 물론 변화의 물결에 대한 타인의 동참을 지원 · 격려한다.

(2) 헌신 - 우리의 마음이다!

충성, 희생, 봉사, 성실을 포함가치로 하는 헌신은 조국애의 근간을 이루는 우리의 마음이다.

① **충성**(Loyalty) ··· 국가와 국민, 상관에 대하여 진정한 마음으로 정성을 다하며, 대상과 동기 및 방법에 있어 반드시 공(公)과 의(義)를 구현하는 참다운 가치를 전적으로 추구한다.

② **희생**(Sacrifice) ··· 대의(국가 안전과 국민의 생명)를 위해 사적인 욕구는 과감히 포기하고 국가 방위 및 국민 보호를 위해 본인의 생명까지도 버릴 수 있다는 마음가짐으로 임한다.

③ **봉사**(Service) ··· 각자에게 주어진 공적인 임무를 사적인 욕망보다 우선시 하는 마음가짐을 바탕으로 자발적으로 자신의 책무를 완수함으로써 타인과 조직의 안위를 고려한다.

④ **성실**(Integrity) ··· 규정과 규범을 준수하며 매사에 열의를 가지고 태만하지 않고 진지한 자세로 맡은 바 임무에 공평무사(公平無私)하게 충실히 임한다.

(3) 전문성 - 우리의 자존심이다!

창의, 역량, 지식, 탁월을 포함가치로 하는 전문성은 '찬 이성, 더운 가슴'을 가진 우리의 자존심이다.

① **창의(Ingenuity)** … 고정관념에서 탈피하여 새로운 생각이나 착상으로 문제점을 찾아 해결하여 첨단화 · 과학화된 전장 환경에 능동적으로 대처하고 과거의 관행을 타파한다.

② **역량(Competence)** … 개인차원에서 핵심이 되는 능력을 지속적으로 발전시켜 목표달성을 위해 부단히 노력하며, 조직 차원에서는 시너지 효과가 발휘될 수 있도록 통합 · 조정한다.

③ **지식(Knowledge)** … 자신의 강 · 약점을 잘 파악하여 지속적인 자기계발을 통해 보다 높은 수준의 진리를 끊임없이 추구하고 지적 편협함을 배제한다.

④ **탁월(Excellence)** … 타인과 타 조직에 비해 우수한 기술이나 능력을 바탕으로 조직 임무 측면에서 고객(국민)의 요구에 부응하는 양질의 성과를 추구한다.

(4) 팀워크 - 우리의 경쟁력이다!

존중, 신뢰, 책임, 화합을 포함가치로 하는 팀워크는 시너지 효과를 창출하는 우리의 경쟁력이다.

① **존중(Respect)** … 모든 사람(타인 및 자신)의 인간적 존엄성과 그 존재 가치를 인정해주고, 임무 수행에 있어 계급 및 직책의 구별없이 상호 간 배려하는 자세를 갖는다.

② **신뢰(Trust)** … 조직 구성원들 간 서로에 대한 믿음을 바탕으로 국토방위와 영공 수호라는 본연의 업무에 전념함으로써 군에 대한 국민의 인식 개선을 추구한다.

③ **책임(Responsibility)** … 맡은 바 역할과 임무를 완수하겠다는 마음가짐으로 결과에 대한 도덕적 · 법률적 불이익을 감수하고, 그 책임을 주위 사람에게 전가하거나 회피하지 않는다.

④ **화합(Harmony)** … 계급, 출신, 신분별 갈등을 관리하고 조직의 목표를 향하여 함께 정진함으로써 조직의 화합을 통한 시너지 효과 창출을 도모한다.

1 공군 핵심가치에 대한 설명으로 옳지 않은 것은?

① 도전 – 새로운 것을 이루기 위해 고난과 시련에 굴하지 않고 끊임없이 노력하는 자세
② 헌신 – 조국과 공군을 위해 자신의 가장 중요한 생명까지 아낌없이 바칠 수 있는 자세
③ 전문성 – 맡은 분야에 최고가 되기 위해 풍부한 지식·경험·기술을 바탕으로 업무에 수행하는 능력
④ 열정 – 공동의 목표를 달성하기 위하여 서로를 존중하고 각자 역할을 다하며 협력하는 자세

Tip 》》 ④ 팀워크에 대한 설명이다.

2 다음 중 도전이라는 핵심가치에 포함된 가치가 아닌 것은?

① 용기   ② 인내
③ 변화   ④ 희생

Tip 》》 도전의 포함가치 … 용기, 열정, 인내, 변화

3 핵심가치별 의미에 대한 설명으로 틀린 것은?

① 도전 – 개인과 조직의 발전을 위해서 현실에 안주하지 않고 어려운 일에 주저 없이 뛰어드는 자세

② 헌신 – 나 개인의 안위보다는 국가라는 대의를 위해 희생하고 봉사하는 자세로서 조직과 국가에 대한 몰입의 정도를 나타내는 군인의 기본적인 가치

③ 팀워크 – 타인에 대한 존중과 배려를 바탕으로 조직의 구성원이 공동의 목표를 달성하기 위하여 개개인의 역할에 따라 책임을 다하고 협력적으로 행동하는 것

④ 창의성 – 자기가 맡은 분야에 대한 풍부한 지식, 경험, 기술을 바탕으로 업무를 수행하는 것

> **Tip》** 전문성 … 자기가 맡은 분야에 대한 풍부한 지식, 경험, 기술을 바탕으로 업무를 수행하는 것으로 창의, 지식, 탁월, 역량을 포함하는 광의의 개념이다.

4 핵심가치의 역할에 대한 설명으로 옳지 않은 것은?

① 핵심가치는 공군인들을 일치단결시키는 구심점 역할을 한다.

② 핵심가치는 공군문화의 중심으로 공군인의 정체성 및 상호 간의 신뢰, 소속감을 강화시켜 준다.

③ 핵심가치는 스스로를 지탱하는 정신적 지주가 된다.

④ 핵심가치는 행동기준과 미래에 대한 근본적인 원동력을 제공한다.

> **Tip》** 핵심가치의 역할
> ㉠ 핵심가치는 공군인들을 일치단결시키는 구심점 역할을 한다.
> ㉡ 핵심가치는 공군문화의 중심으로 공군인의 정체성 및 상호 간의 신뢰, 소속감을 강화시켜 준다.
> ㉢ 핵심가치는 스스로를 지탱하는 정신적 지주가 된다.
> ㉣ 핵심가치는 구성원의 사고와 행동, 업무상 의사결정에 영향을 미쳐 조직의 윤리적 환경 조성에 기여한다.
> ㉤ 핵심가치는 변화와 혁신의 시대에 근본적인 원동력을 제공한다.

Answer》 1.④ 2.④ 3.④ 4.④

5 핵심가치의 각 가치별 행동규범에 대한 내용으로 볼 수 없는 것은?

① 충성 – 국가와 국민, 상관에 대하여 진정한 마음으로 정성을 다하며, 대상과 동기 및 방법에 있어 반드시 공(公)과 의(義)를 구현하는 참다운 가치를 전적으로 추구한다.

② 용기 – 자제력과 분별력을 가지고 정의감에 따라 도덕적 신념을 준수하며, 어렵고 남들이 꺼리는 새로운 과제에 대해서도 주도적으로 뛰어들어 솔선수범 한다.

③ 성실 – 대의(국가 안전과 국민의 생명)를 위해 사적인 욕구는 과감히 포기하고 국가방위 및 국민 보호를 위해 본인의 생명까지도 버릴 수 있다는 마음가짐으로 임한다.

④ 역량 – 개인차원에서 핵심이 되는 능력을 지속적으로 발전시켜 목표달성을 위해 부단히 노력하며, 조직 차원에서는 시너지 효과가 발휘될 수 있도록 통합·조정한다.

> **Tip 》》** ③ 희생에 대한 내용이다.
> ※ **성실**…규정과 규범을 준수하며 매사에 열의를 가지고 태만하지 않은 진지한 자세로 맡은 바 임무를 공평무사(公平無私)하게 충실히 임한다.

6 다음 중 핵심가치와 그 포함가치의 연결이 바르지 못한 것은?

① 도전 – 용기, 열정, 인내, 변화
② 헌신 – 충성, 희생, 봉사, 참여
③ 전문성 – 창의, 역량, 지식, 탁월
④ 팀워크 – 존중, 신뢰, 책임, 화합

> **Tip 》》** 헌신 – 충성, 희생, 봉사, 성실

Answer 》》   5.③ 6.②

공무원시험/자격시험/독학사/검정고시/취업대비 동영상강좌 전문 사이트

공무원	9급 공무원	서울시 기능직 일반직 전환	각 시·도 기능직 일반직 전환	교육청 기능직 일반직 전환
	관리운영직 일반직 전환	사회복지직 공무원	우정사업본부 계리직	서울시 기술계고 경력경쟁
기술직 공무원	물리	화학	생물	
	기술계 고졸자 물리/화학/생물			
경찰·소방공무원	소방특채 생활영어	소방학개론		
군 장교, 부사관	육군부사관	공군부사관	해군부사관	부사관 국사(근현대사)
	공군 학사사관후보생	공군 조종장학생	공군 예비장교후보생	공군 국사 및 핵심가치
NCS, 공기업, 기업체	공기업 NCS	공기업 고졸 NCS	코레일(한국철도공사)	한국수력원자력
	국민건강보험공단	국민연금공단	LH한국토지주택공사	한국전력공사
자격증	임상심리사 2급	건강운동관리사	사회조사분석사	한국사능력검정시험
	국어능력인증시험	청소년상담사 3급	관광통역안내사	국내여행안내사
	텔레마케팅관리사	사회복지사 1급	경비지도사	경호관리사
	신변보호사	전산회계	전산세무	
무료강의	국민건강보험공단	사회조사분석사 기출문제	독학사 1단계	대입수시적성검사
	사회복지직 기출문제	농협 인적성검사	지역농협 6급	기업체 취업 적성검사
	한국사능력검정시험 백발백중 실전 연습문제		한국사능력검정시험 실전 모의고사	

서원각 www.goseowon.co.kr
QR코드를 찍으면 동영상강의 홈페이지로 들어가실 수 있습니다.

서원각

자격시험 대비서